최단기 왕초보 탈출을 위한 첫걸음,
일본어 실력에 날개를 달아줄

해커스일 … 0% 활용법!

본 교재 인강

<해커스 일본어 첫걸음 떼고 한 걸음 더>를 동영상강의로 만나보세요!

무료 MP3

해커스일본어(japan.Hackers.com) 접속 후 로그인 ▶ 상단의 [교재/MP3 → MP3/자료]를 클릭하세요.

일본어회화 무료 동영상강의

해커스일본어(japan.Hackers.com) 접속 ▶ [무료강의/자료] ▶ [무료강의]를 클릭하세요.

무료 JLPT N4/N3 실전모의고사(PDF+MP3) & 회화부터 JLPT까지 Day별 필수 단어 익힘장(PDF)

해커스일본어(japan.Hackers.com) 접속 후 로그인 ▶ 상단의 [교재/MP3 → MP3/자료]를 클릭하세요.

무료「15분 만에 끝내는」 히라가나, 가타카나 암기 동영상

「15분 만에 끝내는」 히라가나, 가타카나 암기 동영상을 해커스일본어 공식 유튜브 채널에서 만나보세요!

무료 해커스 일본어 첫걸음 어플

해커스 일본어 첫걸음

▲ [해커스 일본어 첫걸음] 어플 다운로드

<해커스 일본어 첫걸음> 어플을 통해 일본어 문자와 DAY 별 단어, 회화까지 편리하게 학습할 수 있어요.

해커스일본어 단과/종합 인강 30% 할인쿠폰

D5FE-3455-67EF-A000

* 쿠폰 유효기간: 쿠폰 등록 후 30일

[이용 방법]

해커스일본어 사이트(japan.Hackers.com) 접속 후 로그인 ▶
메인 우측 하단 [쿠폰&수강권 등록]에서 쿠폰번호 등록 후 강의 결제 시 사용 가능

* 본 쿠폰은 ID당 1회에 한해 등록 가능합니다.
* 이 외 쿠폰과 관련된 문의는 해커스 고객센터(02-537-5000)로 연락 바랍니다.

해커스일본어 사이트 바로 가기 ▶

기본 문형으로 회화부터 JLPT·JPT까지

해커스 일본어 첫걸음 떼고 한걸음 더

일본어 초급회화
20일 독학 완성!

해커스 어학연구소

목차

부록
- 문형 활용 긴 문장 트레이닝북 [별책]
- 히라가나/가타카나 문자표 [앞표지 책날개]
- 동사 활용표 [뒤표지 책날개]

해커스일본어 다운로드 japan.Hackers.com
- 회화부터 JLPT까지 Day별 필수 단어 익힘장(PDF)
- JLPT N3 실전모의고사(문제+해설 PDF)
- JLPT N4 실전모의고사(문제+해설 PDF)

어플 & 유튜브 무료 영상
- <해커스 일본어 첫걸음> 어플 (안드로이드/iOS)
- 히라가나/가타카나 암기 동영상 (유튜브 「해커스 일본어」 채널)

일본어 첫걸음 떼고 한걸음 더 문형리스트 이런 말을 할 수 있어요

Day 1 명사 문형 1 p.10

문형 1 저는 [이것] 으로 하겠습니다. → 私(わたし)は [これ] にします。

문형 2 이번에는 [합격] 임에 틀림없습니다. → 今回(こんかい)は [合格(ごうかく)] にちがいありません。

문형 3 올해도 분명 [우승] 일 것입니다. → 今年(ことし)も [優勝(ゆうしょう)] に決(き)まっています。

Day 2 명사 문형 2 p.22

문형 1 오늘은 [어제] 에 비해 [한가합] 니다. → 今日(きょう)は [昨日(きのう)] に比(くら)べて [ひま] です。

문형 2 친구와 [영화] 에 대해 [이야기합] 니다. → 友達(ともだち)と [映画(えいが)] について [話(はな)し] ます。

문형 3 가격은 [크기] 에 따라 [다릅] 니다. → 値段(ねだん)は [大(おお)きさ] によって [違(ちが)い] ます。

Day 3 명사 문형 3 p.34

문형 1 이것은 [비빔밥] 이라고 하는 [요리] 입니다. → これは [ビビンバ] という [料理(りょうり)] です。

문형 2 후배에게 [선배] 로서 [알려줍] 니다. → こうはいに [せんぱい] として [教(おし)え] ます。

문형 3 매년 [가족] 과 함께 [방문합] 니다. → 毎年(まいとし) [家族(かぞく)] とともに [訪(おとず)れ] ます。

Day 4 조사 사용 문형 p.46

문형 1 가고 싶은 곳은 [금각사] 나 [청수사] 등입니다. → 行(い)きたいところは [金閣寺(きんかくじ)] や [清水寺(きよみずでら)] などです。

문형 2 학교까지 [버스] 와 [전철] 중 어느 쪽이 [빠릅] 니까? → 学校(がっこう)まで [バス] と [電車(でんしゃ)] とどちらが [速(はや)い] ですか。

문형 3 이 동네에서 [여기] 만큼 [맛있는] [가게] 는 없습니다. → この町(まち)で [ここ] ほど [おいしい] [店(みせ)] はないです。

Day 5 동사 ます형 활용 문형 1 p.58

문형 1 매너 모드로 [하] 세요. → マナーモードに [し] なさい。

문형 2 다음 주부터 [일하기] 시작합니다. → 来週(らいしゅう)から [働(はたら)き] はじめます。

문형 3 비가 계속 [내리] 고 있습니다. → 雨(あめ)が [降(ふ)り] つづけています。

Day 6 동사 ます형 활용 문형 2 p.70

문형 1 겨울은 살찌 기 십상입니다. → 冬(ふゆ)は 太(ふと)り がちです。

문형 2 회사에 지각할 지도 모릅니다. → 会社(かいしゃ)に 遅刻(ちこく)し かねません。

문형 3 혼자서는 다 먹을 수 없습니다. → 一人(ひとり)では 食(た)べ きれません。

Day 7 동사 て형 활용 문형 1 p.82

문형 1 공부하지 않고 놀기 만 합니다. → 勉強(べんきょう)しないで 遊(あそ)ん でばかりいます。

문형 2 사진을 찍어 도 괜찮습니다. → 写真(しゃしん)を 撮(と)っ てもかまいません。

문형 3 이곳에 들어가 면 안 됩니다. → ここに 入(はい)っ てはいけません。

Day 8 동사 て형 활용 문형 2 p.94

문형 1 일을 끝내 고 나서 돌아갑 니다. → 仕事(しごと)を 終(お)え てから 帰(かえ)り ます。

문형 2 달력을 보 고 나서야 비로소 깨달았 습니다. → カレンダーを 見(み) てはじめて 気(き)づき ました。

문형 3 친구를 기다리 는 동안 봅 니다. → 友達(ともだち)を 待(ま)っ ている間(あいだ) 見(み) ます。

Day 9 동사 た형 활용 문형 p.106

문형 1 신발을 신은 채 들어갔 습니다. → くつを はい たまま 入(はい)り ました。

문형 2 이야기를 듣 자마자 웃기 시작했 습니다. → 話(はなし)を 聞(き)い たとたん 笑(わら)い出(だ)し ました。

문형 3 집에서 쉬 는 편이 좋습니다. → 家(いえ)で 休(やす)ん だほうがいいです。

Day 10 동사 기본형 활용 문형 1 p.118

문형 1 친구를 만나 기 위해 갑 니다. → 友達(ともだち)に 会(あ)う ために 行(い)き ます。

문형 2 피아노를 배우 기로 했습니다. → ピアノを 習(なら)う ことにしました。

문형 3 일찍 일어나 도록 하겠습니다. → 早(はや)く 起(お)きる ようにします。

Day 11 동사 기본형 활용 문형 2

p.130

문형 1 친구에게 [부탁하는] 수밖에 없습니다. → 友達(ともだち)に [頼(たの)む] しかありません。

문형 2 만나러 [가려던] 참입니다. → 会(あ)いに [行(い)く] ところです。

문형 3 도중에 [그만둘] 수는 없습니다. → 途中(とちゅう)で [辞(や)める] わけにはいきません。

Day 12 여러 품사 사용 문형 1

p.142

문형 1 음악을 [좋아할] 뿐입니다. → 音楽(おんがく)が [好(す)きな] だけです。

문형 2 강아지 [산책] 김에 [갑] 니다. → 犬(いぬ)の [散歩(さんぽ)の] ついでに [行(い)き] ます。

문형 3 이야기가 [진짜] 인지 어떤지 [확인하] 겠습니다. → 話(はなし)が [本当(ほんとう)] かどうか [確(たし)かめ] ます。

Day 13 동사 가능형, 의지형 활용 문형

p.154

문형 1 자동차를 [살 수 있] 겠죠. → 車(くるま)が [買(か)える] でしょう。

문형 2 한 잔 정도는 [마시지] 못할 것도 없습니다. → 一杯(いっぱい)ぐらいは [飲(の)め] ないこともないです。

문형 3 연하장을 [보내려] 고 생각합니다. → 年賀状(ねんがじょう)を [送(おく)ろう] と思(おも)います。

Day 14 동사 て형 활용 문형 3

p.166

문형 1 방을 [정리] 해 둡니다. → 部屋(へや)を [片(かた)づけ] ておきます。

문형 2 테이블 위에 [놓] 여 있습니다. → テーブルの上(うえ)に [置(お)い] てあります。

문형 3 앞으로도 [계속해] 가겠습니다. → 今後(こんご)も [続(つづ)け] ていきます。

Day 15 수수표현 문형

p.178

문형 1 조카딸에게 [세뱃돈] 을 줍니다. → めいに [お年玉(としだま)] をあげます。

문형 2 아버지가 (나에게) [조언] 을 줍니다. → 父(ちち)が [アドバイス] をくれます。

문형 3 가수에게 [사인] 을 받았습니다. → 歌手(かしゅ)に [サイン] をもらいました。

Day 16 수동・사역・사역수동표현 문형

p.190

문형 1 발을 [밟히] 었습니다. → 足(あし)を [ふま] れました。

문형 2 자주 [기다리] 게 합니다. → よく [待(ま)た] せます。

문형 3 주스를 억지로 [마시] 게 됩니다. → ジュースを [飲(の)ま] せられます。

Day 17 추측・전언을 나타내는 문형

p.202

문형 1 빵은 [맛있을] 것 같습니다. → パンは [おいし] そうです。

문형 2 사람도 [많은] 것 같습니다. → 人(ひと)も [多(おお)い] ようです。

문형 3 그는 [바쁜] 것 같습니다. → 彼(かれ)は [忙(いそが)しい] らしいです。

Day 18 가정・조건을 나타내는 문형

p.214

문형 1 가격이 [싸다] 면 [사겠] 습니다. → 値段(ねだん)が [安(やす)かっ] たら [買(か)い] ます。

문형 2 버튼을 [누르] 면 [나옵] 니다. → ボタンを [押(お)せ] ば [出(で)] ます。

문형 3 자료가 [필요하다] 면 [준비하겠] 습니다. → 資料(しりょう)が [必要(ひつよう)] なら [用意(ようい)し] ます。

Day 19 여러 품사 사용 문형 2

p.226

문형 1 요즘 너무 [바쁩] 니다. → 最近(さいきん) [忙(いそが)し] すぎます。

문형 2 꼭 [갖고 싶] 기 때문에 [사겠습] 니다. → どうしても [欲(ほ)しい] ので [買(か)い] ます。

문형 3 예약은 [빠르] 면 [빠를] 수록 [좋습] 니다. → 予約(よやく)は [早(はや)けれ] ば [早(はや)い] ほど [いい] です。

Day 20 여러 품사 사용 문형 3

p.238

문형 1 목적지에 (당연히) [도착할] 것입니다. → 目的地(もくてきち)に [着(つ)く] はずです。

문형 2 그를 [잊을] 리가 없습니다. → 彼(かれ)を [忘(わす)れる] わけがないです。

문형 3 항상 [옳다] 고는 단정할 수 없습니다. → いつも [正(ただ)しい] とは限(かぎ)りません。

일본어 첫걸음 문형리스트

<해커스 일본어 첫걸음>에서 배운 기초 문형들을 다시 한 번 확인해 보아요.

Day 1 명사 문형 1

문형 1 저 예요. → わたし です。

문형 2 점장 이에요? → てんちょう ですか。

문형 3 친구 가 아니에요. → ともだち じゃ ないです。

문형 4 엄마 가 아니에요? → おかあさん じゃ ないですか。

Day 2 명사 문형 2

문형 1 월요일 이었어요. → げつようび でした。

문형 2 맑음 이었어요? → はれ でしたか。

문형 3 회식 이 아니었어요. → のみかい じゃ なかったです。

문형 4 커피 가 아니었어요? → コーヒー じゃ なかったですか。

Day 3 な형용사 문형

문형 1 좋아 해요. → すき です。

문형 2 예쁘 지 않아요. → きれい じゃ ないです。

문형 3 성실 했어요. → まじめ でした。

문형 4 불안하 지 않았어요. → ふあん じゃ なかったです。

Day 4 い형용사 문형

문형 1 상냥해 요. → やさしい です。

문형 2 외롭 지 않아요. → さびし くないです。

문형 3 즐거 웠어요. → たのし かったです。

문형 4 나쁘 지 않았어요. → わる くなかったです。

Day 5 い・な형용사의 수식과 연결 문형

문형 1 따뜻한 봄 이에요. → あたたかい はる です。

문형 2 간단 한 요리 예요. → かんたん な りょうり です。

문형 3 싸 고 맛있 어요. → やす くて おいしい です。

문형 4 성실하 고 정직 해요. → まじめ で まっすぐ です。

Day 6 조사 사용 문형 1

문형 1 저 는 회사원 이에요. → わたし は かいしゃいん です。

문형 2 딸 이 의사 예요. → むすめ が いしゃ です。

문형 3 저 의 취미 예요. → ぼく の しゅみ です。

문형 4 아내 도 경찰관 이에요. → つま も けいさつかん です。

Day 7 취향・필요・능력 관련 문형

문형 1 고기 를 좋아해요. → おにく が すきです。

문형 2 텔레비전 을 원해요. → テレビ が ほしいです。

문형 3 노래 를 잘하네요. → うた が じょうずです。

문형 4 수영 을 잘해요. → およぎ が とくいです。

Day 8 위치・장소를 묻는 문형

문형 1 이것 은 무엇이에요? → これ は なんですか。

문형 2 이 사람 은 누구예요? → この ひと は だれですか。

문형 3 접수처 는 어디예요? → うけつけ は どこですか。

문형 4 매표소 는 어느 쪽이에요? → きっぷうりば は どちらですか。

Day 9 숫자・정보를 묻는 문형

문형 1 생일 은 언제예요? → たんじょうび は いつですか。

문형 2 가격 은 얼마예요? → ねだん は いくらですか。

문형 3 정답 은 몇 번이에요? → せいかい は なんばんですか。

문형 4 지금 은 몇 시예요? → いま は なんじですか。

Day 10 범위・비교 관련 문형

문형 1 소금 이 아니라 설탕 이에요. → しお じゃ なくて さとう です。

문형 2 이번 주 부터 다음주 까지예요. → こんしゅう から らいしゅう までです。

문형 3 서울 은 부산 보다 추워 요.
→ ソウル は プサン より さむい です。

문형 4 버스 보다 택시 쪽이 비싸 요.
→ バス より タクシー の ほうが たかい です。

Day 11 동사 문형

문형 1 먹습 니다. → 食べ ます。

문형 2 알 지 않습니다. → 分かり ません。

문형 3 말했 습니다. → 言い ました。

Day 12 조사 사용 문형 2

문형 1 선물 을 삽 니다. → プレゼント を 買い ます。

문형 2 카페 에서 마십 니다. → カフェ で 飲み ます。

문형 3 백화점 에 갑 니다. → デパート に 行き ます。

Day 13 동사 ます형 활용 문형

문형 1 만납 시다. → 会い ましょう。

문형 2 마시 고 싶습니다. → 飲み たいです。

문형 3 놀 러 갑니다. → 遊び に 行きます。

Day 14 동사 て형 활용 문형1

문형 1 보내 주십시오. → 送っ てください。

문형 2 물어 보겠습니다. → 聞い てみます。

문형 3 만들 고 있습니다. → 作っ ています。

Day 15 동사 て형 활용 문형2

문형 1 (사진을) 찍어 도 됩니까? → 撮っ てもいいですか。

문형 2 끝나 버렸습니다. → 終わっ てしまいました。

문형 3 보 고 정합 니다. → 見 て きめ ます。

Day 16 동사 た형 활용 문형

문형 1 들은 적이 있습니다. → 聞い たことが あります。

문형 2 막 도착했 습니다. → 着い たばかりです。

문형 3 듣 거나 읽 거나 합니다.
→ 聞い たり 読ん だりします。

Day 17 동사 ない형 활용 문형

문형 1 보 지 않습니다. → 見 ないです。

문형 2 쉬 지 않고 일했 습니다.
→ 休ま ないで はたらき ました。

문형 3 지키 지 않으면 안 됩니다.
→ まもら なければ なりません。

Day 18 동사 기본형 활용 문형

문형 1 타 려고 합니다. → 乗る つもりです。

문형 2 혼잡할 지도 모릅니다. → こむ かもしれません。

문형 3 사용할 수 있습니다. → 使う ことが できます。

Day 19 순서를 말하는 문형

문형 1 만들기 전에 알아봅 니다.
→ 作る 前に しらべ ます。

문형 2 (불을) 끈 후에 외출합 니다.
→ 消し た あとで でかけ ます。

문형 3 들으 면서 걷습 니다.
→ 聞き ながら 歩き ます。

Day 20 생각・의견을 말하는 문형

문형 1 먹 기 쉽습니다. → 食べ やすいです。

문형 2 어울린다 고 생각합니다. → にあう と 思います。

문형 3 가을 이 되었습니다. → 秋 に なりました。
덥 게 되었습니다. → あつ く なりました。

Day 1

저는 디저트는 이것으로 하겠습니다.

한 번에 학습하기

私(わたし)はデザートはこれにします。

디저트는 무엇을 먹을래요?
デザートは何(なに)を食(た)べますか。
저는 디저트는 이것으로 하겠습니다.
私(わたし)はデザートはこれにします。

이런 말을 할 수 있어요.

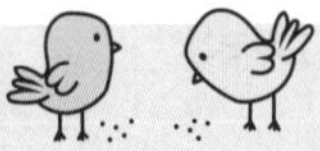

저는 디저트는 이것으로 하겠습니다. 문형 1

わたし
私はデザートはこれにします。

이번에는 분명 합격임에 틀림없습니다. 문형 2

こんかい　ごうかく
今回はきっと合格にちがいありません。

올해도 저 팀이 분명 우승일 것입니다. 문형 3

ことし　ゆうしょう　き
今年もあのチームが優勝に決まっています。

오늘은, 무언가를 결정할 때, 강한 확신을 말할 때 사용하는 문형을 배워 볼 거예요.

문형1 [명사] にします。~(으)로 하겠습니다. (결정)

문형2 [명사] にちがいありません。~임에 틀림없습니다. (확신)

문형3 [명사] に決(き)まっています。분명 ~일 것입니다. (확신)

오늘의 문형을 배우면 '저는 이것으로 하겠습니다', '이번에는 분명 합격임에 틀림없습니다', '저 팀이 분명 우승일 것입니다'와 같은 말을 할 수 있어요.

말이 술술 쏟아지는 문형

🎧 음성을 듣고 문장을 큰 소리로 따라 말해 보세요.

문형 1

🎧 Day1_말이 술술 문형1.mp3

저는 디저트는 이것으로 하겠습니다.

私(わたし)はデザートはこれにします。

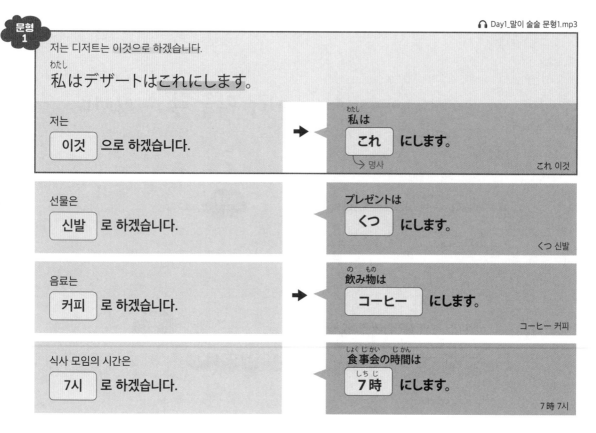

저는 **이것** 으로 하겠습니다.	私(わたし)は **これ** にします。 (명사) これ 이것
선물은 **신발** 로 하겠습니다.	プレゼントは **くつ** にします。 くつ 신발
음료는 **커피** 로 하겠습니다.	飲(の)み物(もの)は **コーヒー** にします。 コーヒー 커피
식사 모임의 시간은 **7시** 로 하겠습니다.	食事会(しょくじかい)の時間(じかん)は **7時(しちじ)** にします。 7時 7시

문형 탐구하기 🎧

1. 우리말 "이것으로 하겠습니다."는 일본어로 "これにします。"예요. 이처럼 명사 뒤에 にします를 붙이면 '~(으)로 하겠습니다'라는 뜻의 말이 돼요. 주로 여러 가지 선택지 중에서 하나를 결정할 때 사용해요.

여기서 조사 に는 '~(으)로'라는 뜻으로 쓰였고, します는 する(하다)의 정중형이에요.

+플러스포인트 にします는 명사 외에 な형용사의 어간에도 붙여 쓸 수 있어요. 이 때는 '~하게 하겠습니다'라는 뜻이에요.

예 きれいだ 깨끗하다 → 部屋(へや)をきれい**にします**。 방을 깨끗**하게 하겠습니다**.

静(しず)かだ 조용하다 → 図書館(としょかん)では静(しず)か**にします**。 도서관에서는 조용**히 하겠습니다**.

2. ~にします。(~(으)로 하겠습니다.)를 사용한 아래 문장들도 따라 말해 보아요.

- カーテンの色(いろ)は白(しろ)**にします**。 커튼의 색은 흰색**으로 하겠습니다**.
- ケーキはいちごケーキ**にします**。 케이크는 딸기 케이크**로 하겠습니다**.
- 部屋(へや)はツインルーム**にします**。 방은 트윈룸**으로 하겠습니다**.

문형 활용 긴 문장 말하기

앞서 학습한 문형과 여러 단어 및 표현을 함께 사용하여 긴 문장을 말해 보아요.

Day1_긴 문장1.mp3

저는 점장님의 추천 요리인 이것으로 하겠습니다.

わたし　てんちょう
私は店長のおすすめのこれにします。

'~의'라는 뜻의 조사 の는 상황에 따라 '~인'이라는 뜻으로도 쓰여요.

딸의 생일 선물은 옷과 신발로 하겠습니다.

たんじょうび　ふく
むすめの誕生日プレゼントは服とくつにします。

여기서 と는 '~와/과'라는 뜻으로 두 가지 이상을 열거할 때 쓰는 조사예요.

음료는 커피로 하고 케이크는 딸기 케이크로 하겠습니다.

の　もの
飲み物はコーヒーにしてケーキはいちごケーキにします。

다음 식사 모임의 시간은 7시로 하지 않겠습니까?

つぎ　しょくじかい　じかん　しちじ
次の食事会の時間は７時にしませんか。

이번 여행은 언니와 가기 때문에 방은 트윈룸으로 했습니다.

こんかい　りょこう　あね　い　へや
今回の旅行は姉と行くから部屋はツインルームにしました。

여기서 から는 '~기 때문에'라는 뜻의 이유를 나타내는 조사예요.

단어 ✔

私 [わたし] 저, 나　店長 [てんちょう] 점장(님)　おすすめ 추천 요리　これ 이것　むすめ 딸　誕生日 [たんじょうび] 생일　プレゼント 선물　服 [ふく] 옷　くつ 신발　飲み物 [のみもの] 음료　コーヒー 커피　ケーキ 케이크　いちご 딸기　次 [つぎ] 다음　食事会 [しょくじかい] 식사 모임　時間 [じかん] 시간　今回 [こんかい] 이번　旅行 [りょこう] 여행　姉 [あね] 언니　行く [いく] 가다　部屋 [へや] 방　ツインルーム 트윈룸

말이 술술 쏟아지는 문형

음성을 듣고 문장을 큰 소리로 따라 말해 보세요.

문형 2

Day1_말이 술술 문형2.mp3

이번에는 분명 합격임에 틀림없습니다.

今回(こんかい)はきっと合格(ごうかく)にちがいありません。

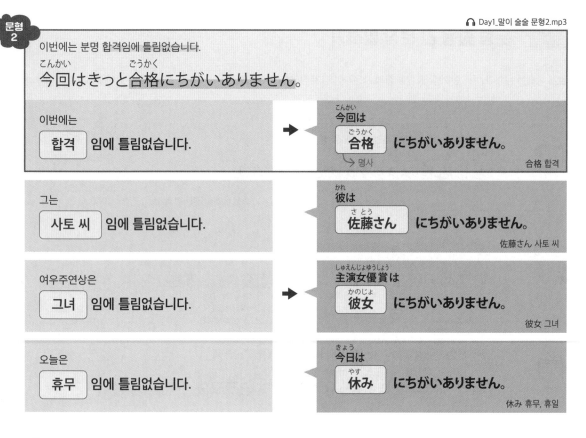

이번에는 **합격** 임에 틀림없습니다.	今回(こんかい)は **合格(ごうかく)** にちがいありません。 (→ 명사) 合格 합격
그는 **사토 씨** 임에 틀림없습니다.	彼(かれ)は **佐藤(さとう)さん** にちがいありません。 佐藤さん 사토 씨
여우주연상은 **그녀** 임에 틀림없습니다.	主演女優賞(しゅえんじょゆうしょう)は **彼女(かのじょ)** にちがいありません。 彼女 그녀
오늘은 **휴무** 임에 틀림없습니다.	今日(きょう)は **休(やす)み** にちがいありません。 休み 휴무, 휴일

문형 탐구하기

1. 우리말 "합격임에 틀림없습니다."는 일본어로 "合格(ごうかく)にちがいありません。"이에요. 이처럼 명사 뒤에 にちがいありません을 붙이면 '~임에 틀림없습니다'라는 뜻의 강한 확신을 나타내는 말이 돼요.

+플러스포인트 にちがいありません은 명사 외에 な형용사의 어간, い형용사와 동사 기본형 뒤에도 붙여 쓸 수도 있어요. 이때는 '~일 것임에 틀림없습니다'라는 의미예요.

예 大変(たいへん)だ 힘들다 → 大変(たいへん)**にちがいありません。** 힘들 **것임에 틀림없습니다.**

おいしい 맛있다 → おいしい**にちがいありません。** 맛있을 **것임에 틀림없습니다.**

成功(せいこう)する 성공하다 → 成功(せいこう)する**にちがいありません。** 성공할 **것임에 틀림없습니다.**

2. ~にちがいありません。(~임에 틀림없습니다.)을 사용한 아래 문장들도 따라 말해 보아요.

- 彼女(かのじょ)は医者(いしゃ)**にちがいありません。** 그녀는 의사**임에 틀림없습니다.**
- 試合(しあい)は中止(ちゅうし)**にちがいありません。** 시합은 중지**임에 틀림없습니다.**
- 最大級(さいだいきゅう)の台風(たいふう)**にちがいありません。** 최대급의 태풍**임에 틀림없습니다.**

문형 활용 긴 문장 말하기

앞서 학습한 문형과 여러 단어 및 표현을 함께 사용하여 긴 문장을 말해 보아요.

Day1_긴 문장2.mp3

문제가 쉬웠으니까 이번에는 합격임에 틀림없습니다.

もんだい　やさ　こんかい　ごうかく
問題が易しかったから今回は合格にちがいありません。

꽃무늬 셔츠를 입고 있는 그는 사토 씨임에 틀림없습니다.

はながら　き　かれ　さとう
花柄のシャツを着ている彼は佐藤さんにちがいありません。

'입고 있는 그', 일본어에서는 동사 기본형(いる)이 그대로 명사(彼)를 꾸며요.

올해 아카데미상의 여우주연상은 그녀임에 틀림없습니다.

ことし　しょう　しゅえんじょゆうしょう　かのじょ
今年のアカデミー賞の主演女優賞は彼女にちがいありません。

불이 켜져 있지 않으니까 오늘은 휴무임에 틀림없습니다.

でんき　きょう　やす
電気がついていないから今日は休みにちがいありません。

비가 강하니까 오후의 시합은 중지임에 틀림없습니다.

あめ　つよ　ごご　しあい　ちゅうし
雨が強いから午後の試合は中止にちがいありません。

단어

問題 [もんだい] 문제　易しい [やさしい] 쉽다　今回 [こんかい] 이번　合格 [ごうかく] 합격　花柄 [はながら] 꽃무늬　シャツ 셔츠　着る [きる] 입다　彼 [かれ] 그　今年 [ことし] 올해　アカデミー賞 [アカデミーしょう] 아카데미상　主演女優賞 [しゅえんじょゆうしょう] 여우주연상　彼女 [かのじょ] 그녀　電気がつく [でんきがつく] 불이 켜지다　今日 [きょう] 오늘　休み [やすみ] 휴무, 휴일　雨 [あめ] 비　強い [つよい] 강하다　午後 [ごご] 오후　試合 [しあい] 시합　中止 [ちゅうし] 중지

말이 술술 쏟아지는 문형

음성을 듣고 문장을 큰 소리로 따라 말해 보세요.

Day1_말이 술술 문형3.mp3

문형 3

올해도 저 팀이 분명 우승일 것입니다.

今年(ことし)もあのチームが優勝(ゆうしょう)に決(き)まっています。

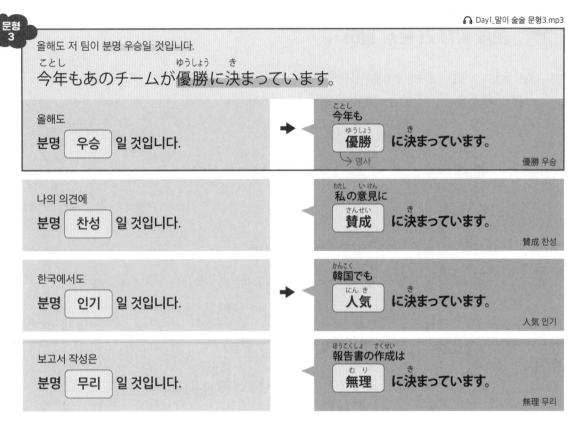

올해도 분명 **우승** 일 것입니다.	今年(ことし)も **優勝**(ゆうしょう) に決(き)まっています。 → 명사 優勝 우승
나의 의견에 분명 **찬성** 일 것입니다.	私(わたし)の意見(いけん)に **賛成**(さんせい) に決(き)まっています。 賛成 찬성
한국에서도 분명 **인기** 일 것입니다.	韓国(かんこく)でも **人気**(にんき) に決(き)まっています。 人気 인기
보고서 작성은 분명 **무리** 일 것입니다.	報告書(ほうこくしょ)の作成(さくせい)は **無理**(むり) に決(き)まっています。 無理 무리

문형 탐구하기

1. 우리말 "분명 우승일 것입니다."는 일본어로 "優勝(ゆうしょう)に決(き)まっています。"예요. 이처럼 명사 뒤에 に決(き)まっています를 붙이면 '분명 ~일 것입니다'라는 뜻의 강한 확신이 포함된 추측을 나타내는 말이 돼요.

여기서 決(き)まって는 동사 決(き)まる(정해지다, 결정되다)의 て형이에요.

+플러스포인트 に決(き)まっています는 명사 외에 な형용사의 어간, い형용사와 동사 기본형 뒤에도 붙여 쓸 수 있어요.

예 大丈夫(だいじょうぶ)だ 괜찮다 → 大丈夫(だいじょうぶ)**に決(き)まっています。분명** 괜찮**을 것입니다.**

暑(あつ)い 덥다 → 暑(あつ)い**に決(き)まっています。분명** 더울 **것입니다.**

遅(おく)れる 늦다 → 遅(おく)れる**に決(き)まっています。분명** 늦을 **것입니다.**

2. ~に決(き)まっています。(분명 ~일 것입니다.)를 사용한 아래 문장들도 따라 말해 보아요.

- その話(はなし)はうそ**に決(き)まっています。** 그 이야기는 **분명** 거짓말**일 것입니다.**
- 彼(かれ)はお金持(かねも)ち**に決(き)まっています。** 그는 **분명** 부자**일 것입니다.**
- ルール違反(いはん)だから失格(しっかく)**に決(き)まっています。** 규칙 위반이니까 **분명** 실격**일 것입니다.**

문형 활용 긴 문장 말하기

앞서 학습한 문형과 여러 단어 및 표현을 함께 사용하여 긴 문장을 말해 보아요. Day1_긴 문장3.mp3

올해도 타무라 선수의 팀이 분명 우승일 것입니다.
ことし　たむらせんしゅ　ゆうしょう　き
今年も田村選手のチームが優勝に決まっています。

친구들은 모두 나의 의견에 분명 찬성일 것입니다.
ともだち　わたし　いけん　さんせい　き
友達はみんな私の意見に賛成に決まっています。

그 드라마는 한국에서도 분명 인기일 것입니다.
かんこく　にんき　き
あのドラマは韓国でも人気に決まっています。

조사 で(~에서)와 も(~도)가 합쳐져 '~에서도' 라는 뜻이에요.

오늘 안에 보고서 작성은 분명 무리일 것입니다.
きょうじゅう　ほうこくしょ　さくせい　むり　き
今日中に報告書の作成は無理に決まっています。

저 동작은 규칙 위반이니까 분명 실격일 것입니다.
どうさ　いはん　しっかく　き
あの動作はルール違反だから失格に決まっています。

단어 ✔

今年 [ことし] 올해　選手 [せんしゅ] 선수　チーム 팀　優勝 [ゆうしょう] 우승　友達 [ともだち] 친구(들)　みんな 모두　私 [わたし] 나, 저　意見 [いけん] 의견　賛成 [さんせい] 찬성　あの 그, 저　ドラマ 드라마　韓国 [かんこく] 한국　人気 [にんき] 인기　今日中 [きょうじゅう] 오늘 안　報告書 [ほうこくしょ] 보고서　作成 [さくせい] 작성　無理 [むり] 무리　あの 저　動作 [どうさ] 동작　ルール 규칙　違反 [いはん] 위반　失格 [しっかく] 실격

실생활 회화 자동발사!

Day1_실생활 회화 자동발사.mp3

먼저 듣기용 mp3로 대화를 들어 보며 어떤 내용인지 생각해 보세요. 그 다음 따라 말하기용 mp3로 따라 말해 보세요.

1 노래가 흘러나오는 편의점에서 일하고 있는 지수와 점장

지수: 店長(てんちょう)、今(いま)の曲(きょく)、知(し)っていますか。

점장: もちろんです。最近(さいきん)一番(いちばん)人気(にんき)のドラマの主題歌(しゅだいか)じゃないですか。

지수: 店長(てんちょう)もそのドラマ見(み)ていますか。おもしろいですよね。私(わたし)、そのドラマと主題歌(しゅだいか)にすっかりはまっています。

점장: 曲(きょく)もいいし、特(とく)に主人公(しゅじんこう)の女優(じょゆう)さんの演技(えんぎ)がすばらしいですよね。

→ '~하고'라는 뜻의 이유나 상황을 열거할 때 사용하는 조사예요.

지수: そう、そう。今年(ことし)の主演女優賞(しゅえんじょゆうしょう)は彼女(かのじょ)にちがいありません。

점장: ハハ。私(わたし)もそう思(おも)います。

지수: 韓国(かんこく)の友達(ともだち)にもおすすめしたいです。あのドラマは韓国(かんこく)でも人気(にんき)に決(き)まっています。

→ 조사 に(~에게)와 も(~도)가 합쳐져 '~에게도' 라는 뜻이에요.

점장: そうですね。

---

1 지수 : 점장님, 지금 이 노래, 아세요?

점장 : 물론이죠. 최근 가장 인기인 드라마의 주제가잖아요.

지수 : 점장님도 그 드라마 보고 있어요? 재미있죠? 저, 그 드라마랑 주제가에 완전히 빠져 있어요.

점장 : 노래도 좋고, 특히 주인공인 여배우 분의 연기가 훌륭하죠.

지수 : 맞아요, 맞아요. 올해 여우주연상은 그녀임에 틀림없어요.

점장 : 하하. 저도 그렇게 생각해요.

지수 : 한국의 친구들에게도 추천하고 싶어요. 그 드라마는 한국에서도 분명 인기일 거예요.

점장 : 그렇네요.

단어

1. **店長** [てんちょう] 점장(님) **今** [いま] 지금
曲 [きょく] 노래, 곡 **知る** [しる] 알다 **もちろん** 물론
最近 [さいきん] 최근 **一番** [いちばん] 가장
人気 [にんき] 인기 **ドラマ** 드라마
主題歌 [しゅだいか] 주제가 **その** 그 **見る** [みる] 보다
おもしろい 재미있다 **私** [わたし] 저, 나
すっかり 완전히 **はまる** 빠지다 **いい** 좋다
特に [とくに] 특히 **主人公** [しゅじんこう] 주인공
女優さん [じょゆうさん] 여배우 분 **演技** [えんぎ] 연기
すばらしい 훌륭하다 **今年** [ことし] 올해
主演女優賞 [しゅえんじょゆうしょう] 여우주연상
彼女 [かのじょ] 그녀 **そう** 그렇게
思う [おもう] 생각하다 **韓国** [かんこく] 한국
友達 [ともだち] 친구(들) **おすすめする** 추천하다
~たいです ~하고 싶습니다 **あの** 그, 저

2 퇴근 후, 이자카야에 간 하루토와 아카네

하루토 せんぱい、お疲(つか)れ様(さま)でした。

아카네 陽翔(はると)さんもお疲(つか)れ様(さま)でした。今日(きょう)は私(わたし)がおごります。食(た)べたいものを選(えら)んでください。

하루토 えー！ ありがとうございます。えーと、私(わたし)はマスターのおすすめのこれにします。せんぱいは何(なに)にしますか。

아카네 私(わたし)はかにクリームコロッケにします。ここのかにクリームコロッケは日本一(にほんいち)なんです。

하루토 そんなにおいしいんですか。

→ 강조하거나 재차 확인할 때 자주 ん을 붙여 말해요. い형용사와 동사에만 사용합니다.

아카네 陽翔(はると)さん、まさかまだ食(た)べたことありませんか。一度(いちど)食(た)べてみてください。ぜったい私(わたし)の意見(いけん)に賛成(さんせい)に決(き)まっています。

하루토 はいはい、分(わ)かりました。じゃ、あとで私(わたし)も食(た)べてみます。

2 하루토 : 선배, 수고하셨어요.

아카네 : 하루토 씨도 수고했어요. 오늘은 제가 한턱 낼게요. 먹고 싶은 것을 골라 주세요.

하루토 : 와! 감사합니다. 음, 저는 마스터의 추천 요리인 이것으로 할게요. 선배는 무엇으로 할래요?

아카네 : 저는 게살 크림 고로케로 할게요. 이곳의 게살 크림 고로케는 일본 제일이에요.

하루토 : 그렇게 맛있어요?

아카네 : 하루토 씨, 설마 아직 먹은 적이 없어요? 한 번 먹어 봐 주세요. 절대로 저의 의견에 분명 찬성일 거예요.

하루토 : 네네, 알겠어요. 그럼, 이따가 저도 먹어 볼게요.

단어

2. **せんぱい** 선배
お疲れ様でした [おつかれさまでした] 수고하셨어요
今日 [きょう] 오늘 **私** [わたし] 저, 나 **おごる** 한턱 내다
食べる [たべる] 먹다 **選ぶ** [えらぶ] 고르다
～てください ~해 주세요
マスター 마스터, 이자카야의 점장 **おすすめ** 추천(요리)
これ 이것 **何** [なに] 무엇
かにクリームコロッケ 게살 크림 고로케 **ここ** 이곳, 여기
日本一 [にほんいち] 일본 제일 **そんなに** 그렇게
おいしい 맛있다 **まさか** 설마 **まだ** 아직
～たことあります ~한 적이 있다 **一度** [いちど] 한 번
～てみます ~해 봅니다 **ぜったい** 절대로
意見 [いけん] 의견 **賛成** [さんせい] 찬성
分かる [わかる] 알다 **あとで** 이따가

연습문제로 실력 쑥쑥

Day1_연습문제로 실력 쑥쑥.mp3

1 일본어로 문장 써보기

제시된 문형을 활용하여 일본어 문장을 써 보세요. 그 다음 음성을 듣고 문장을 따라 읽어 보세요.

보기	~にします	~に決(き)まっています	~にちがいありません

1) 저는 점장님의 추천 요리인 이것으로 하겠습니다.
(저 私(わたし) / 점장님 店長(てんちょう) / 추천 요리 おすすめ / 이것 これ)

____

2) 올해도 저 팀이 분명 우승일 것입니다.
(올해 今年(ことし) / 저 あの / 팀 チーム / 우승 優勝(ゆうしょう))

____

3) 비가 강하니까 오후의 시합은 중지임에 틀림없습니다.
(비 雨(あめ) / 강하다 強(つよ)い / ~니까 ~から / 오후 午後(ごご) / 시합 試合(しあい) / 중지 中止(ちゅうし))

____

2 문맥에 맞는 단어 골라 써보기 JLPT N3, N4 문자·어휘 / JPT 독해 대비 유형

문맥에 가장 알맞은 단어를 보기에서 골라 문장을 완성해 보세요. 그 다음 음성을 듣고 문장을 따라 읽어 보세요.

보기	合格(ごうかく)	月曜日(げつようび)	無理(むり)	7時(しちじ)

1) 今日中(きょうじゅう)に報告書(ほうこくしょ)の作成(さくせい)は ____________ に決(き)まっています。

2) 次(つぎ)の食事会(しょくじかい)の時間(じかん)は ____________ にしませんか。

3) 問題(もんだい)が易(やさ)しかったから今回(こんかい)は ____________ にちがいありません。

3 질문 듣고 알맞은 답변 고르기 JLPT N3, N4 청해 / JPT 청해 대비 유형

음성으로 들려주는 질문을 잘 듣고 알맞은 대답을 고르세요.

1) ①　　②

2) ①　　②

4 빈칸 채우기 JLPT N3, N4 문법 / JPT 독해 대비 유형

빈칸에 들어갈 가장 알맞은 단어를 골라 문장을 완성하세요. 그 다음 음성을 듣고 문장을 따라 읽어 보세요.

1) 友達(ともだち)はみんな私(わたし)の意見(いけん)に賛成(さんせい)(　　　)決(き)まっています。

① を　　② に　　③ も

2) 今年(ことし)のアカデミー賞(しょう)の主演女優賞(しゅえんじょゆうしょう)は彼女(かのじょ)にちがい(　　　)。

① あります　　② ありました　　③ ありません

5 문장 완성하기 JLPT N3, N4 문법 대비 유형

선택지를 올바르게 배열하여 문장을 완성한 다음 ★ 에 들어갈 선택지를 고르세요.

1) あの動作(どうさ)はルール違反(いはん) ＿＿ ＿＿ ★ ＿＿ います。

① 決(き)まって　　② だから　　③ に　　④ 失格(しっかく)

2) A「せんぱいは何(なに)にしますか。」

B「私(わたし) ＿＿ ＿＿ ★ ＿＿ 。」

① に　　② します　　③ かにクリームコロッケ　　④ は

<해커스 일본어 첫걸음> 어플로
DAY 1에서 학습한 내용을
복습해보세요!

정답

1 1) 私は店長のおすすめのこれにします。
2) 今年もあのチームが優勝に決まっています。
3) 雨が強いから午後の試合は中止にちがいありません。
2 1) 無理　2) 7時　3) 合格
3 1) ②　2) ①
4 1) ② に　2) ③ ありません
5 1) ③ に　2) ① に

연습문제 해석 p.250

Day 2

오늘은 월요일이어서 어제에 비해 한가합니다.

今日(きょう)は月曜日(げつようび)だから
昨日(きのう)に比(くら)べてひまです。

한 번에 학습하기

이런 말을 할 수 있어요.

문형 1

오늘은 월요일이어서 어제에 비해 한가합니다.

きょう　げつようび　きのう　くら
今日は月曜日だから昨日に比べてひまです。

문형 2

친구와 좋아하는 영화에 대해 이야기합니다.

ともだち　す　えいが　はな
友達と好きな映画について話します。

문형 3

텔레비전의 가격은 크기에 따라 다릅니다.

ねだん　おお　ちが
テレビの値段は大きさによって違います。

오늘은, '~에 비해', '~에 대해', '~에 따라'와 같은 표현을 포함한 문형을 배워 볼 거예요.

- **문형1** [명사] に比べて [형용사] です。 ~에 비해 ~합니다.
- **문형2** [명사] について [동사 ます형] ます。 ~에 대해 ~합니다.
- **문형3** [명사] によって [동사 ます형] ます。 ~에 따라 ~합니다.

오늘의 문형을 배우면 '오늘은 월요일이어서 어제에 비해 한가합니다', '친구와 좋아하는 영화에 대해 이야기합니다', '텔레비전의 가격은 크기에 따라 다릅니다'와 같은 말을 할 수 있어요.

말이 술술 쏟아지는 문형

음성을 듣고 문장을 큰 소리로 따라 말해 보세요.

문형 1

Day2_말이 술술 문형1.mp3

오늘은 월요일이어서 어제에 비해 한가합니다.

今日(きょう)は月曜日(げつようび)だから昨日(きのう)に比(くら)べてひまです。

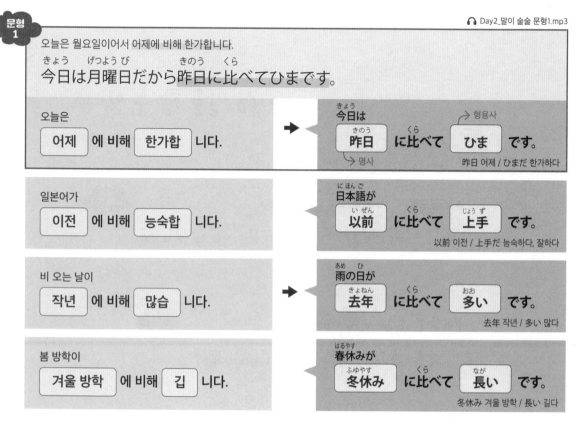

오늘은 [어제] 에 비해 [한가합] 니다.	今日(きょう)は [昨日(きのう)] に比(くら)べて [ひま] です。 명사 / 형용사 昨日 어제 / ひまだ 한가하다
일본어가 [이전] 에 비해 [능숙합] 니다.	日本語(にほんご)が [以前(いぜん)] に比(くら)べて [上手(じょうず)] です。 以前 이전 / 上手だ 능숙하다, 잘하다
비 오는 날이 [작년] 에 비해 [많습] 니다.	雨(あめ)の日(ひ)が [去年(きょねん)] に比(くら)べて [多(おお)い] です。 去年 작년 / 多い 많다
봄 방학이 [겨울 방학] 에 비해 [깁] 니다.	春休(はるやす)みが [冬休(ふゆやす)み] に比(くら)べて [長(なが)い] です。 冬休み 겨울 방학 / 長い 길다

문형 탐구하기

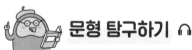

1. 우리말 "어제에 비해 한가합니다."는 일본어로 "昨日(きのう)に比(くら)べてひまです。"예요. 여기서 に比(くら)べて(~에 비해)는 두 대상을 비교할 때 쓰는 말이에요.

참고로 조사 に는 '~에'라는 뜻으로 쓰였고, 比(くら)べて는 동사 比(くら)べる(비교하다)의 て형이에요.

+플러스포인트 'に比(くら)べて'는 '~보다'라는 뜻의 조사인 'より'로 바꿔 쓸 수 있어요.

예 今日(きょう)は昨日(きのう)**に比(くら)べて**ひまです。 = 今日(きょう)は昨日(きのう)**より**ひまです。
오늘은 어제**에 비해** 한가합니다. 오늘은 어제**보다** 한가합니다.

2. ~に比(くら)べて ~です。(~에 비해 ~합니다.)를 사용한 아래 문장들도 따라 말해 보아요.

- 物価(ぶっか)がソウル**に比(くら)べて**高(たか)い**です**。 물가가 서울**에 비해** 비쌉**니다**.
- この部屋(へや)はとなりの部屋(へや)**に比(くら)べて**寒(さむ)い**です**。 이 방은 옆방**에 비해** 춥습**니다**.
- 兄(あに)は私(わたし)**に比(くら)べて**頭(あたま)がいい**です**。 형은 나**에 비해** 머리가 좋습**니다**.

문형 활용 긴 문장 말하기

앞서 학습한 문형과 여러 단어 및 표현을 함께 사용하여 긴 문장을 말해 보아요.

Day2_긴 문장1.mp3

오늘은 손님이 없어서 어제에 비해 한가합니다.

きょう　きゃく　きのう　くら

今日はお客さんがいなくて昨日に比べてひまです。

그녀는 일본어가 이전에 비해 능숙해졌습니다.

かのじょ　にほんご　いぜん　くら　じょうず

彼女は日本語が以前に比べて上手になりました。

* な형용사 어간+になります ~해 집니다

올해는 전국적으로 비 오는 날이 작년에 비해 많았습니다.

ことし　ぜんこくてき　あめ　ひ　きょねん　くら　おお

今年は全国的に雨の日が去年に比べて多かったです。

일본의 대학은 봄 방학이 겨울 방학에 비해 깁니다.

にほん　だいがく　はるやす　ふゆやす　くら　なが

日本の大学は春休みが冬休みに比べて長いです。

이 방은 창문이 커서 옆방에 비해 춥습니다.

へや　まど　おお　へや　くら　さむ

この部屋は窓が大きくてとなりの部屋に比べて寒いです。

단어 ✔

今日 [きょう] 오늘　お客さん [おきゃくさん] 손님　いる 있다　昨日 [きのう] 어제　ひまだ 한가하다　彼女 [かのじょ] 그녀　日本語 [にほんご] 일본어
以前 [いぜん] 이전　上手だ [じょうずだ] 능숙하다　今年 [ことし] 올해　全国的だ [ぜんこくてきだ] 전국적이다　雨の日 [あめのひ] 비 오는 날
去年 [きょねん] 작년　多い [おおい] 많다　日本 [にほん] 일본　大学 [だいがく] 대학　春休み [はるやすみ] 봄 방학　冬休み [ふゆやすみ] 겨울 방학
長い [ながい] 길다　この 이　部屋 [へや] 방　窓 [まど] 창문　大きい [おおきい] 크다　となり 옆　寒い [さむい] 춥다

말이 술술 쏟아지는 문형

음성을 듣고 문장을 큰 소리로 따라 말해 보세요.

문형 2

Day2_말이 술술 문형2.mp3

친구와 좋아하는 영화에 대해 이야기합니다.

ともだち　す　えいが　はな
友達と好きな映画について話します。

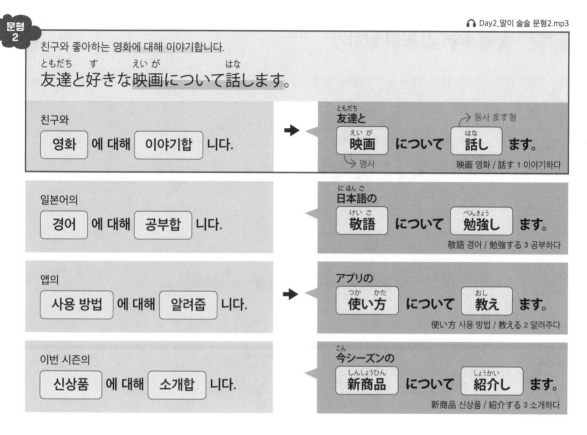

친구와 [영화] 에 대해 [이야기합] 니다.	ともだち 友達と [えいが 映画](→명사) について [はな 話し](→동사 ます형) ます。 映画 영화 / 話す 1 이야기하다
일본어의 [경어] 에 대해 [공부합] 니다.	にほんご 日本語の [けいご 敬語] について [べんきょう 勉強し] ます。 敬語 경어 / 勉強する 3 공부하다
앱의 [사용 방법] 에 대해 [알려줍] 니다.	アプリの [つかかた 使い方] について [おし 教え] ます。 使い方 사용 방법 / 教える 2 알려주다
이번 시즌의 [신상품] 에 대해 [소개합] 니다.	こん 今シーズンの [しんしょうひん 新商品] について [しょうかい 紹介し] ます。 新商品 신상품 / 紹介する 3 소개하다

문형 탐구하기

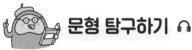

1. 우리말 "영화에 대해 이야기합니다."는 일본어로 "映画(えいが)について話(はな)します。"예요. 여기서 について(~에 대해)는 말의 주제나 어떤 행동의 대상을 말할 때 사용해요.

+플러스포인트 'AについてのB(A에 대한 B)'로 바꿔 말할 수 있어요.

예 友達(ともだち)と映画(えいが)**について**話(はな)します。 친구와 영화**에 대해** 이야기합니다.

友達(ともだち)と映画(えいが)**についての**話(はなし)をします。 친구와 영화**에 대한** 이야기를 합니다.

2. ~について ~ます。(~에 대해 ~합니다.)를 사용한 아래 문장들도 따라 말해 보아요.

- ネットで行(い)き方(かた)**について**調(しら)べ**ます**。 인터넷으로 가는 방법**에 대해** 조사합**니다**.
- 将来(しょうらい)の夢(ゆめ)**について**書(か)き**ます**。 장래의 꿈**에 대해** 씁**니다**.
- 部長(ぶちょう)の提案(ていあん)**について**考(かんが)え**ます**。 부장님의 제안**에 대해** 생각합**니다**.

문형 활용 긴 문장 말하기

앞서 학습한 문형과 여러 단어 및 표현을 함께 사용하여 긴 문장을 말해 보아요.

Day2_긴 문장2.mp3

친구와 고레에다 히로카즈 감독의 영화에 대해 이야기합니다.

ともだち　これえだひろかず　えいが　はな

友達と是枝裕和かんとくの映画について話します。

일본의 영화 감독이에요.

학교에서 일본어의 경어에 대해 공부했습니다.

がっこう　にほんご　けいご　べんきょう

学校で日本語の敬語について勉強しました。

이 은행 앱의 사용 방법에 대해 알려 주세요.

ぎんこう　つか　かた　おし

この銀行アプリの使い方について教えてください。

'동사 ます형+方'라고 하면 '~하는 방법'이라는 뜻의 말이 돼요.

* 동사 て형+ください ~해 주세요

복숭아를 사용한 이번 시즌의 신상품에 대해 소개하겠습니다.

つか　こん　しんしょうひん　しょうかい

ももを使った今シーズンの新商品について紹介します。

'사용한 신상품', 일본어에서는 동사 た형(使った)이 명사(新商品)을 꾸며요.

장래의 꿈에 대해 작문을 써 봅시다.

しょうらい　ゆめ　さくぶん　か

将来の夢について作文を書いてみましょう。

* 동사 て형+みます ~해 보겠습니다

단어

友達 [ともだち] 친구　かんとく 감독　映画 [えいが] 영화　話す [はなす] 이야기하다　学校 [がっこう] 학교　日本語 [にほんご] 일본어　敬語 [けいご] 경어　勉強する [べんきょうする] 공부하다　この 이　銀行 [ぎんこう] 은행　アプリ 앱, 어플리케이션　使い方 [つかいかた] 사용 방법　教える [おしえる] 알려주다　もも 복숭아　使う [つかう] 사용하다　今シーズン [こんシーズン] 이번 시즌　新商品 [しんしょうひん] 신상품　紹介する [しょうかいする] 소개하다　将来 [しょうらい] 장래　夢 [ゆめ] 꿈　作文 [さくぶん] 작문　書く [かく] 쓰다

말이 술술 쏟아지는 문형

음성을 듣고 문장을 큰 소리로 따라 말해 보세요.

문형 3

Day2_말이 술술 문형3.mp3

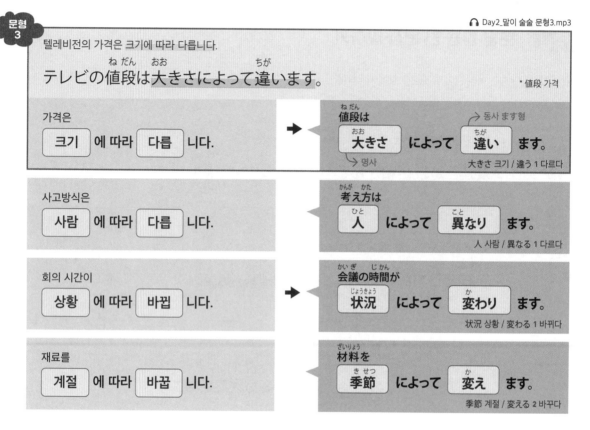

텔레비전의 가격은 크기에 따라 다릅니다.

テレビの値段(ねだん)は大(おお)きさによって違(ちが)います。

* 値段 가격

가격은 [크기] 에 따라 [다릅] 니다.	値段(ねだん)は [大(おお)きさ] によって [違(ちが)い] ます。 명사 / 동사 ます형 大きさ 크기 / 違う 1 다르다
사고방식은 [사람] 에 따라 [다릅] 니다.	考(かんが)え方(かた)は [人(ひと)] によって [異(こと)なり] ます。 人 사람 / 異なる 1 다르다
회의 시간이 [상황] 에 따라 [바뀝] 니다.	会議(かいぎ)の時間(じかん)が [状況(じょうきょう)] によって [変(か)わり] ます。 状況 상황 / 変わる 1 바뀌다
재료를 [계절] 에 따라 [바꿉] 니다.	材料(ざいりょう)を [季節(きせつ)] によって [変(か)え] ます。 季節 계절 / 変える 2 바꾸다

문형 탐구하기

1. 우리말 "크기에 따라 다릅니다."는 일본어로 "大(おお)きさによって違(ちが)います。"예요. 여기서 によって(~에 따라)는 어떤 조건이나 경우를 말할 때 사용해요.

참고로 よって는 '따라서', '그러므로', '때문에'와 같은 뜻의 접속사로도 쓰여요.

예 **よって**、このように決(き)めました。**따라서**, 이렇게 결정했습니다.

2. ~によって ~ます。(~에 따라 ~합니다.)를 사용한 아래 문장들도 따라 말해 보아요.

- 教(おし)え方(かた)は先生(せんせい)**によって**異(こと)なり**ます**。 가르치는 방식은 선생님**에 따라** 다릅**니다**.
- 飛行機(ひこうき)のチケットの値段(ねだん)**によって**決(き)め**ます**。 비행기 티켓의 가격**에 따라** 정합**니다**.
- スケジュールを都合(つごう)**によって**変更(へんこう)し**ます**。 스케줄을 사정**에 따라** 변경합**니다**.

문형 활용 긴 문장 말하기

앞서 학습한 문형과 여러 단어 및 표현을 함께 사용하여 긴 문장을 말해 보아요.

Day2_긴 문장3.mp3

세탁기의 가격은 기능과 크기에 따라 다릅니다.

せんたくき　ねだん　きのう　おお　ちが
洗濯機の値段は機能と大きさによって違います。

→ 형용사의 어간에 さ를 붙이면 명사가 돼요.

결혼에 대한 사고방식은 사람에 따라 다릅니다.

けっこん　かんが　かた　ひと　こと
結婚についての考え方は人によって異なります。

다음 주의 회의 시간이 상황에 따라 바뀔지도 모릅니다.

らいしゅう　かいぎ　じかん　じょうきょう　か
来週の会議の時間が状況によって変わるかもしれません。

* 동사 기본형+かもしれません ~지도 모릅니다

이 가게는 디저트의 재료를 계절에 따라 바꿉니다.

みせ　ざいりょう　きせつ　か
この店はスイーツの材料を季節によって変えます。

비행기 티켓의 가격에 따라 행선지를 정하려고 합니다.

ひこうき　ねだん　ゆ　さき　き
飛行機のチケットの値段によって行き先を決めるつもりです。

* 동사 기본형+つもりです ~하려고 합니다

단어 ✔

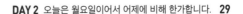

洗濯機 [せんたくき] 세탁기　値段 [ねだん] 가격　機能 [きのう] 기능　大きさ [おおきさ] 크기　違う [ちがう] 다르다　結婚 [けっこん] 결혼
考え方 [かんがえかた] 사고방식　人 [ひと] 사람　異なる [ことなる] 다르다　来週 [らいしゅう] 다음 주　会議 [かいぎ] 회의　時間 [じかん] 시간
状況 [じょうきょう] 상황　変わる [かわる] 바뀌다　この 이　店 [みせ] 가게　スイーツ 디저트　材料 [ざいりょう] 재료　季節 [きせつ] 계절
変える [かえる] 바꾸다　飛行機 [ひこうき] 비행기　チケット 티켓　行き先 [ゆきさき] 행선지　決める [きめる] 정하다

실생활 회화 자동발사!

Day2_실생활 회화 자동발사.mp3

먼저 듣기용 mp3로 대화를 들어 보며 어떤 내용인지 생각해 보세요. 그 다음 따라 말하기용 mp3로 따라 말해 보세요.

1 퇴근길에 지수가 일하는 편의점에 들른 하루토

하루토: ジスさん、こんばんは。お会計(かいけい)お願(ねが)いします。

지수: 陽翔(はると)さん、こんばんは。また牛丼(ぎゅうどん)ですね。今回(こんかい)新(あたら)しいお弁当(べんとう)がたくさん出(で)ました。新商品(しんしょうひん)についてちょっと紹介(しょうかい)しましょうか。

하루토: いいえ、今日(きょう)は大丈夫(だいじょうぶ)です。

지수: 分(わ)かりました。みそしると牛丼(ぎゅうどん)のお弁当(べんとう)、全部(ぜんぶ)で 850円(はっぴゃくごじゅうえん)です。お弁当(べんとう)は温(あたた)めますか。

하루토: はい、お願(ねが)いします。今日(きょう)はお客(きゃく)さんが少(すく)ないですね。

지수: ええ、今日(きょう)は月曜日(げつようび)だから昨日(きのう)に比(くら)べてひまです。えーと、陽翔(はると)さん、ポイントカードはお持(も)ちですか。

→ '월요일이어서', 명사(月曜日)+だ+から, から는 '명사+だ' 다음에 올 수 있어요.

하루토: あ、今日(きょう)は持(も)っていません。

1 하루토 : 지수 씨, 안녕하세요. 계산 부탁해요.

지수 : 하루토 씨, 안녕하세요. 또 규동이네요. 이번에 새로운 도시락이 많이 나왔어요. 신상품에 대해 잠깐 소개할까요?

하루토 : 아니요, 오늘은 괜찮아요.

지수 : 알겠어요. 미소시루와 규동 도시락, 전부해서 850엔입니다. 도시락은 데울까요?

하루토 : 네, 부탁해요. 오늘은 손님이 적네요.

지수 : 네, 오늘은 월요일이어서 어제에 비해 한가해요. 음, 하루토 씨, 포인트 카드는 가지고 계신가요?

하루토 : 아, 오늘은 가지고 있지 않아요.

단어

1. **こんばんは** 안녕하세요(저녁 인사)
お会計 [おかいけい] 계산
お願いします [おねがいします] 부탁합니다 **また** 또
牛丼 [ぎゅうどん] 규동, 소고기 덮밥
今回 [こんかい] 이번에 **新しい** [あたらしい] 새롭다
お弁当 [おべんとう] 도시락 **たくさん** 많이
出る [でる] 나오다 **新商品** [しんしょうひん] 신상품
ちょっと 잠깐 **紹介する** [しょうかいする] 소개하다
今日 [きょう] 오늘 **大丈夫だ** [だいじょうぶだ] 괜찮다
分かる [わかる] 알다 **みそしる** 미소시루, 된장국
全部で [ぜんぶで] 전부해서 **温める** [あたためる] 데우다
お客さん [おきゃくさん] 손님 **少ない** [すくない] 적다
月曜日 [げつようび] 월요일 **昨日** [きのう] 어제
ひまだ 한가하다 **ポイントカード** 포인트카드
持つ [もつ] 가지다

2 지수의 집에 잠깐 찾아온 옆집 사는 리코

리코 おじゃまします。ジスさん、どうぞ。お土産(みやげ)です。

지수 わぁ、ケーキですね。ありがとうございます。どこか行(い)ってきましたか。

리코 ええ、春休(はるやす)みだから実家(じっか)へ行(い)ってきました。このケーキ屋(や)は材料(ざいりょう)を季節(きせつ)によって変(か)えることで有名(ゆうめい)な店(みせ)です。

↳ '바꾸는 것으로', 変える(바꾸다)+こと(것)+で(으로)

지수 へえ、そうですか。いただきます。

日本(にほん)の大学(だいがく)には春休(はるやす)みもあるんですね。

↳ 조사 に(~에)와 は(~는)가 합쳐져 '~에는'이라는 뜻이에요.

리코 はい、だいたい 2月(にがつ)から 3月(さんがつ)まで春休(はるやす)みです。日本(にほん)の大学(だいがく)は春休(はるやす)みが冬休(ふゆやす)みに比(くら)べて長(なが)いです。韓国(かんこく)はどうですか。

지수 韓国(かんこく)の大学(だいがく)には春休(はるやす)みがありません。かわりに冬休(ふゆやす)みが長(なが)いです。

리코 そうですか。それは知(し)りませんでした。おもしろいですね。

2 리코 : 실례하겠습니다. 지수 씨, 받으세요. 여행 선물이에요.
지수 : 와, 케이크네요. 고마워요. 어딘가 갔다 왔어요?
리코 : 네, 봄방학이라서 본가에 갔다 왔어요. 이 케이크 가게는 재료를 계절에 따라 바꾸는 것으로 유명한 가게예요.
지수 : 오, 그런가요? 잘 먹을게요. 일본의 대학에는 봄 방학도 있군요.
리코 : 네, 대체로 2월부터 3월까지 봄 방학이에요. 일본의 대학은 봄 방학이 겨울 방학에 비해 길어요. 한국은 어때요?
지수 : 한국의 대학에는 봄 방학이 없어요. 대신에 겨울 방학이 길어요.
리코 : 그런가요? 그건 몰랐어요. 재미있네요.

단어

2. **おじゃまします** 실례하겠습니다 **どうぞ** 받으세요
お土産 [おみやげ] 여행 선물, 기념품 **ケーキ** 케이크
どこか 어딘가 **行ってくる** [いってくる] 갔다 오다
春休み [はるやすみ] 봄 방학 **実家** [じっか] 본가
この 이 **ケーキ屋** [ケーキや] 케이크 가게
材料 [ざいりょう] 재료 **季節** [きせつ] 계절
変える [かえる] 바꾸다 **有名だ** [ゆうめいだ] 유명하다
店 [みせ] 가게 **いただきます** 잘 먹겠습니다
日本 [にほん] 일본 **大学** [だいがく] 대학 **ある** 있다
だいたい 대체로 **~から~まで** ~부터 ~까지
冬休み [ふゆやすみ] 겨울 방학 **長い** [ながい] 길다
韓国 [かんこく] 한국 **かわりに** 대신에 **それ** 그것
知る [しる] 알다 **おもしろい** 재미있다

연습문제로 실력 쑥쑥

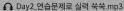

Day2_연습문제로 실력 쑥쑥.mp3

1 일본어로 문장 써보기

제시된 문형을 활용하여 일본어 문장을 써 보세요. 그 다음 음성을 듣고 문장을 따라 읽어 보세요.

보기	~に比(くら)べて ~です	~について ~ます	~によって ~ます

1) 친구와 좋아하는 영화에 대해 이야기합니다.
(친구 友達(ともだち) / 좋아하다 好(す)きだ / 영화 映画(えいが) / 이야기하다 話(はな)す)

____

2) 결혼에 대한 사고방식은 사람에 따라 다릅니다.
(결혼 結婚(けっこん) / 사고방식 考(かんが)え方(かた) / 사람 人(ひと) / 다르다 異(こと)なる)

____

3) 오늘은 월요일이어서 어제에 비해 한가합니다.
(오늘 今日(きょう) / 월요일 月曜日(げつようび) / 어제 昨日(きのう) / 한가하다 ひまだ)

____

2 문맥에 맞는 단어 골라 써보기 JLPT N3, N4 문자·어휘 / JPT 독해 대비 유형

문맥에 가장 알맞은 단어를 보기에서 골라 문장을 완성해 보세요. 그 다음 음성을 듣고 문장을 따라 읽어 보세요.

보기	去年(きょねん)	新商品(しんしょうひん)	値段(ねだん)	状況(じょうきょう)

1) 今年(ことし)は全国的(ぜんこくてき)に雨(あめ)の日(ひ)が ________ に比(くら)べて多(おお)かったです。

2) 来週(らいしゅう)の会議(かいぎ)の時間(じかん)が ________ によって変(か)わるかもしれません。

3) ももを使(つか)った今(こん)シーズンの ________ について紹介(しょうかい)します。

3 질문 듣고 알맞은 답변 고르기 JLPT N3, N4 청해 / JPT 청해 대비 유형

음성으로 들려주는 질문을 잘 듣고 알맞은 대답을 고르세요.

1) ① ②

2) ① ②

4 빈칸 채우기 JLPT N3, N4 문법 / JPT 독해 대비 유형

빈칸에 들어갈 가장 알맞은 단어를 골라 문장을 완성하세요. 그 다음 음성을 듣고 문장을 따라 읽어 보세요.

1) この銀行アプリの使い方 ( ) 教えてください。

① に比べて ② によって ③ について

2) A「日本の大学は春休みが冬休み ( ) 比べて長いですか。」

B「はい。だいたいそうです。」

① が ② の ③ に

5 문장 완성하기 JLPT N3, N4 문법 대비 유형

선택지를 올바르게 배열하여 문장을 완성한 다음 ★ 에 들어갈 선택지를 고르세요.

1) この部屋は窓が大きくて ____ ____ ★ ____ です。

① 寒い ② 部屋に ③ 比べて ④ となりの

2) 飛行機のチケットの ____ ____ ★ ____ つもりです。

① 行き先を ② 値段に ③ よって ④ 決める

정답

1 1) 友達と好きな映画について話します。
2) 結婚についての考え方は人によって異なります。
3) 今日は月曜日だから昨日に比べてひまです。
2 1) 去年 2) 状況 3) 新商品
3 1) ② 2) ①
4 1) ③ について 2) ③ に
5 1) ③ 比べて 2) ① 行き先を

연습문제 해석 p.250

<해커스 일본어 첫걸음> 어플로
DAY 2에서 학습한 내용을
복습해보세요!

Day 3

이것은 비빔밥이라고 하는 한국 요리입니다.

한 번에 학습하기

これはビビンバという韓国料理(かんこくりょうり)です。

이런 말을 할 수 있어요.

문형 1

이것은 비빔밥이라고 하는 한국 요리입니다.

これはビビンバという韓国(かんこく)料理(りょうり)です。

문형 2

후배에게 선배로서 리포트 쓰는 방법을 알려줍니다.

こうはいにせんぱいとしてレポートの書(か)き方(かた)を教(おし)えます。

문형 3

설날에는 매년 가족과 함께 신사를 방문합니다.

お正月(しょうがつ)は毎年(まいとし)家族(かぞく)とともに神社(じんじゃ)を訪(おとず)れます。

오늘은, 무언가를 설명할 때, 자격·명분을 말할 때, 동행이나 추가 사항을 언급할 때 사용하는 문형을 배워 볼 거예요.

- **문형1** [명사] という [명사] です。~(이)라고 하는 ~입니다. (설명)
- **문형2** [명사] として [동사 ます형] ます。~(으)로서 ~합니다. (자격·명분)
- **문형3** [명사] とともに [동사 ます형] ます。~와 함께 ~합니다. (동행·추가 사항)

오늘의 문형을 배우면 '비빔밥이라고 하는 한국 요리입니다', '선배로서 리포트 쓰는 방법을 알려줍니다', '매년 가족과 함께 신사를 방문합니다'와 같은 말을 할 수 있어요.

말이 술술 쏟아지는 문형

음성을 듣고 문장을 큰 소리로 따라 말해 보세요.

문형 1

Day3_말이 술술 문형1.mp3

이것은 비빔밥이라고 하는 한국 요리입니다.

これはビビンバという韓国料理(かんこくりょうり)です。

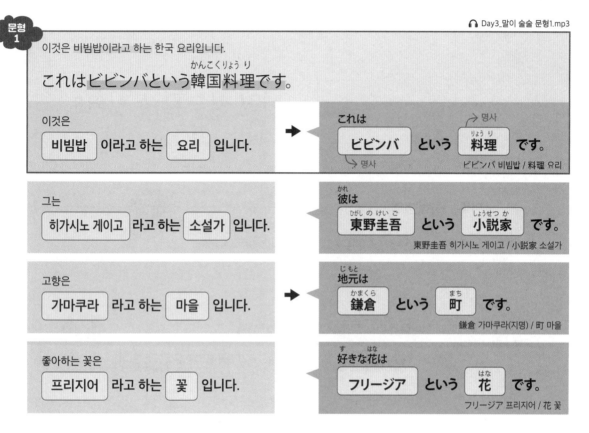

이것은 [비빔밥] 이라고 하는 [요리] 입니다.	➜	これは [ビビンバ](명사) という [料理(りょうり)](명사) です。 ビビンバ 비빔밥 / 料理 요리
그는 [히가시노 게이고] 라고 하는 [소설가] 입니다.		彼(かれ)は [東野圭吾(ひがしのけいご)] という [小説家(しょうせつか)] です。 東野圭吾 히가시노 게이고 / 小説家 소설가
고향은 [가마쿠라] 라고 하는 [마을] 입니다.	➜	地元(じもと)は [鎌倉(かまくら)] という [町(まち)] です。 鎌倉 가마쿠라(지명) / 町 마을
좋아하는 꽃은 [프리지어] 라고 하는 [꽃] 입니다.		好(す)きな花(はな)は [フリージア] という [花(はな)] です。 フリージア 프리지어 / 花 꽃

문형 탐구하기

1. 우리말 "비빔밥이라고 하는 요리입니다."는 일본어로 "ビビンバという料理(りょうり)です。"예요. 여기서 と는 '~라고' 라는 뜻의 조사이고, いう는 '말하다'라는 뜻의 동사예요.

+플러스포인트 '~という' 대신 '~って'로 간단히 말하기도 해요.

예 どうとんぼり**という**街(まち) = どうとんぼり**って**街(まち)
도톤보리**라고 하는** 거리 도톤보리**라고 하는** 거리

2. ~という ~です。(~(이)라고 하는 ~입니다.)를 사용한 아래 문장들도 따라 말해 보아요.

- あれはパッションフルーツ**という**果物(くだもの)**です**。 저것은 패션후르츠**라고 하는** 과일**입니다**.
- これはラムネ**という**飲(の)み物(もの)**です**。 이것은 라무네**라고 하는** 음료**입니다**.
- ここは「一蘭(いちらん)」**という**ラーメン屋(や)**です**。 이곳은 '이찌란'**이라고 하는** 라멘 가게**입니다**.

문형 활용 긴 문장 말하기

앞서 학습한 문형과 여러 단어 및 표현을 함께 사용하여 긴 문장을 말해 보아요.

Day3_긴 문장1.mp3

이것은 비빔밥이라고 하는 세계적으로 유명한 한국 요리입니다.

これはビビンバという世界的(せかいてき)に有名(ゆうめい)な韓国料理(かんこくりょうり)です。

그는 히가시노 게이고라고 하는 일본을 대표하는 소설가입니다.

彼(かれ)は東野圭吾(ひがしのけいご)という日本(にほん)を代表(だいひょう)する小説家(しょうせつか)です。

↳ 동사 기본형(代表する)이 명사(小説家)를 꾸몄어요.

저의 고향은 가마쿠라라고 하는 바다가 근처에 있는 마을입니다.

私(わたし)の地元(じもと)は鎌倉(かまくら)という海(うみ)が近(ちか)くにある町(まち)です。

↳ 동사 기본형(ある)이 명사(町)를 꾸몄어요.

제가 좋아하는 꽃은 프리지어라고 하는 노랗고 향기가 좋은 꽃입니다.

私(わたし)が好(す)きな花(はな)はフリージアという黄色(きいろ)くてかおりのいい花(はな)です。

이곳은 '이찌란'이라고 하는 외국인에게도 인기인 라멘 가게입니다.

ここは「一蘭(いちらん)」という外国人(がいこくじん)にも人気(にんき)のラーメン屋(や)です。

단어 ✔

これ 이것　ビビンバ 비빔밥　世界的だ [せかいてきだ] 세계적이다　有名だ [ゆうめいだ] 유명하다　韓国料理 [かんこくりょうり] 한국 요리　彼 [かれ] 그
日本 [にほん] 일본　代表する [だいひょうする] 대표하다　小説家 [しょうせつか] 소설가　私 [わたし] 저, 나　地元 [じもと] 고향　鎌倉 [かまくら] 가마쿠라(지명)
海 [うみ] 바다　近く [ちかく] 근처　ある 있다　町 [まち] 마을　好きだ [すきだ] 좋아하다　花 [はな] 꽃　フリージア 프리지어　黄色い [きいろい] 노랗다
かおり 향기, 향　いい 좋다　ここ 이곳　外国人 [がいこくじん] 외국인　人気 [にんき] 인기　ラーメン屋 [ラーメンや] 라멘 가게

말이 술술 쏟아지는 문형

음성을 듣고 문장을 큰 소리로 따라 말해 보세요.

문형 2

Day3_말이 술술 문형2.mp3

후배에게 선배로서 리포트 쓰는 방법을 알려줍니다.

こうはいにせんぱいとしてレポートの書(か)き方(かた)を教(おし)えます。

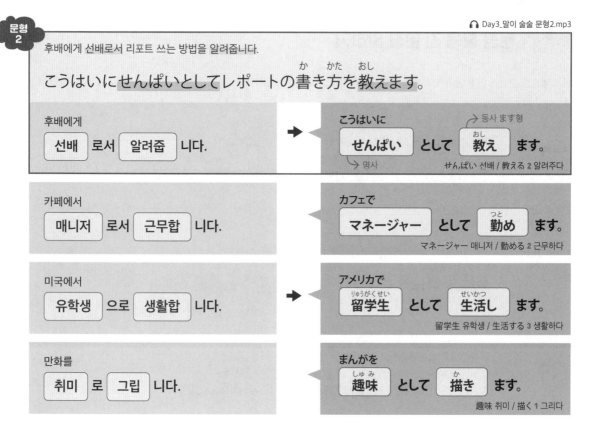

후배에게 선배 로서 알려줍 니다.	こうはいに せんぱい(명사) として 教(おし)え(동사 ます형) ます。 せんぱい 선배 / 教える 2 알려주다
카페에서 매니저 로서 근무합 니다.	カフェで マネージャー として 勤(つと)め ます。 マネージャー 매니저 / 勤める 2 근무하다
미국에서 유학생 으로 생활합 니다.	アメリカで 留学生(りゅうがくせい) として 生活(せいかつ)し ます。 留学生 유학생 / 生活する 3 생활하다
만화를 취미 로 그립 니다.	まんがを 趣味(しゅみ) として 描(か)き ます。 趣味 취미 / 描く 1 그리다

문형 탐구하기

1. 우리말 "선배로서 알려줍니다."는 일본어로 "せんぱいとして教(おし)えます。"예요. 여기서 として(~(으)로서)는 명사 뒤에 붙여 자격이나 입장, 명분 등을 말할 때 사용해요.

상황에 따라 '취미로 그립니다'와 같이 '~(으)로'라는 말을 하고 싶을 때도 쓰여요.

예 ダイアリー**として**使(つか)います。 다이어리**로** 사용합니다.

2. ~として ~ます。(~(으)로서 ~합니다.)를 사용한 아래 문장들도 따라 말해 보아요.

- 部下(ぶか)に課長(かちょう)**として**アドバイス**します**。 부하에게 과장**으로서** 조언합**니다**.
- 子供(こども)の成長(せいちょう)を親(おや)**として**見守(みまも)り**ます**。 아이의 성장을 부모**로서** 지켜봅**니다**.
- お菓子(かし)をお土産(みやげ)**として**買(か)い**ます**。 과자를 기념품**으로** 삽**니다**.

문형 활용 긴 문장 말하기

앞서 학습한 문형과 여러 단어 및 표현을 함께 사용하여 긴 문장을 말해 보아요.

Day3_긴 문장2.mp3

지난주에 입사한 후배에게 선배로서 여러 가지 알려줍니다.

せんしゅうにゅうしゃ　いろいろおし

先週入社したこうはいにせんぱいとして色々教えます。

동사 た형(入社した)이 명사(こうはい)를 꾸몄어요.

저의 언니는 이 카페에서 매니저로서 근무하고 있습니다.

わたし　あね　つと

私の姉はこのカフェでマネージャーとして勤めています。

그는 작년부터 미국에서 유학생으로 생활하고 있습니다.

かれ　きょねん　りゅうがくせい　せいかつ

彼は去年からアメリカで留学生として生活しています。

저는 고등학생 때부터 만화를 취미로 그리고 있습니다.

わたし　こうこうせい　とき　しゅみ　か

私は高校生の時からまんがを趣味として描いています。

홋카이도에서 가장 유명한 과자를 기념품으로 사 왔습니다.

ほっかいどう　いちばんゆうめい　かし　みやげ　か

北海道で一番有名なお菓子をお土産として買ってきました。

단어 ✔

先週 [せんしゅう] 지난주　入社する [にゅうしゃする] 입사하다　こうはい 후배　せんぱい 선배　色々 [いろいろ] 여러 가지
教える [おしえる] 알려주다, 가르치다　私 [わたし] 저, 나　姉 [あね] 언니　この 이　カフェ 카페　マネージャー 매니저　勤める [つとめる] 근무하다
彼 [かれ] 그　去年 [きょねん] 작년　アメリカ 미국　留学生 [りゅうがくせい] 유학생　生活する [せいかつする] 생활하다　高校生 [こうこうせい] 고등학생
時 [とき] 때　まんが 만화　趣味 [しゅみ] 취미　描く [かく] 그리다　北海道 [ほっかいどう] 홋카이도　一番 [いちばん] 가장　有名だ [ゆうめいだ] 유명하다
お菓子 [おかし] 과자　お土産 [おみやげ] 기념품　買ってくる [かってくる] 사 오다

말이 술술 쏟아지는 문형

🎧 음성을 듣고 문장을 큰 소리로 따라 말해 보세요.

🎧 Day3_말이 술술 문형3.mp3

문형 3

설날에는 매년 가족과 함께 신사를 방문합니다.

しょうがつ　まいとし　か ぞく　じんじゃ　おとず
お正月は毎年家族とともに神社を訪れます。

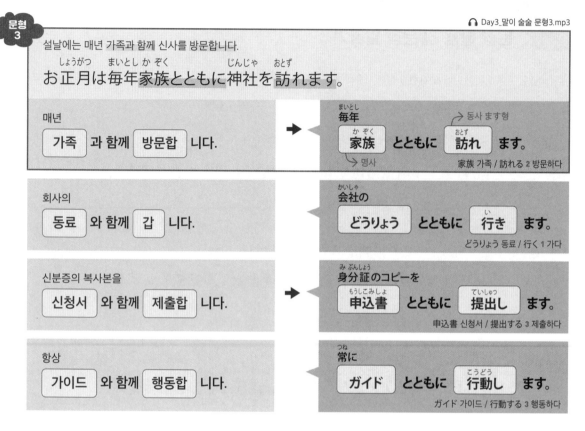

매년 [가족] 과 함께 [방문합] 니다.	まいとし 毎年 [か ぞく 家族(→ 명사)] とともに [おとず 訪れ(→ 동사 ます형)] ます。 家族 가족 / 訪れる 2 방문하다
회사의 [동료] 와 함께 [갑] 니다.	かいしゃ 会社の [どうりょう] とともに [い 行き] ます。 どうりょう 동료 / 行く 1 가다
신분증의 복사본을 [신청서] 와 함께 [제출합] 니다.	み ぶんしょう 身分証のコピーを [もうしこみしょ 申込書] とともに [ていしゅつ 提出し] ます。 申込書 신청서 / 提出する 3 제출하다
항상 [가이드] 와 함께 [행동합] 니다.	つね 常に [ガイド] とともに [こうどう 行動し] ます。 ガイド 가이드 / 行動する 3 행동하다

문형 탐구하기 🎧

1. 우리말 "가족과 함께 방문합니다."는 일본어로 "家族(かぞく)とともに訪(おとず)れます。"예요. 여기서 とともに(~와/과 함께)는 동행이나 추가 사항을 말할 때 사용해요.

이 문형에서 조사 と는 '~와/과'라는 뜻이고, ともに는 '함께'라는 뜻이에요.

+플러스포인트 '~とともに'는 '~といっしょに'로 바꿔 쓸 수 있어요.

예 どうりょう**とともに** = どうりょう**といっしょに**
동료**와 함께** 동료**와 같이**

2. ~とともに ~ます。(~와/과 함께 ~합니다.)를 사용한 아래 문장들도 따라 말해 보아요

- 今月(こんげつ)から親友(しんゆう)**とともに**暮(く)らし**ます**。 이번 달부터 친구**와 함께** 지냅**니다**.
- 賞金(しょうきん)をメダル**とともに**受(う)け取(と)り**ます**。 상금을 메달**과 함께** 받습**니다**.
- 料理(りょうり)をビール**とともに**楽(たの)しみ**ます**。 요리를 맥주**와 함께** 즐깁**니다**.

문형 활용 긴 문장 말하기

앞서 학습한 문형과 여러 단어 및 표현을 함께 사용하여 긴 문장을 말해 보아요.

Day3_긴 문장3.mp3

여름 방학에는 매년 가족과 함께 할머니 집을 방문합니다.

夏休み(なつやす)は毎年(まいとし)家族(かぞく)とともに祖母(そぼ)の家(いえ)を訪(おとず)れます。

다음 달에 회사의 동료와 함께 출장으로 오사카에 갑니다.

来月会社(らいげつかいしゃ)のどうりょうとともに出張(しゅっちょう)で大阪(おおさか)へ行(い)きます。

여기서 で는 '~으로'라는 이유나 원인을 나타내는 조사예요.

신분증의 복사본을 신청서와 함께 제출하지 않으면 안 됩니다.

身分証(みぶんしょう)のコピーを申込書(もうしこみしょ)とともに提出(ていしゅつ)しなければなりません。

* 동사 ない형+なければなりません ~하지 않으면 안 됩니다

현지에서는 항상 가이드와 함께 행동해 주세요.

現地(げんち)では常(つね)にガイドとともに行動(こうどう)してください。

조사 で(~에서)와 は(~는)가 합쳐져 '~에서는'이라는 뜻이에요.

* 동사 て형+ください ~해 주세요

맛있는 요리를 맥주와 함께 즐길 수 있습니다.

おいしい料理(りょうり)をビールとともに楽(たの)しむことができます。

* 동사 기본형+ことができます ~할 수 있습니다

단어

夏休み [なつやすみ] 여름 방학　毎年 [まいとし] 매년　家族 [かぞく] 가족　祖母 [そぼ] 할머니　家 [いえ] 집　訪れる [おとずれる] 방문하다
来月 [らいげつ] 다음 달　会社 [かいしゃ] 회사　どうりょう 동료　出張 [しゅっちょう] 출장　大阪 [おおさか] 오사카(지명)　行く [いく] 가다
身分証 [みぶんしょう] 신분증　コピー 복사본　申込書 [もうしこみしょ] 신청서　提出する [ていしゅつする] 제출하다　現地 [げんち] 현지　常に [つねに] 항상
ガイド 가이드　行動する [こうどうする] 행동하다　おいしい 맛있다　料理 [りょうり] 요리　ビール 맥주　楽しむ [たのしむ] 즐기다

실생활 회화 자동발사!

Day3_실생활 회화 자동발사.mp3

먼저 듣기용 mp3로 대화를 들어 보며 어떤 내용인지 생각해 보세요. 그 다음 따라 말하기용 mp3로 따라 말해 보세요.

1 토요일 저녁 동네에서 우연히 마주친 지수와 하루토

지수: あれ? 陽翔(はると)さん? ぐうぜんですね! どこか行(い)きますか。

하루토: あ、ジスさん、こんばんは。この近(ちか)くのツタヤでまんがを借(か)りてきました。

→ 만화책, DVD, CD 등을 빌릴 수 있는 일본의 유명 체인점이에요.

지수: 陽翔(はると)さん、まんが好(す)きなんですか。私(わたし)は大好(だいす)きです!

하루토: ええ。私(わたし)もとても好(す)きで、まんがを趣味(しゅみ)として描(か)いています。それに実(じつ)は今(いま)、まんがの出版社(しゅっぱんしゃ)で働(はたら)いています。

지수: うわ! すてきですね。出版社(しゅっぱんしゃ)ではどんな仕事(しごと)をしていますか。

하루토: うーん、ジスさん、近(ちか)くに私(わたし)がよく行(い)くラーメン屋(や)があるんですけど、

→ 동사 기본형(行く)+명사(ラーメン屋)

そこでもっと話(はな)しませんか。「一蘭(いちらん)」という有名(ゆうめい)なラーメン屋(や)です。

→ 일본의 유명한 라멘 식당이에요.

지수: はい、行(い)きましょう!

---

1 지수 : 어? 하루토 씨? 우연이네요! 어딘가 가요?

하루토 : 아, 지수 씨, 안녕하세요. 이 근처의 츠타야에서 만화책을 빌려 왔어요.

지수 : 하루토 씨, 만화 좋아해요? 저는 엄청 좋아해요!

하루토 : 네. 저도 아주 좋아해서, 만화를 취미로 그리고 있어요. 게다가 사실은 지금, 만화 출판사에서 일하고 있어요.

지수 : 우와! 멋지네요. 출판사에서는 어떤 일을 하고 있어요?

하루토 : 음, 지수 씨, 근처에 제가 자주 가는 라멘 가게가 있는데, 그곳에서 더 이야기하지 않을래요? '이찌란'이라고 하는 유명한 라멘 가게예요.

지수 : 네, 가요!

단어

1. **ぐうぜん** 우연 **どこか** 어딘가 **行く** [いく] 가다
こんばんは 안녕하세요(저녁 인사) **この** 이
近く [ちかく] 근처 **まんが** 만화책, 만화
借りてくる [かりてくる] 빌려 오다
好きだ [すきだ] 좋아하다 **私** [わたし] 저, 나
大好きだ [だいすきだ] 엄청 좋아하다 **とても** 아주
趣味 [しゅみ] 취미 **描く** [かく] 그리다 **それに** 게다가
実は [じつは] 사실은 **今** [いま] 지금
出版社 [しゅっぱんしゃ] 출판사 **働く** [はたらく] 일하다
すてきだ 멋지다 **どんな** 어떤 **仕事** [しごと] 일
する 하다 **よく** 자주 **ラーメン屋** [ラーメンや] 라멘 가게
ある 있다 **そこ** 그곳 **もっと** 더
話す [はなす] 이야기하다
有名だ [ゆうめいだ] 유명하다

2 라멘 가게에서 대화를 이어가는 지수와 하루토

지수: 陽翔(はると)さんはどんな仕事(しごと)をしていますか。

하루토: 編集(へんしゅう)の仕事(しごと)をしています。まんがが出(で)るまでに作家(さっか)さんとコミュニケーションをしたり、スケジュールを管理(かんり)したりします。来週(らいしゅう)は新(あたら)しい作家(さっか)さんに会(あ)いに会社(かいしゃ)のどうりょうとともに大阪(おおさか)へ行(い)きます。

↳ '~을 만나다'라고 할 때는 동사 会う 앞에 조사 に를 쓰는 것에 주의해요.

지수: うわ、すごい！ 色(いろ)んなことをしているんですね。

하루토: はい。ジスさんは、どんなまんがが好(す)きですか。

지수: 私(わたし)は「スラムダンク」というまんがが一番(いちばん)好(す)きです。

하루토: あっ！「スラムダンク」の舞台(ぶたい)になったのが私(わたし)の地元(じもと)です！ 鎌倉(かまくら)というきれいな町(まち)です。

↳ 여기서 の는 '~것'이라는 뜻의 추상적인 것을 가리킬 때 쓰는 조사예요.

지수: 本当(ほんとう)ですか。そんなきれいなところで育(そだ)ったんですね。いいなぁ。

회화에서 상대에게 공감을 하는 혼잣말 느낌으로 자주 써요. ↲

2 지수 : 하루토 씨는 어떤 일을 하고 있어요?

하루토 : 편집 일을 하고 있어요. 만화가 나올 때까지 작가 분과 커뮤니케이션을 하거나, 스케줄을 관리하거나 해요. 다음 주에는 새로운 작가 분을 만나러 회사의 동료와 함께 오사카에 가요.

지수 : 와, 대단해! 여러 일을 하고 있군요.

하루토 : 네. 지수 씨는, 어떤 만화를 좋아해요?

지수 : 저는 '슬램덩크'라고 하는 만화를 제일 좋아해요.

하루토 : 앗! '슬램덩크'의 무대가 된 것이 제 고향이에요! 가마쿠라라고 하는 예쁜 마을이에요.

지수 : 정말요? 그런 예쁜 곳에서 자랐군요. 좋겠다.

단어

2. **どんな** 어떤 **仕事** [しごと] 일 **する** 하다 **編集** [へんしゅう] 편집 **まんが** 만화 **出る** [でる] 나오다 **作家さん** [さっかさん] 작가 분 **コミュニケーション** 커뮤니케이션 **スケジュール** 스케줄 **管理する** [かんりする] 관리하다 **~たり~たり** ~하거나 ~하거나 **来週** [らいしゅう] 다음 주 **新しい** [あたらしい] 새롭다 **会う** [あう] 만나다 **会社** [かいしゃ] 회사 **どうりょう** 동료 **大阪** [おおさか] 오사카(지명) **~に行く** [~にいく] ~하러 가다 **すごい** 대단하다 **色んな** [いろんな] 여러 **こと** 일 **好きだ** [すきだ] 좋아하다 **私** [わたし] 저, 나 **一番** [いちばん] 제일 **舞台** [ぶたい] 무대 **地元** [じもと] 고향 **鎌倉** [かまくら] 가마쿠라(지명) **きれいだ** 예쁘다 **町** [まち] 마을 **本当** [ほんとう] 정말 **そんな** 그런 **育つ** [そだつ] 자라다 **いい** 좋다

연습문제로 실력 쑥쑥

Day3_연습문제로 실력 쑥쑥.mp3

1 일본어로 문장 써보기

제시된 문형을 활용하여 일본어 문장을 써 보세요. 그 다음 음성을 듣고 문장을 따라 읽어 보세요.

보기 ～という～です　　～として～ます　　～とともに～ます

1) 저의 고향은 가마쿠라라고 하는 바다가 근처에 있는 마을입니다.
(저 私(わたし) / 고향 地元(じもと) / 가마쿠라 鎌倉(かまくら) / 바다 海(うみ) / 근처 近(ちか)く / 있다 ある / 마을 町(まち))

____

2) 후배에게 선배로서 리포트 쓰는 방법을 알려줍니다.
(후배 こうはい / 선배 せんぱい / 리포트 レポート / 쓰는 방법 書(か)き方(かた) / 알려주다 教(おし)える)

____

3) 설날에는 매년 가족과 함께 신사를 방문합니다.
(설날 お正月(しょうがつ) / 매년 毎年(まいとし) / 가족 家族(かぞく) / 신사 神社(じんじゃ) / 방문하다 訪(おとず)れる)

____

2 문맥에 맞는 단어 골라 써보기 JLPT N3, N4 문자·어휘 / JPT 독해 대비 유형

문맥에 가장 알맞은 단어를 보기에서 골라 문장을 완성해 보세요. 그 다음 음성을 듣고 문장을 따라 읽어 보세요.

보기 申込書(もうしこみしょ)　　フリージア　　趣味(しゅみ)　　どうりょう

1) 来月(らいげつ)会社(かいしゃ)の __________ とともに出張(しゅっちょう)で大阪(おおさか)へ行(い)きます。

2) 私(わたし)が好(す)きな花(はな)は __________ という黄色(きいろ)くてかおりのいい花(はな)です。

3) 私(わたし)は高校生(こうこうせい)の時(とき)からまんがを __________ として描(か)いています。

3 질문 듣고 알맞은 답변 고르기 JLPT N3, N4 청해 / JPT 청해 대비 유형

음성으로 들려주는 질문을 잘 듣고 알맞은 대답을 고르세요.

1) ① ②

2) ① ②

4 빈칸 채우기 JLPT N3, N4 문법 / JPT 독해 대비 유형

빈칸에 들어갈 가장 알맞은 단어를 골라 문장을 완성하세요. 그 다음 음성을 듣고 문장을 따라 읽어 보세요.

1) おいしい料理(りょうり)をビール (　　　) ともに楽(たの)しむことができます。

① と　　② へ　　③ は

2) 私(わたし)の姉(あね)はこのカフェでマネージャー (　　　) 勤(つと)めています。

① ともに　　② として　　③ ついて

5 문장 완성하기 JLPT N3, N4 문법 대비 유형

선택지를 올바르게 배열하여 문장을 완성한 다음 ★ 에 들어갈 선택지를 고르세요.

1) 現地(げんち)では常(つね)に ＿＿ ＿＿ ★ ＿＿ ください。

① ともに　　② 行動(こうどう)して　　③ と　　④ ガイド

2) これは ＿＿ ＿＿ ＿＿ ★ です。

① ラムネ　　② 飲(の)み物(もの)　　③ いう　　④ と

<해커스 일본어 첫걸음> 어플로
DAY 3에서 학습한 내용을
복습해보세요!

정답

1 1) 私の地元は鎌倉という海が近くにある町です。
2) こうはいにせんぱいとしてレポートの書き方を教えます。
3) お正月は毎年家族とともに神社を訪れます。
2 1) どうりょう　2) フリージア　3) 趣味
3 1) ②　2) ①
4 1) ① と　2) ② として
5 1) ① ともに　2) ② 飲み物

연습문제 해석 p.251

Day 4

교토에서 가고 싶은 곳은 금각사나 청수사 등입니다.

京都(きょうと)で行(い)きたいところは

金閣寺(きんかくじ)や清水寺(きよみずでら)などです。

한 번에 학습하기

이런 말을 할 수 있어요.

문형 1

교토에서 가고 싶은 곳은 금각사나 청수사 등입니다.

京都(きょうと)で行(い)きたいところは金閣寺(きんかくじ)や清水寺(きよみずでら)などです。

문형 2

집에서 학교까지 버스와 전철 중 어느 쪽이 빠릅니까?

家(いえ)から学校(がっこう)までバスと電車(でんしゃ)とどちらが速(はや)いですか。

문형 3

이 동네에서 여기만큼 돈가스가 맛있는 가게는 없습니다.

この町(まち)でここほどとんかつがおいしい店(みせ)はないです。

오늘은, 여러 개를 예시로 열거할 때, 선택을 요구하는 질문을 할 때, 그리고 최고의 것을 말할 때 사용하는 문형을 배워 볼 거예요.

- **문형1** [명사] や [명사] などです。~(이)나 ~ 등입니다. (열거)
- **문형2** [명사] と [명사] とどちらが [형용사] ですか。~와 ~ 중 어느 쪽이 ~합니까? (선택)
- **문형3** [명사] ほど [형용사] [명사] はないです。~만큼 ~은 없습니다. (최고의 것)

오늘의 문형을 배우면 '금각사나 청수사 등입니다', '버스와 전철 중 어느 쪽이 빠릅니까?', '여기만큼 맛있는 가게는 없습니다'와 같은 말을 할 수 있어요.

말이 술술 쏟아지는 문형

음성을 듣고 문장을 큰 소리로 따라 말해 보세요.

문형 1

Day4_말이 술술 문형1.mp3

교토에서 가고 싶은 곳은 금각사나 청수사 등입니다.

京都(きょうと)で行(い)きたいところは金閣寺(きんかくじ)や清水寺(きよみずでら)などです。

가고 싶은 곳은 금각사 나 청수사 등입니다.	行(い)きたいところは 金閣寺(きんかくじ) や 清水寺(きよみずでら) などです。 (명사 / 명사) 金閣寺 금각사 / 清水寺 청수사
좋아하는 음식은 초밥 이나 가라아게 등입니다.	好(す)きな食(た)べ物(もの)は 寿司(すし) や からあげ などです。 寿司 초밥 / からあげ 가라아게, 닭 튀김
인기인 여행지는 이탈리아 나 프랑스 등입니다.	人気(にんき)の旅行先(りょこうさき)は イタリア や フランス などです。 イタリア 이탈리아 / フランス 프랑스
경품은 캐릭터 티셔츠 나 피규어 등입니다.	景品(けいひん)は キャラクターTシャツ や フィギュア などです。 キャラクターTシャツ 캐릭터 티셔츠 / フィギュア 피규어

문형 탐구하기

1. 우리말 '금각사나 청수사 등입니다'와 같이 여러 가지 중에 대표적인 몇 개를 예시로 열거하고 싶을 때에는 '～や ～などです(~(이)나 ~등입니다)'를 써요.

여기서 や는 '~(이)나'라는 뜻으로 명사를 나열할 때 쓰는 조사이고, など는 '~등'이라는 뜻의 조사예요. 여러 가지 중에 몇 개의 예시를 들 때 사용하므로 '～や ～や ～などです'와 같이 や를 여러 번 써서 말할 수도 있어요.

2. ～や ～などです。(~(이)나 ~등입니다.)를 사용한 아래 문장들도 따라 말해 보아요.

- クリスマスプレゼントはてぶくろ**や**くつした**などです**。 크리스마스 선물은 장갑**이나** 양말 **등입니다**.
- 流行(はや)りのスポーツはテニス**や**ゴルフ**などです**。 유행인 스포츠는 테니스**나** 골프 **등입니다**.
- かばんの中(なか)にあるものは本(ほん)**や**財布(さいふ)**や**スマホ**などです**。 가방 안에 있는 것은 책**이나** 지갑**이나** 스마트폰 **등입니다**.

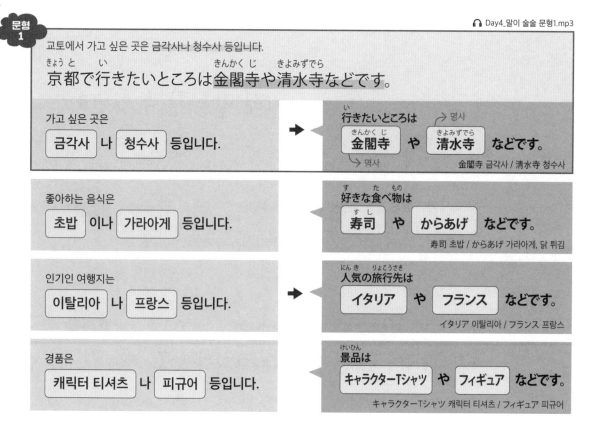

문형 활용 긴 문장 말하기

앞서 학습한 문형과 여러 단어 및 표현을 함께 사용하여 긴 문장을 말해 보아요.

Day4_긴 문장1.mp3

교토를 여행할 때에 가고 싶은 곳은 금각사나 청수사 등입니다.

きょうと　りょこう　とき　い　きんかくじ　きよみずでら
京都を旅行する時に行きたいところは金閣寺や清水寺などです。

* 동사 ます형+たいです ~하고 싶습니다

제가 좋아하는 음식은 초밥이나 가라아게 등입니다.

わたし　す　た　もの　すし
私が好きな食べ物は寿司やからあげなどです。

대학생에게 인기인 여행지는 이탈리아나 프랑스 등입니다.

だいがくせい　にんき　りょこうさき
大学生に人気の旅行先はイタリアやフランスなどです。

이벤트의 경품은 캐릭터 티셔츠나 피규어 등입니다.

けいひん
イベントの景品はキャラクターTシャツやフィギュアなどです。

최근, 유행인 스포츠는 테니스나 골프 등입니다.

さいきん　はや
最近、流行りのスポーツはテニスやゴルフなどです。

단어 ✔

京都 [きょうと] 교토(지명)　旅行する [りょこうする] 여행하다　時 [とき] 때　行く [いく] 가다　ところ 곳　金閣寺 [きんかくじ] 금각사
清水寺 [きよみずでら] 청수사　私 [わたし] 저, 나　好きだ [すきだ] 좋아하다　食べ物 [たべもの] 음식　寿司 [すし] 초밥　からあげ 가라아게, 닭 튀김
大学生 [だいがくせい] 대학생　人気 [にんき] 인기　旅行先 [りょこうさき] 여행지　イタリア 이탈리아　フランス 프랑스　イベント 이벤트　景品 [けいひん] 경품
キャラクターTシャツ 캐릭터 티셔츠　フィギュア 피규어　最近 [さいきん] 최근　流行り [はやり] 유행　スポーツ 스포츠　テニス 테니스　ゴルフ 골프

말이 술술 쏟아지는 문형

음성을 듣고 문장을 큰 소리로 따라 말해 보세요.

문형 2

Day4_말이 술술 문형2.mp3

집에서 학교까지 버스와 전철 중 어느 쪽이 빠릅니까?

家(いえ)から学校(がっこう)までバスと電車(でんしゃ)とどちらが速(はや)いですか。

학교까지 버스 와 전철 중 어느 쪽이 빠릅 니까?	→	学校(がっこう)まで (→명사) バス(명사) と 電車(でんしゃ)(명사) とどちらが 速(はや)い(い형용사) ですか。 バス 버스 / 電車 전철 / 速い 빠르다
색은 빨강 과 파랑 중 어느 쪽이 좋습 니까?	→	色(いろ)は 赤(あか) と 青(あお) とどちらが いい ですか。 赤 빨강 / 青 파랑 / いい 좋다
검색할 때 컴퓨터 와 스마트폰 중 어느 쪽이 편리합 니까?	→	検索(けんさく)する時(とき) パソコン と スマホ とどちらが 便利(べんり)(な형용사) ですか。 パソコン 컴퓨터 / スマホ 스마트폰 / 便利だ 편리하다

문형 탐구하기

1. 우리말 '버스와 전철 중 어느 쪽이 빠릅니까?'와 같이 둘 중 하나를 선택하게 하는 질문을 하고 싶을 때에는 '~と ~とどちらが ~ですか(~와 ~중 어느 쪽이 ~합니까?)'를 써요.

여기서 と는 '~와'라는 뜻의 조사이고, どちらが는 '어느 쪽이'라는 뜻이에요. 따라서, 직역하면 '~와 ~와 어느 쪽이'가 돼요. 대답할 때는 '~より ~のほうが ~です(~보다 ~쪽이 ~합니다)'라고 하면 돼요.

예 中国語(ちゅうごくご)**と**英語(えいご)**とどちらが** 難(むずか)しい**ですか**。 → 中国語(ちゅうごくご)**より**英語(えいご)**のほうが** 難(むずか)しい**です**。
중국어**와** 영어 **중 어느 쪽이** 어렵습**니까**? 중국어**보다** 영어 **쪽이** 어렵습**니다**.

2. ~と ~とどちらが ~ですか。(~와 ~중 어느 쪽이 ~합니까?)를 사용한 아래 문장들도 따라 말해 보아요.

- 卒業祝(そつぎょういわ)いに財布(さいふ)**と**腕時計(うでどけい)**とどちらが**ほしい**ですか**。 졸업 선물로 지갑**과** 손목시계 **중 어느 쪽이** 갖고 싶습**니까**?
- お昼(ひる)はカレー**と**ラーメン**とどちらが**いい**ですか**。 점심 식사는 카레**와** 라멘 **중 어느 쪽이** 좋습**니까**?
- 今(いま)の時期(じき)はいちご**と**もも**とどちらが**高(たか)い**ですか**。 지금 시기는 딸기**와** 복숭아 **중 어느 쪽이** 비쌉**니까**?

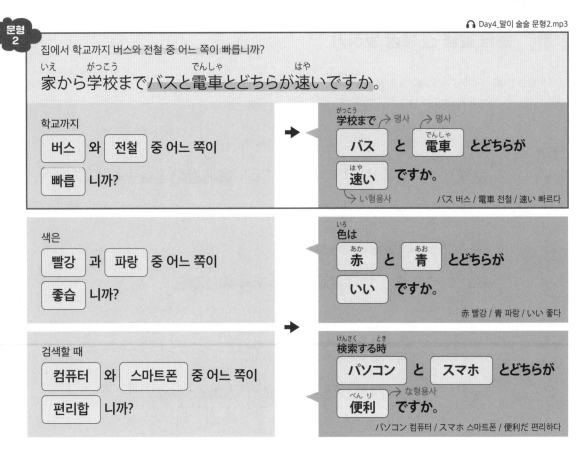

문형 활용 긴 문장 말하기

앞서 학습한 문형과 여러 단어 및 표현을 함께 사용하여 긴 문장을 말해 보아요.

Day4_긴 문장2.mp3

통근 시간대는 학교까지 버스와 전철 중 어느 쪽이 빠릅니까?

つうきん じ かんたい　がっこう　でんしゃ　はや
通勤時間帯は学校までバスと電車とどちらが速いですか。

신간의 표지 색은 빨강과 파랑 중 어느 쪽이 좋습니까?

しんかん　ひょう し　いろ　あか　あお
新刊の表紙の色は赤と青とどちらがいいですか。

무언가를 검색할 때, 컴퓨터와 스마트폰 중 어느 쪽이 편리하다고 생각합니까?

なに　けんさく　とき　べん り　おも
何かを検索する時、パソコンとスマホとどちらが便利だと思いますか。

* 명사+だ+と思います ~라고 생각합니다

대학 졸업 선물로 지갑과 손목시계 중 어느 쪽이 갖고 싶습니까?

だいがく　そつぎょういわ　さい ふ　うで ど けい
大学の卒業祝いに財布と腕時計とどちらがほしいですか。

오늘 점심 식사는 카레와 라멘 중 어느 쪽이 좋습니까?

きょう　ひる
今日のお昼はカレーとラーメンとどちらがいいですか。

단어

通勤時間帯 [つうきんじかんたい] 통근 시간대　学校 [がっこう] 학교　バス 버스　電車 [でんしゃ] 전철　速い [はやい] 빠르다　新刊 [しんかん] 신간　表紙 [ひょうし] 표지　色 [いろ] 색　赤 [あか] 빨강　青 [あお] 파랑　いい 좋다　何か [なにか] 무언가　検索する [けんさくする] 검색하다　時 [とき] 때　パソコン 컴퓨터　スマホ 스마트폰　便利だ [べんりだ] 편리하다　大学 [だいがく] 대학　卒業祝い [そつぎょういわい] 졸업 선물　財布 [さいふ] 지갑　腕時計 [うでどけい] 손목시계　ほしい 갖고 싶다, 원하다　今日 [きょう] 오늘　お昼 [おひる] 점심 식사　カレー 카레　ラーメン 라멘

말이 술술 쏟아지는 문형

음성을 듣고 문장을 큰 소리로 따라 말해 보세요.

문형 3

Day4_말이 술술 문형3.mp3

이 동네에서 여기만큼 돈가스가 맛있는 가게는 없습니다.

この町(まち)でここほどとんかつがおいしい店(みせ)はないです。

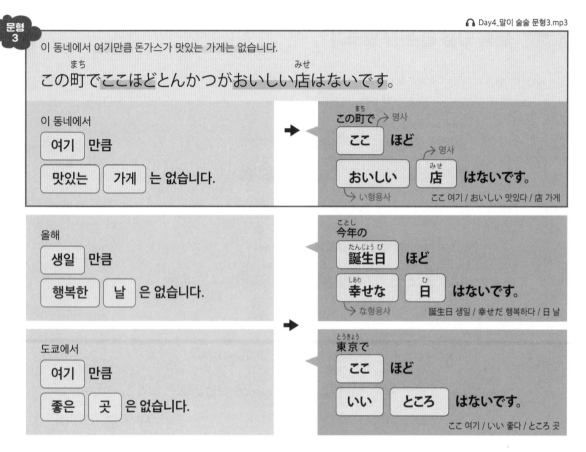

이 동네에서
[여기] 만큼
[맛있는] [가게] 는 없습니다.

→

この町(まち)で → 명사
[ここ] ほど
[おいしい] [店(みせ)] はないです。
(おいしい → い형용사 / 店 → 명사)

ここ 여기 / おいしい 맛있다 / 店 가게

올해
[생일] 만큼
[행복한] [날] 은 없습니다.

→

今年(ことし)の
[誕生日(たんじょうび)] ほど
[幸(しあわ)せな] [日(ひ)] はないです。
(幸せな → な형용사)

誕生日 생일 / 幸せだ 행복하다 / 日 날

도쿄에서
[여기] 만큼
[좋은] [곳] 은 없습니다.

→

東京(とうきょう)で
[ここ] ほど
[いい] [ところ] はないです。

ここ 여기 / いい 좋다 / ところ 곳

문형 탐구하기

1. 우리말 '여기만큼 맛있는 가게는 없습니다'와 같이 최고라고 생각하는 것을 말하고 싶을 때에는 '~ほど ~はないです(~만큼 ~은 없습니다)'를 써요.

'AほどBはないです'라고 하면, 자신의 주관적인 생각·느낌을 바탕으로 A가 가장 B하다는 것을 강조하는 말이 돼요. 여기서 ほど는 '~만큼'이라는 뜻의 정도를 나타내는 조사이고, ないです는 '없습니다'라는 뜻이에요.

2. ~ほど ~はないです。(~만큼 ~은 없습니다.)를 사용한 아래 문장들도 따라 말해 보아요.

- 狭(せま)くてもうち**ほど**いいところ**はないです**。 좁아도 내 집**만큼** 좋은 곳**은 없습니다**.
- まんがの中(なか)で「ワンピース」**ほど**おもしろいまんが**はないです**。
  만화 중에서 '원피스'**만큼** 재미있는 만화는 **없습니다**.
- 私(わたし)の彼氏(かれし)**ほど**やさしい人(ひと)**はいないです**。 내 남자친구**만큼** 상냥한 사람**은 없습니다**.

문형 활용 긴 문장 말하기

앞서 학습한 문형과 여러 단어 및 표현을 함께 사용하여 긴 문장을 말해 보아요.

Day4_긴 문장3.mp3

이 동네에서 여기만큼 우동이 싸고 맛있는 가게는 없습니다.

まち　やす　みせ

この町でここほどうどんが安くておいしい店はないです。

올해 생일만큼 특별하고 행복한 날은 없었습니다.

ことし　たんじょうび　とくべつ　しあわ　ひ

今年の誕生日ほど特別で幸せな日はなかったです。

벚꽃놀이 장소로 도쿄에서 여기만큼 좋은 곳은 없다고 생각합니다.

はなみ　とうきょう　おも

花見スポットとして東京でここほどいいところはないと思います。

* い형용사+と思います ~라고 생각합니다

내가 읽은 만화 중에서 '원피스'만큼 재미있는 만화는 없습니다.

わたし　よ　なか

私が読んだまんがの中で「ワンピース」ほどおもしろいまんがはないです。

이 세상에서 내 남자친구만큼 상냥한 사람은 없습니다.

せかい　わたし　かれし　ひと

この世界で私の彼氏ほどやさしい人はいないです。

사람이 없다고 말할 때는 ないです 대신 いないです를 써요.

단어 ✔

この 이　町 [まち] 동네　ここ 여기　うどん 우동　安い [やすい] 싸다　おいしい 맛있다　店 [みせ] 가게　今年 [ことし] 올해　誕生日 [たんじょうび] 생일　特別だ [とくべつだ] 특별하다　幸せだ [しあわせだ] 행복하다　日 [ひ] 날　花見 [はなみ] 벚꽃놀이　スポット 장소　東京 [とうきょう] 도쿄(지명)　いい 좋다　ところ 곳　私 [わたし] 나, 저　読む [よむ] 읽다　まんが 만화　中 [なか] 중　おもしろい 재미있다　世界 [せかい] 세상, 세계　彼氏 [かれし] 남자친구　やさしい 상냥하다　人 [ひと] 사람

실생활 회화 자동발사!

Day4_실생활 회화 자동발사.mp3

먼저 듣기용 mp3로 대화를 들어 보며 어떤 내용인지 생각해 보세요. 그 다음 따라 말하기용 mp3로 따라 말해 보세요.

1 회사에서 논의 중인 하루토와 아카네

아카네: 陽翔(はると)さん、ちょっと時間(じかん)いいですか。

하루토: ええ、大丈夫(だいじょうぶ)です。何(なん)でしょうか。

아카네: これ新刊(しんかん)の表紙(ひょうし)なんですけど、赤(あか)と青(あお)とどちらがいいと思(おも)いますか。なかなか意見(いけん)がまとまらなくて…。

하루토: うーん、青(あお)の方(ほう)がタイトルがもっと目立(めだ)っていいと思(おも)います。

아카네: そうですね。意見(いけん)ありがとうございます。

하루토: 私(わたし)、この作家(さっか)が大好(だいす)きで、新刊(しんかん)待(ま)っていました。楽(たの)しみですね。

아카네: 発売記念(はつばいきねん)のイベントもあります。陽翔(はると)さんもぜひ応募(おうぼ)してください。イベントの景品(けいひん)はキャラクターTシャツやフィギュアなどです。

하루토: わぁ！ 全部(ぜんぶ)ほしいです！

---

1 아카네 : 하루토 씨, 잠깐 시간 괜찮아요?
하루토 : 네, 괜찮아요. 무슨 일이에요?
아카네 : 이거 신간 표지인데요, 빨강과 파랑 중 어느 쪽이 좋다고 생각해요? 좀처럼 의견이 정리되지 않아서….
하루토 : 음, 파랑 쪽이 타이틀이 더 눈에 띄어서 좋다고 생각해요.
아카네 : 그렇군요. 의견 고마워요.
하루토 : 저, 이 작가를 정말 좋아해서, 신간 기다리고 있었어요. 기대되네요.
아카네 : 발매 기념 이벤트도 있어요. 하루토 씨도 꼭 응모해 주세요. 이벤트 경품은 캐릭터 티셔츠나 피규어 등이에요.
하루토 : 와! 전부 갖고 싶어요!

단어

1. **ちょっと** 잠깐 **時間** [じかん] 시간 **いい** 괜찮다, 좋다
大丈夫だ [だいじょうぶだ] 괜찮다 **これ** 이거
新刊 [しんかん] 신간 **表紙** [ひょうし] 표지
赤 [あか] 빨강 **青** [あお] 파랑 **なかなか** 좀처럼
意見 [いけん] 의견 **まとまる** (하나로) 정리되다
方 [ほう] 쪽 **タイトル** 타이틀 **もっと** 더
目立つ [めだつ] 눈에 띄다 **私** [わたし] 저, 나 **この** 이
作家 [さっか] 작가
大好きだ [だいすきだ] 정말 좋아하다
待つ [まつ] 기다리다 **楽しみだ** [たのしみだ] 기대되다
発売 [はつばい] 발매 **記念** [きねん] 기념
イベント 이벤트 **ある** 있다 **ぜひ** 꼭
応募する [おうぼする] 응모하다 **景品** [けいひん] 경품
キャラクターTシャツ 캐릭터 티셔츠 **フィギュア** 피규어
全部 [ぜんぶ] 전부 **ほしい** 갖고 싶다

2 벚꽃놀이 중인 지수와 리코

지수 わぁ、本当にきれいですね。

리코 そうですね。花見スポットとして東京でここほどいいところはないと思います。

지수 ええ。人も少なくて最高ですね。花見では何をしますか。

리코 普通お弁当を食べながらおしゃべりしたり、カードゲームをしたりします。お弁当は私が作ってきました。

지수 あっ！ 私は何も準備しなかったんです。

리코 大丈夫です！ ジスさん、特に好きな食べ物とかありますか。

→ 명사 뒤에 붙여 '~라든지'라는 뜻으로 예시를 들 때 사용하는 조사예요.

지수 私が好きな食べ物は寿司やからあげなどです。

리코 よかった。私、からあげをたくさん作ってきました！ 早く食べましょう。

2 지수 : 와, 정말로 예쁘네요.

리코 : 그렇죠? 벚꽃놀이 장소로 도쿄에서 여기만큼 좋은 곳은 없다고 생각해요.

지수 : 네. 사람도 적어서 최고네요. 벚꽃놀이에서는 무엇을 하나요?

리코 : 보통 도시락을 먹으면서 수다를 떨거나, 카드 게임을 하거나 해요. 도시락은 제가 만들어 왔어요.

지수 : 앗! 저는 아무것도 준비하지 않았어요.

리코 : 괜찮아요! 지수 씨, 특별히 좋아하는 음식이라든지 있어요?

지수 : 제가 좋아하는 음식은 초밥이나 가라아게 등이에요.

리코 : 잘됐다. 저, 가라아게를 잔뜩 만들어 왔어요! 빨리 먹읍시다.

단어

2. **本当に** [ほんとうに] 정말로 **きれいだ** 예쁘다
花見 [はなみ] 벚꽃놀이 **スポット** 장소
東京 [とうきょう] 도쿄(지명) **ここ** 여기 **いい** 좋다
ところ 곳 **人** [ひと] 사람 **少ない** [すくない] 적다
最高だ [さいこうだ] 최고다 **何** [なに] 무엇 **する** 하다
普通 [ふつう] 보통 **お弁当** [おべんとう] 도시락
食べる [たべる] 먹다 **おしゃべりする** 수다를 떨다
カードゲーム 카드 게임 **私** [わたし] 저, 나
作る [つくる] 만들다 **くる** 오다 **何も** [なにも] 아무것도
準備する [じゅんびする] 준비하다
大丈夫だ [だいじょうぶだ] 괜찮다 **特に** [とくに] 특별히
好きだ [すきだ] 좋아하다 **食べ物** [たべもの] 음식
寿司 [すし] 초밥 **からあげ** 가라아게, 닭 튀김
よかった 잘됐다 **たくさん** 잔뜩 **早く** [はやく] 빨리

연습문제로 실력 쑥쑥

Day4_연습문제로 실력 쑥쑥.mp3

1 일본어로 문장 써보기

제시된 문형을 활용하여 일본어 문장을 써 보세요. 그 다음 음성을 듣고 문장을 따라 읽어 보세요.

보기　～や ～などです　　～と ～とどちらが ～ですか　　～ほど ～はないです

1) 집에서 학교까지 버스와 전철 중 어느 쪽이 빠릅니까?
(집 家(いえ) / 학교 学校(がっこう) / 버스 バス / 전철 電車(でんしゃ) / 빠르다 速(はや)い)

____

2) 이 세상에서 내 남자친구만큼 상냥한 사람은 없습니다.
(이 この / 세상 世界(せかい) / 나 私(わたし) / 남자친구 彼氏(かれし) / 상냥하다 やさしい / 사람 人(ひと) / 있다 いる)

____

3) 제가 좋아하는 음식은 초밥이나 가라아게 등입니다.
(저 私(わたし) / 좋아하다 好(す)きだ / 음식 食(た)べ物(もの) / 초밥 寿司(すし) / 가라아게 からあげ)

____

2 문맥에 맞는 단어 골라 써보기 JLPT N3, N4 문자·어휘 / JPT 독해 대비 유형

문맥에 가장 알맞은 단어를 보기에서 골라 문장을 완성해 보세요. 그 다음 음성을 듣고 문장을 따라 읽어 보세요.

보기　カレー　　誕生日(たんじょうび)　　テニス　　パソコン

1) 今日(きょう)のお昼(ひる)は ________ とラーメンとどちらがいいですか。

2) 最近(さいきん)、流行(はや)りのスポーツは ________ やゴルフなどです。

3) 今年(ことし)の ________ ほど特別(とくべつ)で幸(しあわ)せな日(ひ)はなかったです。

3 질문 듣고 알맞은 답변 고르기 JLPT N3, N4 청해 / JPT 청해 대비 유형

음성으로 들려주는 질문을 잘 듣고 알맞은 대답을 고르세요.

1) ① ②

2) ① ②

4 빈칸 채우기 JLPT N3, N4 문법 / JPT 독해 대비 유형

빈칸에 들어갈 가장 알맞은 단어를 골라 문장을 완성하세요. 그 다음 음성을 듣고 문장을 따라 읽어 보세요.

1) 花見(はなみ)スポットとして東京(とうきょう)でここほどいいところは (　　　)。

① できます　② 思(おも)います　③ ないです

2) 何(なに)かを検索(けんさく)する時(とき)、パソコンとスマホと (　　　) が便利(べんり)だと思(おも)いますか。

① どちら　② など　③ と

5 문장 완성하기 JLPT N3, N4 문법 대비 유형

선택지를 올바르게 배열하여 문장을 완성한 다음 ★ 에 들어갈 선택지를 고르세요.

1) 私(わたし)が読(よ)んだまんがの中(なか)で ___ ___ ★ ___ はないです。

① 「ワンピース」　② まんが　③ ほど　④ おもしろい

2) A「新刊(しんかん)の表紙(ひょうし)の色(いろ)は赤(あか) ___ ___ ★ ___ ですか。」

B「うーん、青(あお)の方(ほう)がいいと思(おも)います。」

① いい　② と　③ どちらが　④ 青(あお)と

<해커스 일본어 첫걸음> 어플로
DAY 4에서 학습한 내용을
복습해보세요!

정답

1 1) 家から学校までバスと電車とどちらが速いですか。
2) この世界で私の彼氏ほどやさしい人はいないです。
3) 私が好きな食べ物は寿司やからあげなどです。
2 1) カレー　2) テニス　3) 誕生日
3 1) ①　2) ①
4 1) ③ ないです　2) ① どちら
5 1) ④ おもしろい　2) ③ どちらが

연습문제 해석 p.251

Day 5

일하는 중에는 휴대 전화를 매너 모드로 하세요.

しごとちゅう
仕事中はケータイをマナーモードにしなさい。

한 번에 학습하기

일하는 중에는 휴대 전화를 매너 모드로 하세요.
しごとちゅう
仕事中はケータイをマナーモードにしなさい。
네, 죄송합니다.
はい、すみません。

이런 말을 할 수 있어요.

문형 1

일하는 중에는 휴대 전화를 매너 모드로 **하세요**.

仕事中はケータイをマナーモードに**しなさい**。

문형 2

다음 주부터 패밀리 레스토랑에서 **일하기 시작합니다**.

来週からファミリーレストランで**働きはじめます**。

문형 3

장마에 접어들어 비가 **계속 내리고 있습니다**.

梅雨に入って雨が**降りつづけています**。

오늘은, 명령·지시할 때, 어떤 행동을 시작할 때, 그리고 지속되는 상황을 말할 때 사용하는 문형을 배워 볼 거예요.

- **문형1** [동사 ます형] なさい。~하세요. (명령·지시)
- **문형2** [동사 ます형] はじめます。~하기 시작합니다. (행동의 시작)
- **문형3** [동사 ます형] つづけています。계속 ~하고 있습니다. (지속되는 상황)

오늘의 문형을 배우면 '휴대 전화를 매너 모드로 하세요', '패밀리 레스토랑에서 일하기 시작합니다', '비가 계속 내리고 있습니다'와 같은 말을 할 수 있어요.

※ 오른쪽 QR코드로 동사 ます형에 대해 다시 한 번 학습해 보세요.

동사의 종류 강의 바로가기

동사의 활용 강의 바로가기

음성을 듣고 문장을 큰 소리로 따라 말해 보세요.

문형 1

Day5_말이 술술 문형1.mp3

일하는 중에는 휴대 전화를 매너 모드로 하세요.

仕事中(しごとちゅう)はケータイをマナーモードに**しなさい**。

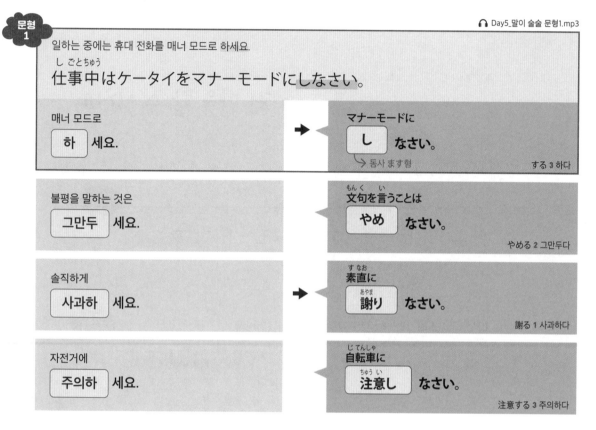

매너 모드로 **하** 세요.	→	マナーモードに **し** なさい。 (동사 ます형) する 3 하다
불평을 말하는 것은 **그만두** 세요.		文句(もんく)を言(い)うことは **やめ** なさい。 やめる 2 그만두다
솔직하게 **사과하** 세요.	→	素直(すなお)に **謝(あやま)り** なさい。 謝る 1 사과하다
자전거에 **주의하** 세요.		自転車(じてんしゃ)に **注意(ちゅうい)し** なさい。 注意する 3 주의하다

문형 탐구하기

1. 우리말 "매너 모드로 하세요."는 일본어로 "マナーモードにしなさい。"예요. 여기서 し는 동사 する(하다)의 ます형이에요. 이처럼 동사 ます형 뒤에 なさい를 붙이면 '~하세요'라는 뜻의 명령이나 지시를 나타내는 말이 돼요.

명령이기는 하지만 조금 부드러운 뉘앙스예요. 보통 부모님이 자녀에게, 선생님이 학생에게, 상사가 부하에게 말하는 경우나 주의사항을 안내하는 경우에 사용해요.

2. ~なさい。(~하세요.)를 사용한 아래 문장들도 따라 말해 보아요.

- 野菜(やさい)も食(た)べ**なさい**。 채소도 먹으**세요**. 食べる [たべる] 먹다
- はっきり言(い)い**なさい**。 확실히 말하**세요**. 言う [いう] 말하다
- 手(て)を洗(あら)い**なさい**。 손을 씻으**세요**. 洗う [あらう] 씻다

문형 활용 긴 문장 말하기

앞서 학습한 문형과 여러 단어 및 표현을 함께 사용하여 긴 문장을 말해 보아요.

Day5_긴 문장1.mp3

공공장소에서는 휴대 전화의 전원을 끄거나 매너 모드로 하세요.

こうきょう　ば　でんげん　き

公共の場ではケータイの電源を切るかマナーモードにしなさい。

'~나'라는 뜻으로, 선택을 나타내는 조사예요.

투덜투덜 불평을 말하는 것은 그만두세요.

もんく　い

ぶつぶつ文句を言うことはやめなさい。

자신의 잘못을 솔직하게 사과하세요.

じぶん　まちが　すなお　あやま

自分の間違いを素直に謝りなさい。

버스에서 내릴 때는 뒤에서 오는 자전거에 주의하세요.

お　とき　うし　く　じてんしゃ　ちゅうい

バスから降りる時は後ろから来る自転車に注意しなさい。

식사 전에는 손을 깨끗이 씻으세요.

しょくじ　まえ　て　あら

食事の前には手をきれいに洗いなさい。

단어

公共の場 [こうきょうのば] 공공장소　ケータイ 휴대 전화　電源を切る [でんげんをきる] 전원을 끄다　マナーモード 매너 모드　する 하다
ぶつぶつ 투덜투덜　文句 [もんく] 불평　言う [いう] 말하다　こと 것　やめる 그만두다　自分 [じぶん] 자신　間違い [まちがい] 잘못
素直だ [すなおだ] 솔직하다　謝る [あやまる] 사과하다　バス 버스　降りる [おりる] 내리다　時 [とき] 때　後ろ [うしろ] 뒤　来る [くる] 오다
自転車 [じてんしゃ] 자전거　注意する [ちゅういする] 주의하다　食事 [しょくじ] 식사　前 [まえ] 전　手 [て] 손　きれいだ 깨끗하다　洗う [あらう] 씻다

말이 술술 쏟아지는 문형

음성을 듣고 문장을 큰 소리로 따라 말해 보세요.

문형 2

Day5_말이 술술 문형2.mp3

다음 주부터 패밀리 레스토랑에서 일하기 시작합니다.

来週(らいしゅう)からファミリーレストランで働(はたら)きはじめます。

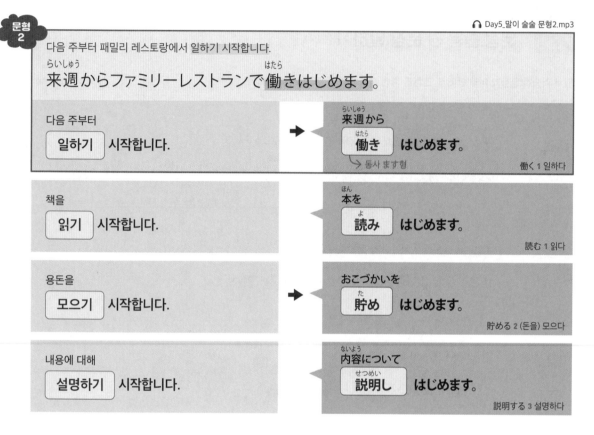

다음 주부터 **일하기** 시작합니다.	来週(らいしゅう)から **働(はたら)き** はじめます。 (→ 동사 ます형) 働く 1 일하다
책을 **읽기** 시작합니다.	本(ほん)を **読(よ)み** はじめます。 読む 1 읽다
용돈을 **모으기** 시작합니다.	おこづかいを **貯(た)め** はじめます。 貯める 2 (돈을) 모으다
내용에 대해 **설명하기** 시작합니다.	内容(ないよう)について **説明(せつめい)し** はじめます。 説明する 3 설명하다

문형 탐구하기

1. 우리말 "일하기 시작합니다."는 일본어로 "働(はたら)きはじめます。"예요. 이처럼 동사 ます형 뒤에 はじめます를 붙이면 '~하기 시작합니다'라는 뜻의 말이 돼요.

여기서 はじめます는 동사 はじめる(시작하다)의 정중형이에요.

+플러스포인트 동사 ます형 뒤에 はじめます 대신 おわりました를 붙이면 '다 ~했습니다'라는 뜻의 말이 돼요.

예 書(か)く 쓰다 → レポートを書(か)き**おわりました**。 리포트를 **다** 썼**습니다**.

2. ~はじめます。(~하기 시작합니다.)를 사용한 아래 문장들도 따라 말해 보아요.

- 桜(さくら)が咲(さ)き**はじめます**。 벚꽃이 피기 **시작합니다**. 咲く [さく] (꽃이) 피다
- 田舎(いなか)で暮(く)らし**はじめます**。 시골에서 살기 **시작합니다**. 暮らす [くらす] 살다
- ハムスターを飼(か)い**はじめます**。 햄스터를 키우기 **시작합니다**. 飼う [かう] (동물을) 키우다

문형 활용 긴 문장 말하기

앞서 학습한 문형과 여러 단어 및 표현을 함께 사용하여 긴 문장을 말해 보아요.

Day5_긴 문장2.mp3

다음 주부터 가정 교사로서 일하기 시작합니다.

らいしゅう　か ていきょう し　はたら
来週から家庭教師として**働きはじめます**。

새로 산 책을 오늘부터 읽기 시작하려고 합니다.

あたら　か　ほん　きょう　よ
新しく買った本を今日から**読みはじめるつもりです**。

* 동사 기본형+つもりです ~하려고 합니다

어릴 때부터 용돈을 모으기 시작했습니다.

ちい　とき　た
小さい時からおこづかいを**貯めはじめました**。

강사는 세미나의 내용에 대해 설명하기 시작했습니다.

こう し　ないよう　せつめい
講師はセミナーの内容について**説明しはじめました**。

밤을 새서 겨우 리포트를 다 썼습니다.

てつ や　か
徹夜してやっとレポートを**書きおわりました**。

단어 ✔

来週 [らいしゅう] 다음 주　家庭教師 [かていきょうし] 가정 교사　働く [はたらく] 일하다　新しい [あたらしい] 새롭다　買う [かう] 사다　本 [ほん] 책
今日 [きょう] 오늘　読む [よむ] 읽다　小さい [ちいさい] 어리다　時 [とき] 때　おこづかい 용돈　貯める [ためる] (돈을) 모으다　講師 [こうし] 강사
セミナー 세미나　内容 [ないよう] 내용　説明する [せつめいする] 설명하다　徹夜する [てつやする] 밤을 새다　やっと 겨우　レポート 리포트　書く [かく] 쓰다

말이 술술 쏟아지는 문형

🎧 음성을 듣고 문장을 큰 소리로 따라 말해 보세요.

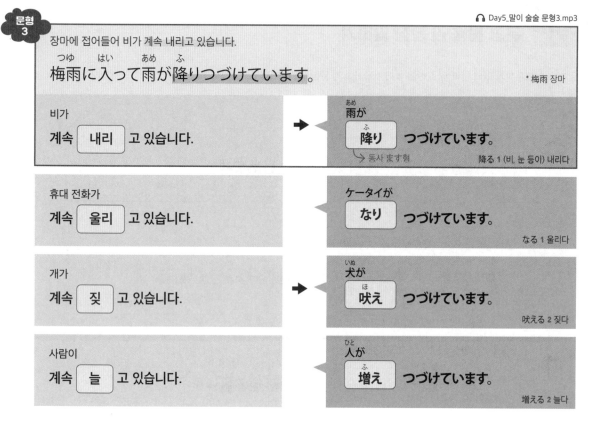

문형 3

🎧 Day5_말이 술술 문형3.mp3

장마에 접어들어 비가 계속 내리고 있습니다.

梅雨(つゆ)に入(はい)って雨(あめ)が降(ふ)りつづけています。

* 梅雨 장마

비가 계속 [내리] 고 있습니다.	雨(あめ)が [降(ふ)り] つづけています。 → 동사 ます형 降る 1 (비, 눈 등이) 내리다
휴대 전화가 계속 [울리] 고 있습니다.	ケータイが [なり] つづけています。 なる 1 울리다
개가 계속 [짖] 고 있습니다.	犬(いぬ)が [吠(ほ)え] つづけています。 吠える 2 짖다
사람이 계속 [늘] 고 있습니다.	人(ひと)が [増(ふ)え] つづけています。 増える 2 늘다

문형 탐구하기 🎧

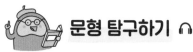

1. 우리말 "계속 내리고 있습니다."는 일본어로 "降(ふ)りつづけています。"예요. 이처럼 동사 ます형 뒤에 つづけています를 붙이면 '계속 ~하고 있습니다'라는 뜻으로 상황의 지속을 나타내는 말이 돼요.

여기서 つづけています는 동사 つづける(계속하다)의 て형 つづけて에 います를 붙인 것으로, 직역하면 '계속하고 있습니다'예요.

2. ~つづけています。(계속 ~하고 있습니다.)를 사용한 아래 문장들도 따라 말해 보아요.

- ギター教室(きょうしつ)に通(かよ)い**つづけています**。 기타 교실에 **계속** 다니**고 있습니다**. 通う [かよう] 다니다
- 試合(しあい)で勝(か)ち**つづけています**。 시합에서 **계속** 이기**고 있습니다**. 勝つ [かつ] 이기다
- 社会人(しゃかいじん)として成長(せいちょう)し**つづけています**。 사회인으로서 **계속** 성장하**고 있습니다**. 成長する [せいちょうする] 성장하다

문형 활용 긴 문장 말하기

앞서 학습한 문형과 여러 단어 및 표현을 함께 사용하여 긴 문장을 말해 보아요.

Day5_긴 문장3.mp3

일주일 가까이 비가 계속 내리고 있습니다.

いっしゅうかんちか　あめ　ふ
一週間近く雨が降りつづけています。

아까부터 휴대 전화가 계속 울리고 있습니다.

さっきからケータイがなりつづけています。

한밤중, 옆집의 개가 계속 짖고 있었습니다.

よなか　いぬ　ほ
夜中、となりの犬が吠えつづけていました。

혼자 사는 생활을 하는 사람이 계속 늘고 있습니다.

ひとりぐ　ひと　ふ
一人暮らしをする人が増えつづけています。

벌써 3년 이상 기타 교실에 계속 다니고 있습니다.

さんねん いじょう　きょうしつ　かよ
もう３年以上ギター教室に通いつづけています。

단어

一週間 [いっしゅうかん] 일주일　近く [ちかく] 가까이　雨 [あめ] 비　降る [ふる] (비, 눈 등이) 내리다　さっき 아까　ケータイ 휴대 전화　なる 울리다
夜中 [よなか] 한밤중　となり 옆집　犬 [いぬ] 개　吠える [ほえる] 짖다　一人暮らし [ひとりぐらし] 혼자 사는 생활　する 하다　人 [ひと] 사람
増える [ふえる] 늘다　もう 벌써　~年 [~ねん] ~년　以上 [いじょう] 이상　ギター教室 [ギターきょうしつ] 기타 교실　通う [かよう] 다니다

실생활 회화 자동발사!

Day5_실생활 회화 자동발사.mp3

먼저 듣기용 mp3로 대화를 들어 보며 어떤 내용인지 생각해 보세요. 그 다음 따라 말하기용 mp3로 따라 말해 보세요.

1 편의점에서 재고 정리 중인 지수와 점장

점장: ジスさん、さっきからケータイがなりつづけています。

지수: あ、すみません。すぐ確認(かくにん)します。

점장: 仕事中(しごとちゅう)はケータイをマナーモードにしなさいって何度(なんど)も言(い)いましたよね。

> って: 인용하고자 하는 말 뒤에 붙여서 '~라고'라는 뜻으로 사용해요.
>
> も: 수량을 나타내는 말 뒤에 조사 も가 붙으면 '~이나'라는 뜻으로 강조를 나타내요.

지수: はい。今後気(こんごき)をつけます。

점장: ええ。お願(ねが)いしますよ。さ、仕事(しごと)に戻(もど)りましょう。今日(きょう)はパンがたくさん売(う)れましたね。

지수: はい。午前中(ごぜんちゅう)にもうメロンパンと焼(や)きそばパンが売(う)り切(き)れていました。

점장: えっ、そうなんですか。次(つぎ)はもっと注文(ちゅうもん)しなきゃ。

> なきゃ: なければなりません(~지 않으면 안 됩니다)의 축약 표현이에요.

지수: そうですね。あと、そばもけっこう売(う)れました。

점장: やっぱりこの時期(じき)は人気(にんき)ですよね。注文(ちゅうもん)する時(とき)、参考(さんこう)にします。

---

1 점장: 지수 씨, 아까부터 휴대 전화가 계속 울리고 있어요.
지수: 아, 죄송합니다. 바로 확인할게요.
점장: 일하는 중에는 휴대 전화를 매너 모드로 하세요라고 몇 번이나 말했었죠.
지수: 네. 앞으로 주의하겠습니다.
점장: 네. 부탁할게요. 자, 일로 돌아갑시다. 오늘은 빵이 많이 팔렸네요.
지수: 네. 오전 중에 이미 메론빵과 야키소바빵이 다 팔려 있었어요.
점장: 앗, 그런가요? 다음엔 더 주문하지 않으면 안 되겠어요.
지수: 그렇네요. 그리고, 소바도 꽤 팔렸어요.
점장: 역시 이 시기에는 인기네요. 주문할 때, 참고로 할게요.

단어

1. **さっき** 아까 **ケータイ** 휴대 전화 **なる** 울리다 **すぐ** 바로
確認する [かくにんする] 확인하다
仕事中 [しごとちゅう] 일하는 중 **マナーモード** 매너 모드
する 하다 **何度も** [なんども] 몇 번이나 **言う** [いう] 말하다
今後 [こんご] 앞으로 **気をつける** [きをつける] 주의하다
仕事 [しごと] 일 **戻る** [もどる] 돌아가다 **今日** [きょう] 오늘
パン 빵 **たくさん** 많이 **売れる** [うれる] 팔리다
午前中 [ごぜんちゅう] 오전 중 **もう** 이미 **メロンパン** 메론빵
焼きそばパン [やきそばパン] 야키소바빵
売り切れる [うりきれる] 다 팔리다 **次** [つぎ] 다음 **もっと** 더
注文する [ちゅうもんする] 주문하다 **あと** 그리고 **そば** 소바
けっこう 꽤 **やっぱり** 역시 **この** 이 **時期** [じき] 시기
人気 [にんき] 인기 **時** [とき] 때 **参考** [さんこう] 참고

2 요코하마에 놀러 간 지수와 리코

지수: せっかく横浜(よこはま)に来(き)たのに雨(あめ)が降(ふ)っていて残念(ざんねん)です。

→ '~는데'라는 뜻으로, 불만을 이야기하거나 예상과 반대되는 결과가 되었을 때 주로 사용해요.

리코: そうですね。一週間近(いっしゅうかんちか)く雨(あめ)が降(ふ)りつづけていますね。

지수: あ！莉子(りこ)さん、実家(じっか)が横浜(よこはま)ですよね。東京(とうきょう)でいつから一人暮(ひとりぐ)らしを始(はじ)めましたか。

리코: 去年(きょねん)からです。通学(つうがく)にかなり時間(じかん)がかかって。

지수: 確(たし)かに、学校(がっこう)は近(ちか)いのが一番(いちばん)ですよね。

리코: ええ。でも、東京(とうきょう)は家賃(やちん)が高(たか)くてバイトをしなければなりません。

지수: じゃあ、今(いま)もバイトをしていますか。

→ ファミリーレストラン(패밀리 레스토랑)의 준말이에요.

리코: ああ、元々(もともと)していたファミレスのバイトは辞(や)めましたが、来週(らいしゅう)から家庭教師(かていきょうし)として働(はたら)きはじめます。その方(ほう)が時給(じきゅう)が高(たか)いですから。

---

2 지수: 모처럼 요코하마에 왔는데 비가 내리고 있어서 아쉬워요.

리코: 그러게요. 일주일 가까이 비가 계속 내리고 있네요.

지수: 아! 리코 씨, 본가가 요코하마죠? 도쿄에서 언제부터 혼자 사는 생활을 시작했어요?

리코: 작년부터요. 통학에 상당히 시간이 걸려서요.

지수: 확실히, 학교는 가까운 것이 제일이죠.

리코: 네. 하지만, 도쿄는 집세가 비싸서 아르바이트를 하지 않으면 안 되네요.

지수: 그럼, 지금도 아르바이트를 하고 있어요?

리코: 아, 원래 하고 있던 패밀리 레스토랑 아르바이트는 그만두었는데, 다음 주부터 가정 교사로서 일하기 시작해요. 그 편이 시급이 높으니까요.

단어

2. **せっかく** 모처럼 **横浜** [よこはま] 요코하마(지명) **来る** [くる] 오다 **雨** [あめ] 비 **降る** [ふる] 내리다 **残念だ** [ざんねんだ] 아쉽다 **一週間** [いっしゅうかん] 일주일 **近く** [ちかく] 가까이 **実家** [じっか] 본가 **東京** [とうきょう] 도쿄(지명) **いつ** 언제 **一人暮らし** [ひとりぐらし] 혼자 사는 생활 **始める** [はじめる] 시작하다 **去年** [きょねん] 작년 **通学** [つうがく] 통학 **かなり** 상당히 **時間** [じかん] 시간 **かかる** 걸리다 **確かに** [たしかに] 확실히 **学校** [がっこう] 학교 **近い** [ちかい] 가깝다 **一番** [いちばん] 제일 **でも** 하지만 **家賃** [やちん] 집세 **高い** [たかい] 비싸다, 높다 **バイト** 아르바이트 **今** [いま] 지금 **元々** [もともと] 원래 **ファミレス** 패밀리 레스토랑 **辞める** [やめる] 그만두다 **来週** [らいしゅう] 다음 주 **家庭教師** [かていきょうし] 가정 교사 **働く** [はたらく] 일하다 **その** 그 **方** [ほう] 편 **時給** [じきゅう] 시급

연습문제로 실력 쑥쑥

Day5_연습문제로 실력 쑥쑥.mp3

1 일본어로 문장 써보기

제시된 문형을 활용하여 일본어 문장을 써 보세요. 그 다음 음성을 듣고 문장을 따라 읽어 보세요.

보기	～なさい	～つづけています	～はじめます

1) 일주일 가까이 비가 계속 내리고 있습니다.
(일주일 一週間(いっしゅうかん) / 가까이 近(ちか)く / 비 雨(あめ) / 내리다 降(ふ)る)

____

2) 투덜투덜 불평을 말하는 것은 그만두세요.
(투덜투덜 ぶつぶつ / 불평 文句(もんく) / 말하다 言(い)う / 것 こと / 그만두다 やめる)

____

3) 다음 주부터 패밀리 레스토랑에서 일하기 시작합니다.
(다음 주 来週(らいしゅう) / 패밀리 레스토랑 ファミリーレストラン / 일하다 働(はたら)く)

____

2 문맥에 맞는 단어 골라 써보기 JLPT N3, N4 문자·어휘 / JPT 독해 대비 유형

문맥에 가장 알맞은 단어를 보기에서 골라 문장을 완성해 보세요. 그 다음 음성을 듣고 문장을 따라 읽어 보세요.

보기	謝(あやま)る	増(ふ)える	読(よ)む	吠(ほ)える

1) 新(あたら)しく買(か)った本(ほん)を今日(きょう)から ______________ はじめます。

2) 自分(じぶん)の間違(まちが)いを素直(すなお)に ______________ なさい。

3) 一人暮(ひとりぐ)らしをする人(ひと)が ______________ つづけています。

3 질문 듣고 알맞은 답변 고르기 JLPT N3, N4 청해 / JPT 청해 대비 유형

음성으로 들려주는 질문을 잘 듣고 알맞은 대답을 고르세요.

1) ① ②

2) ① ②

4 빈칸 채우기 JLPT N3, N4 문법 / JPT 독해 대비 유형

빈칸에 들어갈 가장 알맞은 단어를 골라 문장을 완성하세요. 그 다음 음성을 듣고 문장을 따라 읽어 보세요.

1) さっきからケータイがなりつづけて（　　　）。

① みます　② ください　③ います

2) バスから降(お)りる時(とき)は後(うし)ろから来(く)る自転車(じてんしゃ)に（　　　）なさい。

① 注意(ちゅうい)した　② 注意(ちゅうい)し　③ 注意(ちゅうい)する

5 문장 완성하기 JLPT N3, N4 문법 대비 유형

선택지를 올바르게 배열하여 문장을 완성한 다음 ★ 에 들어갈 선택지를 고르세요.

1) 講師(こうし)は ＿＿ ＿＿ ★ ＿＿ はじめました。

① 内容(ないよう)に　② セミナーの　③ 説明(せつめい)し　④ ついて

2) 公共(こうきょう)の場(ば)では ＿＿ ＿＿ ★ ＿＿ しなさい。

① マナーモードに　② 電源(でんげん)を切(き)る　③ ケータイの　④ か

정답

1 1) 一週間近く雨が降りつづけています。
2) ぶつぶつ文句を言うことはやめなさい。
3) 来週からファミリーレストランで働きはじめます。
2 1) 読み　2) 謝り　3) 増え
3 1) ①　2) ②
4 1) ③ います　2) ② 注意し
5 1) ④ ついて　2) ④ か

연습문제 해석 p.252

<해커스 일본어 첫걸음> 어플로
DAY 5에서 학습한 내용을
복습해보세요!

Day 6

겨울은 그다지 움직이지 않아서 살찌기 십상입니다.

冬(ふゆ)はあまり動(うご)かなくて太(ふと)りがちです。

한 번에 학습하기

유키짱, 옷이 작지 않나요?
ゆきちゃん、服(ふく)が小(ちい)さくないですか。
겨울은 그다지 움직이지 않아서 살찌기 십상입니다.
冬(ふゆ)はあまり動(うご)かなくて太(ふと)りがちです。

이런 말을 할 수 있어요.

문형 1

겨울은 그다지 움직이지 않아서 **살찌기 십상입니다.**

ふゆ　うご　ふと
冬はあまり動かなくて**太りがちです**。

문형 2

전철이 늦어지고 있어서 회사에 **지각할지도 모릅니다.**

でんしゃ　おく　かいしゃ　ちこく
電車が遅れていて会社に**遅刻しかねません**。

문형 3

양이 많아서 혼자서는 **다 먹을 수 없습니다.**

りょう　おお　ひとり　た
量が多くて一人では**食べきれません**。

오늘은, 자주 발생되는 경향을 말할 때, 우려되는 상황을 말할 때, 불가능한 것을 말할 때 사용하는 문형을 배워 볼 거예요.

- **문형1** [동사 ます형] がちです。~하기 십상입니다. (경향)
- **문형2** [동사 ます형] かねません。~할지도 모릅니다. (우려되는 상황)
- **문형3** [동사 ます형] きれません。다 ~할 수 없습니다. (불가능한 것)

오늘의 문형을 배우면 '살찌기 십상입니다', '지각할지도 모릅니다', '혼자서는 다 먹을 수 없습니다'와 같은 말을 할 수 있어요.

말이 술술 쏟아지는 문형

음성을 듣고 문장을 큰 소리로 따라 말해 보세요.

문형 1

Day6_말이 술술 문형1.mp3

겨울은 그다지 움직이지 않아서 살찌기 십상입니다.

冬(ふゆ)はあまり動(うご)かなくて太(ふと)りがちです。

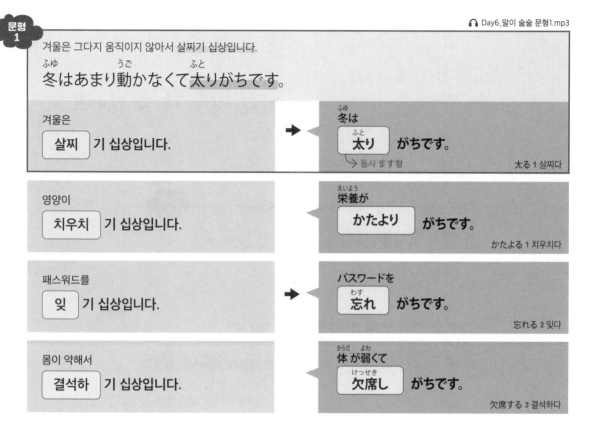

겨울은 [살찌]기 십상입니다.	冬(ふゆ)は [太(ふと)り] がちです。 (→ 동사 ます형) 太る 1 살찌다
영양이 [치우치]기 십상입니다.	栄養(えいよう)が [かたより] がちです。 かたよる 1 치우치다
패스워드를 [잊]기 십상입니다.	パスワードを [忘(わす)れ] がちです。 忘れる 2 잊다
몸이 약해서 [결석하]기 십상입니다.	体(からだ)が弱(よわ)くて [欠席(けっせき)し] がちです。 欠席する 3 결석하다

문형 탐구하기

1. 우리말 "살찌기 십상입니다."는 일본어로 "太(ふと)りがちです。"예요. 이처럼 동사 ます형 뒤에 がちです를 붙이면 '~하기 십상입니다'라는 뜻의 말이 돼요.

+플러스포인트 일부 명사 뒤에 がちです를 붙이면 '~이 잦다'라는 뜻의 말이 돼요.

예 病気(びょうき) 병 → 病気(びょうき)**がちです**。 병이 **잦습니다**.

便秘(べんぴ) 변비 → 便秘(べんぴ)**がちです**。 변비가 **잦습니다**.

2. ~がちです。(~하기 십상입니다.)를 사용한 아래 문장들도 따라 말해 보아요.

- かぎをなくし**がちです**。 열쇠를 잃어버리**기 십상입니다**. なくす 잃어버리다
- あとで後悔(こうかい)し**がちです**。 나중에 후회하**기 십상입니다**. 後悔する [こうかいする] 후회하다
- 間違(まちが)いがあり**がちです**。 실수가 있**기 십상입니다**. ある 있다

문형 활용 긴 문장 말하기

앞서 학습한 문형과 여러 단어 및 표현을 함께 사용하여 긴 문장을 말해 보아요.

Day6_긴 문장1.mp3

겨울은 술자리가 많아서 아무래도 살찌기 십상입니다.

ふゆ　の　かい　おお　ふと
冬は飲み会が多くてどうしても**太りがちです**。

매일 편의점 도시락을 먹는 사람은 영양이 치우치기 십상입니다.

まいにち　べんとう　た　ひと　えいよう
毎日コンビニ弁当を食べる人は栄養が**かたよりがちです**。

그다지 사용하지 않는 사이트는 패스워드를 잊기 십상입니다.

つか　わす
あまり使わないサイトはパスワードを**忘れがちです**。

여동생은 어릴 때부터 몸이 약해서 학교를 결석하기 십상이었습니다.

いもうと　ちい　とき　からだ　よわ　がっこう　けっせき
妹 は小さい時から体が弱くて学校を**欠席しがちでした**。

신입 사원일 적에는 이러한 실수가 있기 십상입니다.

しんにゅうしゃいん　まちが
新入社員のころはこういう間違いが**ありがちです**。

단어 ✔

冬 [ふゆ] 겨울　飲み会 [のみかい] 술자리　多い [おおい] 많다　どうしても 아무래도　太る [ふとる] 살찌다　毎日 [まいにち] 매일　コンビニ 편의점　弁当 [べんとう] 도시락　食べる [たべる] 먹다　人 [ひと] 사람　栄養 [えいよう] 영양　かたよる 치우치다　あまり 그다지　使う [つかう] 사용하다　サイト 사이트　パスワード 패스워드　忘れる [わすれる] 잊다　妹 [いもうと] 여동생　小さい [ちいさい] 어리다　時 [とき] 때　体 [からだ] 몸　弱い [よわい] 약하다　学校 [がっこう] 학교　欠席する [けっせきする] 결석하다　新入社員 [しんにゅうしゃいん] 신입 사원　ころ 적　こういう 이러한　間違い [まちがい] 실수　ある 있다

말이 술술 쏟아지는 문형

음성을 듣고 문장을 큰 소리로 따라 말해 보세요.

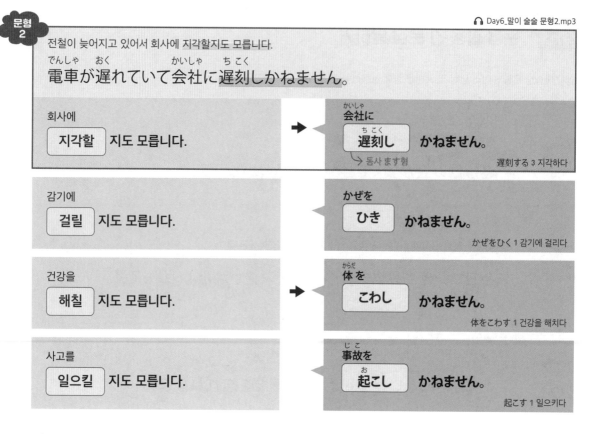

문형 2

Day6_말이 술술 문형2.mp3

전철이 늦어지고 있어서 회사에 지각할지도 모릅니다.

電車(でんしゃ)が遅(おく)れていて会社(かいしゃ)に遅刻(ちこく)しかねません。

회사에 **지각할** 지도 모릅니다.	会社(かいしゃ)に **遅刻(ちこく)し** かねません。 (동사 ます형) 遅刻する 3 지각하다
감기에 **걸릴** 지도 모릅니다.	かぜを **ひき** かねません。 かぜをひく 1 감기에 걸리다
건강을 **해칠** 지도 모릅니다.	体(からだ)を **こわし** かねません。 体をこわす 1 건강을 해치다
사고를 **일으킬** 지도 모릅니다.	事故(じこ)を **起(お)こし** かねません。 起こす 1 일으키다

문형 탐구하기

1. 우리말 "지각할지도 모릅니다."는 일본어로 "遅刻(ちこく)しかねません。"이에요. 이처럼 동사 ます형 뒤에 かねません을 붙이면 '~할지도 모릅니다'라는 뜻으로, 우려되는 상황을 나타내는 말이 돼요.

+플러스포인트 '동사 ます형+かねません'은 '동사 기본형+かもしれません'으로 바꾸어 쓸 수 있어요.

예 かぜをひき**かねません** → かぜをひく**かもしれません**
감기에 걸릴**지도 모릅니다** 　감기에 걸릴**지도 모릅니다**

2. ～かねません。(~할지도 모릅니다.)를 사용한 아래 문장들도 따라 말해 보아요.

- 秘密(ひみつ)をもらし**かねません。** 비밀을 발설할**지도 모릅니다.** もらす 발설하다
- 問題(もんだい)につながり**かねません。** 문제로 이어질**지도 모릅니다.** つながる 이어지다
- 故障(こしょう)の原因(げんいん)になり**かねません。** 고장의 원인이 될**지도 모릅니다.** なる 되다

문형 활용 긴 문장 말하기

앞서 학습한 문형과 여러 단어 및 표현을 함께 사용하여 긴 문장을 말해 보아요.

Day6_긴 문장2.mp3

그 버스를 놓치면 회사에 지각할지도 모릅니다.

そのバスを逃(のが)しては会社(かいしゃ)に遅刻(ちこく)しかねません。

'~하면', '~해서는'이라는 뜻으로, 바람직하지 않은 일의 가정을 나타내는 조사예요.

그런 얇은 옷을 입고 있으면 감기에 걸릴지도 모릅니다.

そんなうすい服(ふく)を着(き)ていてはかぜをひきかねません。

무리한 다이어트는 건강을 해칠지도 모릅니다.

無理(むり)なダイエットは体(からだ)をこわしかねません。

난폭한 운전을 하는 사람은 언젠가 사고를 일으킬지도 모릅니다.

乱暴(らんぼう)な運転(うんてん)をする人(ひと)はいつか事故(じこ)を起(お)こしかねません。

입이 가벼운 야마다 씨는 비밀을 발설할지도 모릅니다.

口(くち)が軽(かる)い山田(やまだ)さんは秘密(ひみつ)をもらしかねません。

단어

その 그 バス 버스 逃す [のがす] 놓치다 会社 [かいしゃ] 회사 遅刻する [ちこくする] 지각하다 そんな 그런 うすい 얇다 服 [ふく] 옷 着る [きる] 입다 かぜをひく 감기에 걸리다 無理だ [むりだ] 무리다 ダイエット 다이어트 体をこわす [からだをこわす] 건강을 해치다 乱暴だ [らんぼうだ] 난폭하다 運転 [うんてん] 운전 する 하다 人 [ひと] 사람 いつか 언젠가 事故 [じこ] 사고 起こす [おこす] 일으키다 口が軽い [くちがかるい] 입이 가볍다 秘密 [ひみつ] 비밀 もらす 발설하다

말이 술술 쏟아지는 문형

🎧 음성을 듣고 문장을 큰 소리로 따라 말해 보세요.

문형 3

🎧 Day6_말이 술술 문형3.mp3

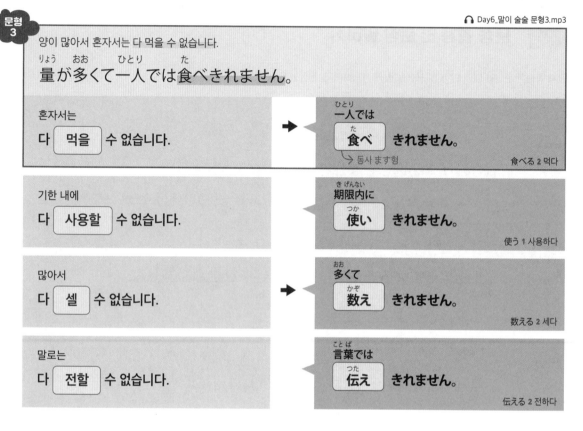

양이 많아서 혼자서는 다 먹을 수 없습니다.

量(りょう)が多(おお)くて一人(ひとり)では食(た)べきれません。

혼자서는 다 [먹을] 수 없습니다.	一人(ひとり)では [食(た)べ] きれません。 ↳ 동사 ます형 食べる 2 먹다
기한 내에 다 [사용할] 수 없습니다.	期限内(きげんない)に [使(つか)い] きれません。 使う 1 사용하다
많아서 다 [셀] 수 없습니다.	多(おお)くて [数(かぞ)え] きれません。 数える 2 세다
말로는 다 [전할] 수 없습니다.	言葉(ことば)では [伝(つた)え] きれません。 伝える 2 전하다

문형 탐구하기 🎧

1. 우리말 "다 먹을 수 없습니다."는 일본어로 "食(た)べきれません。"이에요. 이처럼 동사 ます형 뒤에 きれません을 붙이면 '다 ~할 수 없습니다'라는 뜻의 불가능을 나타내는 말이 돼요.

참고로, きれません은 동사 切(き)れる(잘라지다)의 정중한 부정이에요. 즉 딱 잘라서 깔끔하게 다 할 수 없다는 의미예요.

2. ~きれません。[다 ~할 수 없습니다.]를 사용한 아래 문장들도 따라 말해 보아요.

- いっぺんに持(も)ち**きれません**。 한 번에 **다** 들 **수 없습니다**. 持つ [もつ] 들다
- 一気(いっき)に飲(の)み**きれません**。 단숨에 **다** 마실 **수 없습니다**. 飲む [のむ] 마시다
- 喜(よろこ)びをかくし**きれません**。 기쁨을 **다** 숨길 **수 없습니다**. かくす 숨기다

문형 활용 긴 문장 말하기

앞서 학습한 문형과 여러 단어 및 표현을 함께 사용하여 긴 문장을 말해 보아요.

Day6_긴 문장3.mp3

이 수박은 커서 혼자서는 다 먹을 수 없습니다.

おお　ひとり　た

このすいかは大きくて一人では**食べきれません**。

포인트의 유효 기한이 짧아서, 기한 내에 다 사용할 수 없습니다.

ゆうこうきげん　みじか　きげんない　つか

ポイントの有効期限が短くて、期限内に**使いきれません**。

이벤트 회장에 모인 사람이 많아서 다 셀 수 없었습니다.

かいじょう　あつ　ひと　おお　かぞ

イベント会場に集まった人が多くて**数えきれませんでした**。

부모님에 대한 감사의 마음은 말로는 다 전할 수 없습니다.

りょうしん　かんしゃ　きも　ことば　つた

両親への感謝の気持ちは言葉では**伝えきれません**。

조사 で(~으로)와 は(~는)가 합쳐져 '~(으)로는'이라는 뜻이에요.

동경하는 야구 선수와 만날 수 있어서 기쁨을 다 숨길 수 없습니다.

あこが　やきゅうせんしゅ　あ　よろこ

憧れの野球選手に会うことができて喜びを**かくしきれません**。

* 동사 기본형+ことができます ~할 수 있습니다

단어

この 이　すいか 수박　大きい [おおきい] 크다　一人 [ひとり] 혼자　食べる [たべる] 먹다　ポイント 포인트　有効期限 [ゆうこうきげん] 유효 기한　短い [みじかい] 짧다　期限内 [きげんない] 기한 내　使う [つかう] 사용하다　イベント 이벤트　会場 [かいじょう] 회장　集まる [あつまる] 모이다　人 [ひと] 사람　多い [おおい] 많다　数える [かぞえる] 세다　両親 [りょうしん] 부모님　感謝 [かんしゃ] 감사　気持ち [きもち] 마음　言葉 [ことば] 말　伝える [つたえる] 전하다　憧れ [あこがれ] 동경　野球選手 [やきゅうせんしゅ] 야구 선수　会う [あう] 만나다　喜び [よろこび] 기쁨　かくす 숨기다

실생활 회화 자동발사!

Day6_실생활 회화 자동발사.mp3

먼저 듣기용 mp3로 대화를 들어 보며 어떤 내용인지 생각해 보세요. 그 다음 따라 말하기용 mp3로 따라 말해 보세요.

1 '어머니의 날' 선물을 사고 돌아가는 지수와 리코

리코 はあ…。もっといいものが買(か)いたかったんですが、予算(よさん)が少(すこ)し足(た)りなかったです。

> '~지만'이라는 뜻으로, 대립되는 내용이나 반대되는 내용을 말할 때 써요.

지수 でも、莉子(りこ)さんが選(えら)んだものだからお母(かあ)さんが喜(よろこ)ぶにちがいありません。手紙(てがみ)も書(か)きますか。

> 동사 た형(選んだ)+명사(もの)だ+から: '고른 것이니까'

리코 ええ、もちろんです。でも、両親(りょうしん)への感謝(かんしゃ)の気持(きも)ちは言葉(ことば)では伝(つた)えきれません。

지수 莉子(りこ)さんって本当(ほんとう)にいいむすめですね。私(わたし)も今夜(こんや)、両親(りょうしん)に電話(でんわ)します。

> 명사에 붙어서 그것을 화제로 제시할 때 사용하는 표현이에요.

리코 きっとジスさんのご両親(りょうしん)も喜(よろこ)びますよ!

> 다른 사람의 부모님을 높여 부를 때는 両親 앞에 ご를 붙여요.

지수 両親(りょうしん)はいつも電話(でんわ)で私(わたし)に「ちゃんとご飯(はん)食(た)べていますか。」と聞(き)きます。

리코 うちの両親(りょうしん)もです。一人(ひとり)で暮(く)らしている人(ひと)はどうしても栄養(えいよう)がかたよりがちですからね。心配(しんぱい)なんでしょうね。

1 리코 : 하아…. 더 좋은 것을 사고 싶었는데, 예산이 조금 부족했어요.

지수 : 하지만, 리코 씨가 고른 것이니까 어머니가 기뻐할 것임에 틀림 없어요. 편지도 쓰나요?

리코 : 네, 물론이죠. 하지만, 부모님에 대한 감사의 마음은 말로는 다 전할 수 없어요.

지수 : 리코 씨는 정말로 착한 딸이네요. 저도 오늘 밤, 부모님에게 전화할래요.

리코 : 분명 지수 씨의 부모님도 기뻐할 거예요!

지수 : 부모님은 항상 전화로 저에게 "제대로 밥 먹고 있나요?"라고 물어요.

리코 : 우리 부모님도예요. 혼자서 살고 있는 사람은 아무래도 영양이 치우치기 십상이니까요. 걱정인 거겠죠.

단어

1. **もっと** 더 **いい** 좋다, 착하다 **もの** 것 **買う** [かう] 사다 **予算** [よさん] 예산 **少し** [すこし] 조금 **足りない** [たりない] 부족하다 **でも** 하지만 **選ぶ** [えらぶ] 고르다 **お母さん** [おかあさん] 어머니 **喜ぶ** [よろこぶ] 기뻐하다 **手紙** [てがみ] 편지 **書く** [かく] 쓰다 **もちろん** 물론 **両親** [りょうしん] 부모님 **感謝** [かんしゃ] 감사 **気持ち** [きもち] 마음 **言葉** [ことば] 말 **伝える** [つたえる] 전하다 **本当に** [ほんとうに] 정말로 **むすめ** 딸 **私** [わたし] 저, 나 **今夜** [こんや] 오늘 밤 **電話する** [でんわする] 전화하다 **きっと** 분명 **いつも** 항상 **ちゃんと** 제대로 **ご飯** [ごはん] 밥 **食べる** [たべる] 먹다 **聞く** [きく] 묻다 **うち** 우리 **一人** [ひとり] 혼자 **暮らす** [くらす] 살다 **人** [ひと] 사람 **どうしても** 아무래도 **栄養** [えいよう] 영양 **かたよる** 치우치다 **心配** [しんぱい] 걱정

2 식당에서 점심 식사 중인 하루토와 아카네

하루토: わぁ、これがローストビーフ丼(どん)ですか。グルメ番組(ばんぐみ)で見(み)たことあります。

아카네: そうですか。とてもおいしくてよく食(た)べに来(き)ます。

하루토: じゃあ今日(きょう)は何(なん)でローストビーフ丼(どん)じゃなくてサラダを注文(ちゅうもん)したんですか。

아카네: 実(じつ)は、最近(さいきん)ダイエットを始(はじ)めました。

하루토: えっ、そうなんですか。でもそんなに少(すく)ない量(りょう)ではだめです。無理(むり)なダイエットは体(からだ)をこわしかねませんよ。

아카네: 大丈夫(だいじょうぶ)です。朝(あさ)はしっかり食(た)べています。

하루토: 私(わたし)のものを分(わ)けて食(た)べませんか。これ量(りょう)が多(おお)くて一人(ひとり)では食(た)べきれません。

아카네: では、少(すこ)し食(た)べます。ありがとうございます。

2 하루토: 와~, 이게 로스트 비프 덮밥인가요? 맛집 프로그램에서 본 적 있어요.

아카네: 그런가요? 아주 맛있어서 자주 먹으러 와요.

하루토: 그러면 오늘은 왜 로스트 비프 덮밥이 아니라 샐러드를 주문한 거예요?

아카네: 실은, 최근에 다이어트를 시작했어요.

하루토: 앗, 그래요? 하지만 그렇게 적은 양으로는 안 돼요. 무리한 다이어트는 건강을 해칠지도 몰라요.

아카네: 괜찮아요. 아침은 제대로 먹고 있어요.

하루토: 제 것을 나눠 먹지 않을래요? 이거 양이 많아서 혼자서는 다 먹을 수 없어요.

아카네: 그러면, 조금 먹을게요. 고마워요.

단어

2. **これ** 이것 **ローストビーフ丼** [ローストビーフどん] 로스트 비프 덮밥 **グルメ番組** [グルメばんぐみ] 맛집 프로그램 **見る** [みる] 보다 **とても** 아주 **おいしい** 맛있다 **よく** 자주 **食べる** [たべる] 먹다 **来る** [くる] 오다 **今日** [きょう] 오늘 **何で** [なんで] 왜, 어째서 **サラダ** 샐러드 **注文する** [ちゅうもんする] 주문하다 **実は** [じつは] 실은 **最近** [さいきん] 최근 **ダイエット** 다이어트 **始める** [はじめる] 시작하다 **でも** 하지만 **そんなに** 그렇게 **少ない** [すくない] 적다 **量** [りょう] 양 **だめだ** 안 되다 **無理だ** [むりだ] 무리다 **体をこわす** [からだをこわす] 건강을 해치다 **大丈夫だ** [だいじょうぶだ] 괜찮다 **朝** [あさ] 아침 **しっかり** 제대로 **私** [わたし] 저, 나 **もの** 것 **分ける** [わける] 나누다 **多い** [おおい] 많다 **一人** [ひとり] 혼자 **少し** [すこし] 조금

연습문제로 실력 쑥쑥

Day6_연습문제로 실력 쑥쑥.mp3

1 일본어로 문장 써보기

제시된 문형을 활용하여 일본어 문장을 써 보세요. 그 다음 음성을 듣고 문장을 따라 읽어 보세요.

보기	～がちです	～きれません	～かねません

1) 부모님에 대한 감사의 마음은 말로는 다 전할 수 없습니다.
(부모님 両親(りょうしん) / 감사 感謝(かんしゃ) / 마음 気持(きも)ち / 말 言葉(ことば) / 전하다 伝(つた)える)

____

2) 그런 얇은 옷을 입고 있으면 감기에 걸릴지도 모릅니다.
(그런 そんな / 얇다 うすい / 옷 服(ふく) / 입다 着(き)る / 감기에 걸리다 かぜをひく)

____

3) 그다지 사용하지 않는 사이트는 패스워드를 잊기 십상입니다.
(그다지 あまり / 사용하다 使(つか)う / 사이트 サイト / 패스워드 パスワード / 잊다 忘(わす)れる)

____

2 문맥에 맞는 단어 골라 써보기 JLPT N3, N4 문자·어휘 / JPT 독해 대비 유형

문맥에 가장 알맞은 단어를 보기에서 골라 문장을 완성해 보세요. 그 다음 음성을 듣고 문장을 따라 읽어 보세요.

보기	太(ふと)る	起(お)こす	遅(おく)れる	数(かぞ)える

1) 冬(ふゆ)はあまり動(うご)かなくて ______________ がちです。

2) 乱暴(らんぼう)な運転(うんてん)をする人(ひと)はいつか事故(じこ)を ______________ かねません。

3) イベント会場(かいじょう)に集(あつ)まった人(ひと)が多(おお)くて ______________ きれませんでした。

3 질문 듣고 알맞은 답변 고르기 JLPT N3, N4 청해 / JPT 청해 대비 유형

음성으로 들려주는 질문을 잘 듣고 알맞은 대답을 고르세요.

1) ① ②

2) ① ②

4 빈칸 채우기 JLPT N3, N4 문법 / JPT 독해 대비 유형

빈칸에 들어갈 가장 알맞은 단어를 골라 문장을 완성하세요. 그 다음 음성을 듣고 문장을 따라 읽어 보세요.

1) 新入社員(しんにゅうしゃいん)のころはこういう間違(まちが)いがあり (　　　　)。

① きれません　② はじめます　③ がちです

2) 電車(でんしゃ)が遅(おく)れていて会社(かいしゃ)に (　　　　) かねません。

① 遅刻(ちこく)し　② 遅刻(ちこく)しない　③ 遅刻(ちこく)して

5 문장 완성하기 JLPT N3, N4 문법 대비 유형

선택지를 올바르게 배열하여 문장을 완성한 다음 ★ 에 들어갈 선택지를 고르세요.

1) 毎日(まいにち)コンビニ弁当(べんとう)を ＿＿ ＿＿ ★ ＿＿ がちです。

① 栄養(えいよう)が　② 人(ひと)は　③ かたより　④ 食(た)べる

2) 憧(あこが)れの野球選手(やきゅうせんしゅ)に ＿＿ ＿＿ ★ ＿＿ 。

① 会(あ)う　② 喜(よろこ)びを　③ ことができて　④ かくしきれません

<해커스 일본어 첫걸음> 어플로 DAY 6에서 학습한 내용을 복습해보세요!

정답

1 1) 両親への感謝の気持ちは言葉では伝えきれません。
2) そんなうすい服を着ていてはかぜをひきかねません。
3) あまり使わないサイトはパスワードを忘れがちです。
2 1) 太り　2) 起こし　3) 数え
3 1) ①　2) ①
4 1) ③ がちです　2) ① 遅刻し
5 1) ① 栄養が　2) ② 喜びを

연습문제 해석 p.252

Day 7

아들은 공부하지 않고 친구와 놀기만 합니다.

むすこ　べんきょう
息子は勉強しないで
ともだち　あそ
友達と遊んでばかりいます。

한 번에 학습하기

아들은 공부하지 않고 친구와 놀기만 합니다.
むすこ　べんきょう
息子は勉強しないで
ともだち　あそ
友達と遊んでばかりいます。
걱정되겠어요.
しんぱい
心配になりますね。

이런 말을 할 수 있어요.

문형 1

아들은 공부하지 않고 친구와 놀기만 합니다.

むすこ　べんきょう　ともだち　あそ

息子は勉強しないで友達と遊んでばかりいます。

문형 2

관내에서 사진을 찍어도 괜찮습니다.

かんない　しゃしん　と

館内で写真を撮ってもかまいません。

문형 3

관계자 이외는 이곳에 들어가면 안 됩니다.

かんけいしゃ いがい　はい

関係者以外はここに入ってはいけません。

오늘은, 단일 행동, 허가, 금지를 말할 때 사용하는 문형을 배워 볼 거예요.

- **문형1** [동사 て형] てばかりいます。~하기만 합니다. (단일 행동)
- **문형2** [동사 て형] てもかまいません。~해도 괜찮습니다. (허가)
- **문형3** [동사 て형] てはいけません。~하면 안 됩니다. (금지)

오늘의 문형을 배우면 '친구와 놀기만 합니다', '사진을 찍어도 괜찮습니다', '이곳에 들어가면 안 됩니다'와 같은 말을 할 수 있어요.

※ 오른쪽 QR코드로 동사의 て형에 대해 다시 한 번 학습해 보세요.

동사의 활용1
강의 바로가기

말이 술술 쏟아지는 문형

음성을 듣고 문장을 큰 소리로 따라 말해 보세요.

문형 1

Day7_말이 술술 문형1.mp3

아들은 공부하지 않고 친구와 놀기만 합니다.

息子(むすこ)は勉強(べんきょう)しないで友達(ともだち)と遊(あそ)んでばかりいます。

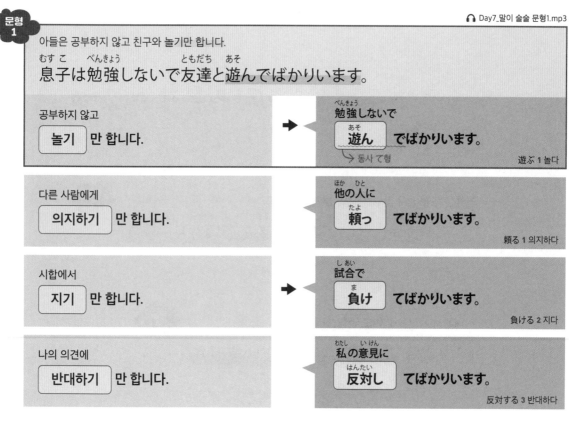

공부하지 않고 **놀기** 만 합니다.	勉強(べんきょう)しないで **遊(あそ)ん** でばかりいます。 → 동사 て형 遊ぶ 1 놀다
다른 사람에게 **의지하기** 만 합니다.	他(ほか)の人(ひと)に **頼(たよ)っ** てばかりいます。 頼る 1 의지하다
시합에서 **지기** 만 합니다.	試合(しあい)で **負(ま)け** てばかりいます。 負ける 2 지다
나의 의견에 **반대하기** 만 합니다.	私(わたし)の意見(いけん)に **反対(はんたい)し** てばかりいます。 反対する 3 반대하다

문형 탐구하기

1. 우리말 "놀기만 합니다."는 일본어로 "遊(あそ)んでばかりいます。"예요. 이처럼 동사 て형 뒤에 ばかりいます를 붙이면 '~하기만 합니다', '~하고만 있습니다'라는 뜻의 말이 돼요.

여기서 ばかり는 '~만', '~뿐'이라는 뜻의 조사예요.

+플러스포인트 동사 た형 뒤에 ばかりです를 붙여 '～たばかりです'라고 하면 '막 ~했습니다'라는 뜻의 말이 돼요.

예 着(つ)く 도착하다 → 着(つ)い**たばかりです**。**막** 도착**했습니다**.

2. ～てばかりいます。(~하기만 합니다.)를 사용한 아래 문장들도 따라 말해 보아요.

- 赤(あか)ちゃんは泣(な)い**てばかりいます**。 아기는 울기**만 합니다**. 泣く [なく] 울다
- さっきからだまっ**てばかりいます**。 아까부터 잠자코 있기**만 합니다**. だまる 잠자코 있다
- 一日中(いちにちじゅう)寝(ね)**てばかりいます**。 하루 종일 자기**만 합니다**. 寝る [ねる] 자다

문형 활용 긴 문장 말하기

앞서 학습한 문형과 여러 단어 및 표현을 함께 사용하여 긴 문장을 말해 보아요.

🎧 Day7_긴 문장1.mp3

수험생이 되어서도 공부하지 않고 매일 놀기만 합니다.

じゅけんせい　べんきょう　まいにちあそ
受験生になっても勉強しないで毎日遊んでばかりいます。

'~않고', '~말고'라는 뜻으로, 부정을 나타내는 표현이에요.

* 명사+になります ~이 됩니다

사카모토 씨는 무엇이든 다른 사람에게 의지하기만 합니다.

さかもと　なん　ほか　ひと　たよ
坂本さんは何でも他の人に頼ってばかりいます。

내가 응원하고 있는 팀은 최근 시합에서 지기만 합니다.

わたし　おうえん　さいきん しあい　ま
私が応援しているチームは最近試合で負けてばかりいます。

그는 언제나 나의 의견에 반대하기만 합니다.

かれ　わたし　いけん　はんたい
彼はいつも私の意見に反対してばかりいます。

주말에는 아무것도 하지 않고 하루 종일 자기만 합니다.

しゅうまつ　なに　いちにちじゅう ね
週末は何もしないで一日中寝てばかりいます。

단어 ✔

受験生 [じゅけんせい] 수험생　**勉強する** [べんきょうする] 공부하다　**毎日** [まいにち] 매일　**遊ぶ** [あそぶ] 놀다　**何でも** [なんでも] 무엇이든　**他** [ほか] 다른
人 [ひと] 사람　**頼る** [たよる] 의지하다　**私** [わたし] 나, 저　**応援する** [おうえんする] 응원하다　**チーム** 팀　**最近** [さいきん] 최근　**試合** [しあい] 시합
負ける [まける] 지다　**彼** [かれ] 그　**いつも** 언제나　**意見** [いけん] 의견　**反対する** [はんたいする] 반대하다　**週末** [しゅうまつ] 주말　**何も** [なにも] 아무것도
一日中 [いちにちじゅう] 하루 종일　**寝る** [ねる] 자다

말이 술술 쏟아지는 문형

음성을 듣고 문장을 큰 소리로 따라 말해 보세요.

문형 2

Day7_말이 술술 문형2.mp3

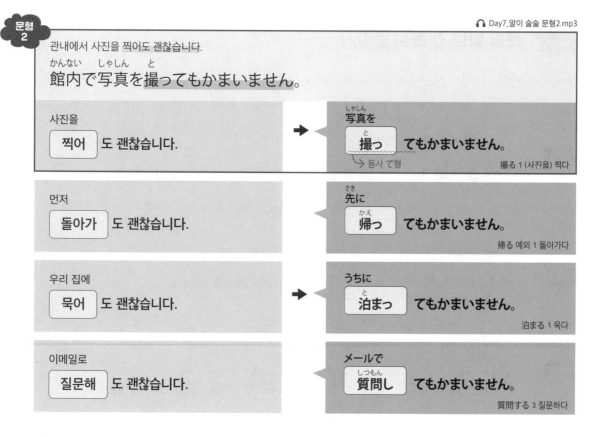

관내에서 사진을 찍어도 괜찮습니다.

館内(かんない)で写真(しゃしん)を撮(と)ってもかまいません。

사진을 **찍어** 도 괜찮습니다.	写真(しゃしん)を **撮(と)っ** てもかまいません。 → 동사 て형 撮る 1 (사진을) 찍다
먼저 **돌아가** 도 괜찮습니다.	先(さき)に **帰(かえ)っ** てもかまいません。 帰る 예외 1 돌아가다
우리 집에 **묵어** 도 괜찮습니다.	うちに **泊(と)まっ** てもかまいません。 泊まる 1 묵다
이메일로 **질문해** 도 괜찮습니다.	メールで **質問(しつもん)し** てもかまいません。 質問する 3 질문하다

문형 탐구하기

1. 우리말 "(사진을) 찍어도 괜찮습니다."는 일본어로 "撮(と)ってもかまいません。"이에요. 이처럼 동사 て형 뒤에 もかまいません을 붙이면 '~해도 괜찮습니다'라는 뜻의 허가 또는 승낙을 나타내는 말이 돼요.

여기서 かまいません은 かまう(상관하다, 신경 쓰다)의 부정 정중형으로, 직역하면, '~해도 상관없습니다', '~해도 무방합니다.'예요. 손윗사람에게는 사용하면 안 돼요.

+플러스포인트 '～てもかまいません'은 '～てもいいです(~해도 됩니다)'로 바꿔 쓸 수 있어요. 대신 '～てもかまいません'보다 격식없는 표현이에요.

예 もう帰(かえ)っ**てもかまいません**。 = もう帰(かえ)っ**てもいいです**。
이제 돌아가**도 괜찮습니다**. 이제 돌아가**도 됩니다**.

2. ～てもかまいません。(~해도 괜찮습니다.)을 사용한 아래 문장들도 따라 말해 보아요.

- ひらがなで書(か)い**てもかまいません**。 히라가나로 써**도 괜찮습니다**. 書く [かく] 쓰다
- 全部(ぜんぶ)食(た)べ**てもかまいません**。 전부 먹어**도 괜찮습니다**. 食べる [たべる] 먹다
- 会議室(かいぎしつ)を利用(りよう)し**てもかまいません**。 회의실을 이용해**도 괜찮습니다**. 利用する [りようする] 이용하다

문형 활용 긴 문장 말하기

앞서 학습한 문형과 여러 단어 및 표현을 함께 사용하여 긴 문장을 말해 보아요. Day7_긴 문장2.mp3

공연 중에 자유롭게 사진을 찍어도 괜찮습니다.

こうえんちゅう　じゆう　しゃしん　と
公演中に自由に写真を**撮ってもかまいません**。

나머지는 제가 할 테니까 오늘은 먼저 돌아가도 괜찮습니다.

わたし　きょう　さき　かえ
あとは私がやりますから今日は先に**帰ってもかまいません**。

도쿄에 올 때는 우리 집에 묵어도 괜찮습니다.

とうきょう　く　とき　と
東京に来る時はうちに**泊まってもかまいません**。

불분명한 점이 있는 경우는 이메일로 질문해도 괜찮습니까?

ふめい　てん　ばあい　しつもん
不明な点がある場合はメールで**質問してもかまいませんか**。

한자를 모를 때는 히라가나로 써도 괜찮습니다.

かんじ　わ　とき　か
漢字が分からない時はひらがなで**書いてもかまいません**。

단어 ✓

公演中 [こうえんちゅう] 공연 중　自由に [じゆうに] 자유롭게　写真 [しゃしん] 사진　撮る [とる] (사진을) 찍다　あと 나머지　私 [わたし] 저, 나　やる 하다
今日 [きょう] 오늘　先に [さきに] 먼저　帰る [かえる] 돌아가다　東京 [とうきょう] 도쿄(지명)　来る [くる] 오다　時 [とき] 때　うち 우리 집　泊まる [とまる] 묵다
不明だ [ふめいだ] 불분명하다　点 [てん] 점　ある 있다　場合 [ばあい] 경우　メール 이메일　質問する [しつもんする] 질문하다　漢字 [かんじ] 한자
分かる [わかる] 알다　ひらがな 히라가나　書く [かく] 쓰다

말이 술술 쏟아지는 문형

음성을 듣고 문장을 큰 소리로 따라 말해 보세요.

문형 3

Day7_말이 술술 문형3.mp3

관계자 이외는 이곳에 들어가면 안 됩니다.

関係者以外(かんけいしゃいがい)はここに入(はい)ってはいけません。

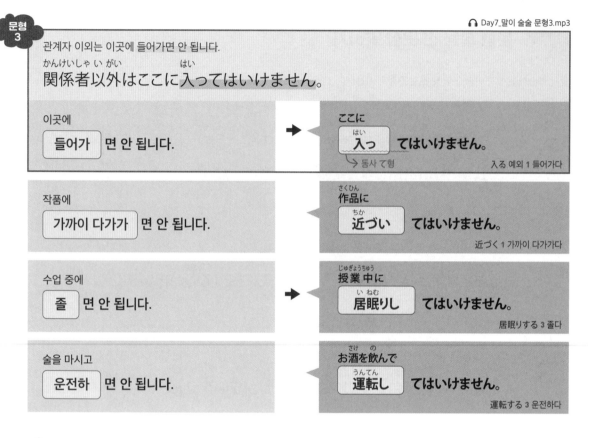

이곳에 **들어가** 면 안 됩니다.	ここに **入(はい)っ** てはいけません。 ↳ 동사 て형 入る 예외 1 들어가다
작품에 **가까이 다가가** 면 안 됩니다.	作品(さくひん)に **近(ちか)づい** てはいけません。 近づく 1 가까이 다가가다
수업 중에 **졸** 면 안 됩니다.	授業中(じゅぎょうちゅう)に **居眠(いねむ)りし** てはいけません。 居眠りする 3 졸다
술을 마시고 **운전하** 면 안 됩니다.	お酒(さけ)を飲(の)んで **運転(うんてん)し** てはいけません。 運転する 3 운전하다

문형 탐구하기

1. 우리말 "들어가면 안 됩니다."는 일본어로 "入(はい)ってはいけません。"이에요. 이처럼 동사 て형 뒤에 はいけません을 붙이면 '~하면 안 됩니다'라는 뜻의 금지 또는 주의를 나타내는 말이 돼요.

+플러스포인트 1. てはいけません 대신 ちゃいけません으로 말해도 똑같은 의미예요.

예 出(で)**てはいけません** = 出(で)**ちゃいけません** 나가**면 안 됩니다**

2. 동사 ない형 뒤에 なくてはいけません을 붙이면, 반대로 '~하지 않으면 안 됩니다' 즉, '~해야 합니다'라는 뜻의 의무, 권유를 나타내는 말이 돼요.

예 捨(す)てる 버리다 → ごみを捨(す)て**なくてはいけません**。 쓰레기를 버리지 **않으면 안 됩니다**.

2. ~てはいけません。(~하면 안 됩니다.)을 사용한 아래 문장들도 따라 말해 보아요.

- 図書館(としょかん)で騒(さわ)い**ではいけません**。 도서관에서 떠들**면 안 됩니다**. 騒ぐ [さわぐ] 떠들다
- 約束(やくそく)を破(やぶ)っ**てはいけません**。 약속을 어기**면 안 됩니다**. 破る [やぶる] 어기다
- 湖(みずうみ)で泳(およ)い**ではいけません**。 호수에서 헤엄치**면 안 됩니다**. 泳ぐ [およぐ] 헤엄치다

문형 활용 긴 문장 말하기

앞서 학습한 문형과 여러 단어 및 표현을 함께 사용하여 긴 문장을 말해 보아요.

Day7_긴 문장3.mp3

ID 카드가 없는 사람은 이곳에 들어가면 안 됩니다.

アイディー　ひと　はい

ＩＤカードがない人はここに入ってはいけません。

전시하고 있는 작품에 가까이 다가가면 안 됩니다.

てん じ　さくひん　ちか

展示している作品に近づいてはいけません。

아무리 피곤해도 수업 중에 졸면 안 됩니다.

つか　じゅぎょうちゅう　い ねむ

どんなに疲れていても授業中に居眠りしてはいけません。

직역하면 '피곤해 있어도'예요.

무슨 일이 있어도 술을 마시고 운전하면 안 됩니다.

なに　さけ　の　うんてん

何があってもお酒を飲んで運転してはいけません。

飲む(마시다)의 て형

타는 쓰레기는 월요일에 버리지 않으면 안 됩니다.

も　げつようび　す

燃えるごみは月曜日に捨てなくてはいけません。

단어

IDカード ID 카드　ない 없다　人 [ひと] 사람　ここ 이곳　入る [はいる] 들어가다　展示する [てんじする] 전시하다　作品 [さくひん] 작품
近づく [ちかづく] 가까이 다가가다　どんなに 아무리　疲れる [つかれる] 피곤하다　授業中 [じゅぎょうちゅう] 수업 중　居眠りする [いねむりする] 졸다
何 [なに] 무슨 일　ある 있다　お酒 [おさけ] 술　飲む [のむ] 마시다　運転する [うんてんする] 운전하다　燃えるごみ [もえるごみ] 타는 쓰레기
月曜日 [げつようび] 월요일　捨てる [すてる] 버리다

실생활 회화 자동발사!

Day7_실생활 회화 자동발사.mp3

먼저 듣기용 mp3로 대화를 들어 보며 어떤 내용인지 생각해 보세요. 그 다음 따라 말하기용 mp3로 따라 말해 보세요.

1 신작 관련 프레젠테이션을 준비 중인 하루토

하루토: せんぱい、原稿(げんこう)の検討(けんとう)終(お)わりました。

아카네: ありがとうございます。今日(きょう)はこれで帰(かえ)ってもかまいません。

하루토: あ、いいえ、私(わたし)はプレゼンの資料(しりょう)をもうちょっと見(み)て帰(かえ)ります。
→ プレゼンテーション(프레젠테이션)의 준말이에요.

아카네: 資料(しりょう)はもうできたんじゃないんですか。

하루토: ええ。でも、井上(いのうえ)さんのことが心配(しんぱい)です。いつも私(わたし)の意見(いけん)に反対(はんたい)してばかりいます。
→ のこと는 대상이 되는 사람의 사정이나 생각 등을 모두 포함하여 나타내는 표현으로, 별도로 해석하지 않거나 '~에 대한 것'으로 해석하기도 해요.

아카네: 一生懸命準備(いっしょうけんめいじゅんび)したから、きっと 大丈夫(だいじょうぶ)ですよ。

하루토: ありがとうございます。

아카네: じゃあ、今日(きょう)は早(はや)く帰(かえ)って休(やす)んでください。ちゃんと休(やす)むことも大事(だいじ)ですよ。

하루토: そうですね。では、プレゼンの練習(れんしゅう)は明日(あした)にして、今日(きょう)はこれで帰(かえ)ります。

1 하루토 : 선배, 원고 검토 끝났어요.
아카네 : 고마워요. 오늘은 이만 돌아가도 괜찮아요.
하루토 : 아, 아니요, 저는 프레젠테이션 자료를 좀 더 보고 돌아갈게요.
아카네 : 자료는 이미 다 된 거 아니예요?
하루토: 네. 그치만, 이노우에 씨가 걱정이에요. 언제나 저의 의견에 반대하기만 해요.
아카네: 열심히 준비했으니까, 분명 괜찮을 거예요.
하루토: 감사합니다.
아카네: 그럼, 오늘은 빨리 돌아가서 쉬세요. 제대로 쉬는 것도 중요해요.
하루토: 그렇네요. 그러면, 프레젠테이션 연습은 내일로 하고, 오늘은 이만 돌아가겠습니다.

단어

1. **せんぱい** 선배 **原稿** [げんこう] 원고
検討 [けんとう] 검토 **終わる** [おわる] 끝나다
今日 [きょう] 오늘 **これで** 이만 **帰る** [かえる] 돌아가다
私 [わたし] 저, 나 **プレゼン** 프레젠테이션
資料 [しりょう] 자료 **もうちょっと** 좀 더
見る [みる] 보다 **もう** 이미 **できる** 다 되다
でも 그치만 **心配だ** [しんぱいだ] 걱정이다
いつも 언제나 **意見** [いけん] 의견
反対する [はんたいする] 반대하다
一生懸命 [いっしょうけんめい] 열심히
準備する [じゅんびする] 준비하다 **きっと** 분명
大丈夫だ [だいじょうぶだ] 괜찮다 **早く** [はやく] 빨리
休む [やすむ] 쉬다 **ちゃんと** 제대로
大事だ [だいじだ] 중요하다 **練習** [れんしゅう] 연습
明日 [あした] 내일

2 미술관에서 작품을 감상하는 지수와 리코

지수: わぁ！ この絵(え)、本当(ほんとう)にすてきですね。色使(いろづか)いがきれいです。

직원: お客様(きゃくさま)、それ以上(いじょう)作品(さくひん)に近(ちか)づいてはいけません。

지수: あ、すみません。気(き)をつけます。写真(しゃしん)を撮(と)ることは大丈夫(だいじょうぶ)ですか。

직원: ええ。写真(しゃしん)は撮(と)ってもかまいません。

지수: 分(わ)かりました。この作家(さっか)、最近(さいきん)話題(わだい)ですね。

직원: ええ。有名(ゆうめい)なブランドとコラボレーションもたくさんしています。5時半(ごじはん)から作品(さくひん)についての解説会(かいせつかい)もありますよ。

지수: そうなんですか。莉子(りこ)さん、解説会(かいせつかい)に行(い)きませんか。

리코: あ…、私(わたし)も聞(き)きたいんですけど、6時(ろくじ)にレストランを予約(よやく)したから私(わたし)たち5時(ごじ)にはここを出(で)なくてはいけません。

2 지수 : 와! 이 그림, 정말로 멋지네요. 색 사용이 예뻐요.
직원 : 손님, 그 이상 작품에 가까이 다가가면 안 됩니다.
지수 : 아, 죄송합니다. 주의할게요. 사진을 찍는 것은 괜찮나요?
직원 : 네. 사진은 찍어도 괜찮습니다.
지수 : 알겠습니다. 이 작가, 최근에 화제죠?
직원 : 네. 유명한 브랜드와 컬래버레이션도 많이 하고 있습니다. 5시 반부터 작품에 대한 해설회도 있어요.
지수 : 그래요? 리코 씨, 해설회에 가지 않을래요?
리코 : 아…, 저도 듣고 싶지만, 6시에 레스토랑을 예약했기 때문에 우리 5시에는 이곳을 나가지 않으면 안 돼요.

단어

2. **この** 이 **絵** [え] 그림 **本当に** [ほんとうに] 정말로
すてきだ 멋지다 **色使い** [いろづかい] 색 사용
きれいだ 예쁘다 **お客様** [おきゃくさま] 손님
それ以上 [それいじょう] 그 이상 **作品** [さくひん] 작품
近づく [ちかづく] 가까이 다가가다
気をつける [きをつける] 주의하다 **写真** [しゃしん] 사진
撮る [とる] (사진을) 찍다 **大丈夫だ** [だいじょうぶだ] 괜찮다
分かる [わかる] 알다 **作家** [さっか] 작가
最近 [さいきん] 최근 **話題** [わだい] 화제
有名だ [ゆうめいだ] 유명하다 **ブランド** 브랜드
コラボレーション 컬래버레이션 **たくさん** 많이
解説会 [かいせつかい] 해설회 **行く** [いく] 가다
私 [わたし] 저, 나 **聞く** [きく] 듣다 **レストラン** 레스토랑
予約する [よやくする] 예약하다 **ここ** 이곳 **出る** [でる] 나가다

연습문제로 실력 쑥쑥

Day7_연습문제로 실력 쑥쑥.mp3

1 일본어로 문장 써보기

제시된 문형을 활용하여 일본어 문장을 써 보세요. 그 다음 음성을 듣고 문장을 따라 읽어 보세요.

보기	～てばかりいます	～てもかまいません	～てはいけません

1) 그는 언제나 나의 의견에 반대하기만 합니다.
(그 彼(かれ) / 언제나 いつも / 나 私(わたし) / 의견 意見(いけん) / 반대하다 反対(はんたい)する)

____

2) 한자를 모를 때는 히라가나로 써도 괜찮습니다.
(한자 漢字(かんじ) / 알다 分(わ)かる / 때 時(とき) / 히라가나 ひらがな / 쓰다 書(か)く)

____

3) ID 카드가 없는 사람은 이곳에 들어가면 안 됩니다.
(ID 카드 ＩＤ(アイディー)カード / 없다 ない / 사람 人(ひと) / 이곳 ここ / 들어가다 入(はい)る)

____

2 문맥에 맞는 단어 골라 써보기 JLPT N3, N4 문자·어휘 / JPT 독해 대비 유형

문맥에 가장 알맞은 단어를 보기에서 골라 문장을 완성해 보세요. 그 다음 음성을 듣고 문장을 따라 읽어 보세요.

보기	近(ちか)づく	負(ま)ける	遊(あそ)ぶ	質問(しつもん)する

1) 私(わたし)が応援(おうえん)しているチームは最近試合(さいきんしあい)で ______________ てばかりいます。

2) 展示(てんじ)している作品(さくひん)に ______________ てはいけません。

3) 不明(ふめい)な点(てん)がある場合(ばあい)はメールで ______________ てもかまいません。

3 질문 듣고 알맞은 답변 고르기 JLPT N3, N4 청해 / JPT 청해 대비 유형

음성으로 들려주는 질문을 잘 듣고 알맞은 대답을 고르세요.

1) ① ②

2) ① ②

4 빈칸 채우기 JLPT N3, N4 문법 / JPT 독해 대비 유형

빈칸에 들어갈 가장 알맞은 단어를 골라 문장을 완성하세요. 그 다음 음성을 듣고 문장을 따라 읽어 보세요.

1) どんなに疲(つか)れていても授業中(じゅぎょうちゅう)に（　　　　）いけません。

① 居眠(いねむ)りする　② 居眠(いねむ)りしても　③ 居眠(いねむ)りしては

2) A「あとは私(わたし)がやりますから今日(きょう)は先(さき)に帰(かえ)っても（　　　　）。」

B「はい。お先(さき)に失礼(しつれい)します。」

① かまいません　② いけません　③ ばかりいます

5 문장 완성하기 JLPT N3, N4 문법 대비 유형

선택지를 올바르게 배열하여 문장을 완성한 다음 ★에 들어갈 선택지를 고르세요.

1) 何(なに)があっても ＿＿ ＿＿ ★ ＿＿ 。

① お酒(さけ)を　② いけません　③ 運転(うんてん)しては　④ 飲(の)んで

2) 坂本(さかもと)さんは何(なん)でも ＿＿ ＿＿ ★ ＿＿ います。

① 頼(たよ)って　② 他(ほか)の　③ ばかり　④ 人(ひと)に

정답

1 1) 彼はいつも私の意見に反対してばかりいます。
2) 漢字が分からない時はひらがなで書いてもかまいません。
3) IDカードがない人はここに入ってはいけません。
2 1) 負け　2) 近づい　3) 質問し
3 1) ①　2) ②
4 1) ③ 居眠りしては　2) ① かまいません
5 1) ③ 運転しては　2) ① 頼って

연습문제 해석 p.253

<해커스 일본어 첫걸음> 어플로
DAY 7에서 학습한 내용을
복습해보세요!

Day 8

일을 전부 끝내고 나서 돌아갑니다.

しごと　ぜんぶ　お
仕事を全部終えてから

かえ
帰ります。

한 번에 학습하기

낫짱, 집에 안 가요?
かえ
なっちゃん、帰りませんか。
일을 전부 끝내고 나서 돌아갑니다.
しごと　ぜんぶ　お
仕事を全部終えてから
かえ
帰ります。

이런 말을 할 수 있어요.

문형 1

일을 전부 끝내고 나서 돌아갑니다.

しごと　ぜんぶ お　　　かえ
仕事を全部終えてから帰ります。

문형 2

달력을 보고 나서야 비로소 오늘이 결혼기념일이라고 깨달았습니다.

み　　　きょう　けっこんきねんび
カレンダーを見てはじめて今日が結婚記念日

き
だと気づきました。

문형 3

친구를 기다리는 동안 영화를 봅니다.

ともだち　ま　　あいだえいが　み
友達を待っている間映画を見ます。

오늘은, 행동의 순서를 말할 때, 새삼 알게 된 것을 말할 때, 동작이 이루어지는 동안을 말할 때 사용하는 문형을 배워 볼 거예요.

문형1 [동사 て형] てから [동사 ます형] ます。~하고 나서 ~합니다. (행동의 순서)

문형2 [동사 て형] てはじめて [동사 ます형] ました。~하고 나서야 비로소 ~했습니다. (새삼 알게 된 것)

문형3 [동사 て형] ている間(あいだ) [동사 ます형] ます。~하는 동안 ~합니다. (동작이 이루어지는 동안)

오늘의 문형을 배우면 '일을 끝내고 나서 돌아갑니다', '달력을 보고 나서야 비로소 결혼기념일이라고 깨달았습니다', '기다리는 동안 영화를 봅니다'와 같은 말을 할 수 있어요.

말이 술술 쏟아지는 문형

🎧 음성을 듣고 문장을 큰 소리로 따라 말해 보세요.

문형 1

🎧 Day8_말이 술술 문형1.mp3

일을 전부 끝내고 나서 돌아갑니다.

仕事(しごと)を全部(ぜんぶ)終(お)えてから帰(かえ)ります。

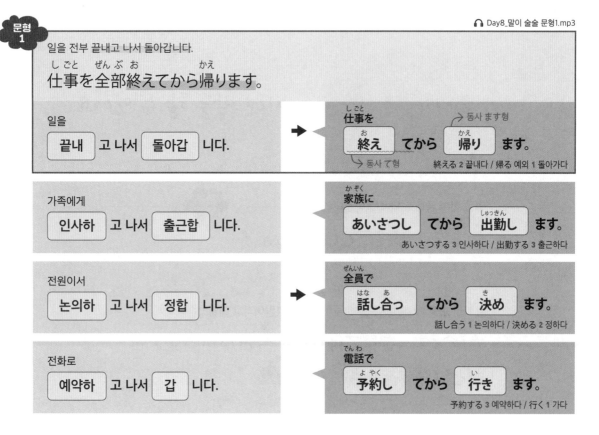

일을 [끝내] 고 나서 [돌아갑] 니다.	仕事(しごと)を [終(お)え] てから [帰(かえ)り] ます。 (終え → 동사 て형 / 帰り → 동사 ます형) 終える 2 끝내다 / 帰る 예외 1 돌아가다
가족에게 [인사하] 고 나서 [출근합] 니다.	家族(かぞく)に [あいさつし] てから [出勤(しゅっきん)し] ます。 あいさつする 3 인사하다 / 出勤する 3 출근하다
전원이서 [논의하] 고 나서 [정합] 니다.	全員(ぜんいん)で [話(はな)し合(あ)っ] てから [決(き)め] ます。 話し合う 1 논의하다 / 決める 2 정하다
전화로 [예약하] 고 나서 [갑] 니다.	電話(でんわ)で [予約(よやく)し] てから [行(い)き] ます。 予約する 3 예약하다 / 行く 1 가다

문형 탐구하기 🎧

1. 동사 て형 뒤에 から를 붙여 'Aてから B ます'라고 하면 'A하고 나서 B합니다'라는 뜻의 말이 돼요. 여기서 てから(~하고 나서)는 행동의 순서를 말할 때 사용해요.

이 문형은, 단순히 두 행동의 발생 순서를 말할 때 쓰는 'AたあとでBます(A하고 나서 B합니다)'와 달리, 밀접한 관련이 있는 A와 B 두 행동의 순서를 말할 때 써요.

예 手(て)を洗(あら)っ**てから**ご飯(はん)を食(た)べます。 - 新聞(しんぶん)を読(よ)ん**だあとで**ご飯(はん)を食(た)べます。
손을 씻**고 나서** 밥을 먹습니다. 신문을 읽**고 나서** 밥을 먹습니다.

2. ～てから～ます。(~하고 나서 ~합니다.)를 사용한 아래 문장들도 따라 말해 보아요.

- 歯(は)をみがい**てから**寝(ね)**ます**。 이를 닦**고 나서** 잡**니다**. みがく 닦다
- 計画(けいかく)を立(た)て**てから**始(はじ)め**ます**。 계획을 세우**고 나서** 시작합**니다**. 立てる [たてる] 세우다
- 内容(ないよう)を確認(かくにん)し**てから**申(もう)し込(こ)み**ます**。 내용을 확인하**고 나서** 신청합**니다**. 確認する [かくにんする] 확인하다

문형 활용 긴 문장 말하기

앞서 학습한 문형과 여러 단어 및 표현을 함께 사용하여 긴 문장을 말해 보아요. Day8_긴 문장1.mp3

지금 하고 있는 일을 끝내고 나서 돌아갑니다.

いま　しごと　お　かえ

今やっている仕事を終えてから帰ります。

매일 아침, 가족에게 인사하고 나서 출근합니다.

まいあさ　かぞく　しゅっきん

毎朝、家族にあいさつしてから出勤します。

근무 시간표와 휴무는 스태프 전원이서 논의하고 나서 정합니다.

やす　ぜんいん　はな　あ　き

シフトとお休みはスタッフ全員で話し合ってから決めます。

저곳은 인기 가게이기 때문에 전화로 예약하고 나서 갑니다.

にんきてん　でんわ　よやく　い

あそこは人気店だから電話で予約してから行きます。

안내문의 내용을 확인하고 나서 신청해 주세요.

あんないぶん　ないよう　かくにん　もう　こ

案内文の内容を確認してから申し込んでください。

* 동사 て형+ください ~해 주세요

단어 ✔

今 [いま] 지금　やる 하다　仕事 [しごと] 일　終える [おえる] 끝내다　帰る [かえる] 돌아가다　毎朝 [まいあさ] 매일 아침　家族 [かぞく] 가족
あいさつする 인사하다　出勤する [しゅっきんする] 출근하다　シフト 근무 시간표　お休み [おやすみ] 휴무　スタッフ 스태프　全員 [ぜんいん] 전원
話し合う [はなしあう] 논의하다　決める [きめる] 정하다　あそこ 저곳　人気店 [にんきてん] 인기 가게　電話 [でんわ] 전화　予約する [よやくする] 예약하다
行く [いく] 가다　案内文 [あんないぶん] 안내문　内容 [ないよう] 내용　確認する [かくにんする] 확인하다　申し込む [もうしこむ] 신청하다

말이 술술 쏟아지는 문형

음성을 듣고 문장을 큰 소리로 따라 말해 보세요.

문형 2

Day8_말이 술술 문형2.mp3

달력을 보고 나서야 비로소 오늘이 결혼기념일이라고 깨달았습니다.

カレンダーを見(み)てはじめて今日(きょう)が結婚記念日(けっこんきねんび)だと気(き)づきました。

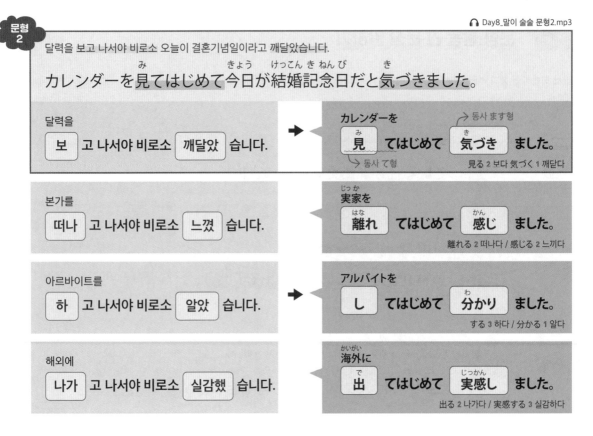

달력을 [보]고 나서야 비로소 [깨달았]습니다.	→	カレンダーを [見(み)] てはじめて [気(き)づき] ました。 (見 → 동사 て형 / 気づき → 동사 ます형) 見る 보다 気づく 깨닫다
본가를 [떠나]고 나서야 비로소 [느꼈]습니다.		実家(じっか)を [離(はな)れ] てはじめて [感(かん)じ] ました。 離れる 떠나다 / 感じる 느끼다
아르바이트를 [하]고 나서야 비로소 [알았]습니다.	→	アルバイトを [し] てはじめて [分(わ)かり] ました。 する 하다 / 分かる 알다
해외에 [나가]고 나서야 비로소 [실감했]습니다.		海外(かいがい)に [出(で)] てはじめて [実感(じっかん)し] ました。 出る 나가다 / 実感する 실감하다

문형 탐구하기

1. 동사 て형 뒤에 はじめて를 붙여 'AてはじめてBました'라고 하면 'A하고 나서야 비로소 B했습니다'라는 뜻의 말이 돼요.

참고로 はじめて는 '비로소', '처음'이라는 뜻의 부사예요.

2. ~てはじめて~ました。(~하고 나서야 비로소 ~했습니다.)를 사용한 아래 문장들도 따라 말해 보아요.

- 犬(いぬ)を飼(か)っ**てはじめて**知(し)り**ました。** 개를 키우**고 나서야 비로소** 알았**습니다**. 飼う [かう] (동물을) 키우다
- 子供(こども)を産(う)ん**ではじめて**理解(りかい)し**ました。** 아이를 낳**고 나서야 비로소** 이해했**습니다**. 産む [うむ] 낳다
- 大切(たいせつ)な物(もの)を失(うしな)っ**てはじめて**気(き)づき**ました。** 소중한 것을 잃**고 나서야 비로소** 깨달았**습니다**. 失う [うしなう] 잃다

문형 활용 긴 문장 말하기

앞서 학습한 문형과 여러 단어 및 표현을 함께 사용하여 긴 문장을 말해 보아요. Day8_긴 문장2.mp3

달력을 보고 나서야 비로소 엄마의 생일이 지난 것을 깨달았습니다.
カレンダーを見(み)てはじめて母(はは)の誕生日(たんじょうび)が過(す)ぎたことに気(き)づきました。

본가를 떠나고 나서야 비로소 혼자 사는 것의 힘듦을 느꼈습니다.
実家(じっか)を離(はな)れてはじめて一人暮(ひとりぐ)らしの大変(たいへん)さを感(かん)じました。

아르바이트를 하고 나서야 비로소 돈의 소중함을 알았습니다.
アルバイトをしてはじめてお金(かね)の大切(たいせつ)さが分(わ)かりました。

해외에 나가고 나서야 비로소 한국의 살기 좋음을 실감했습니다.
海外(かいがい)に出(で)てはじめて韓国(かんこく)の暮(く)らしやすさを実感(じっかん)しました。

아이를 낳고 나서야 비로소 부모의 마음을 이해할 수 있었습니다.
子供(こども)を産(う)んではじめて親(おや)の心(こころ)を理解(りかい)することができました。

* 동사 기본형+ことができます ~할 수 있습니다

단어 ✔

カレンダー 달력　見る [みる] 보다　母 [はは] 엄마　誕生日 [たんじょうび] 생일　過ぎる [すぎる] 지나다　気づく [きづく] 깨닫다　実家 [じっか] 본가
離れる [はなれる] 떠나다　一人暮らし [ひとりぐらし] 혼자 사는 것　大変さ [たいへんさ] 힘듦　感じる [かんじる] 느끼다　アルバイト 아르바이트　する 하다
お金 [おかね] 돈　大切さ [たいせつさ] 소중함　分かる [わかる] 알다　海外 [かいがい] 해외　出る [でる] 나가다　韓国 [かんこく] 한국
暮らしやすさ [くらしやすさ] 살기 좋음　実感する [じっかんする] 실감하다　子供 [こども] 아이　産む [うむ] 낳다　親 [おや] 부모　心 [こころ] 마음
理解する [りかいする] 이해하다

말이 술술 쏟아지는 문형

음성을 듣고 문장을 큰 소리로 따라 말해 보세요.

문형 3

Day8_말이 술술 문형3.mp3

친구를 기다리는 동안 영화를 봅니다.

友達(ともだち)を待(ま)っている間(あいだ)映画(えいが)を見(み)ます。

친구를 [기다리]는 동안 [봄]니다.	友達(ともだち)を [待(ま)っ] ている間(あいだ) [見(み)] ます。 동사 て형 / 동사 ます형 待つ 1 기다리다 / 見る 2 보다
서울을 [여행하]는 동안 [체험합]니다.	ソウルを [旅行(りょこう)し] ている間(あいだ) [体験(たいけん)し] ます。 旅行する 3 여행하다 / 体験する 3 체험하다
자동차를 [운전하]는 동안 [주의합]니다.	車(くるま)を [運転(うんてん)し] ている間(あいだ) [注意(ちゅうい)し] ます。 運転する 3 운전하다 / 注意する 3 주의하다
순서를 [기다리]는 동안 [고릅]니다.	順番(じゅんばん)を [待(ま)っ] ている間(あいだ) [選(えら)び] ます。 待つ 1 기다리다 / 選ぶ 1 고르다

문형 탐구하기

1. 동사 て형 뒤에 いる間(あいだ)를 붙여 'Aている間(あいだ)Bます'라고 하면 'A하는 동안 B합니다'라는 뜻의 말이 돼요.

참고로 ている는 현재 진행 중인 동작이나 지속되는 상태를 나타내고, 間(あいだ)는 '사이, 간격'이라는 라는 뜻의 명사예요.

2. ~ている間(あいだ)~ます。(~하는 동안 ~합니다.)를 사용한 아래 문장들도 따라 말해 보아요.

- 仕事(しごと)を休(やす)ん**でいる間(あいだ)**旅行(りょこう)し**ます**。 일을 쉬는 **동안** 여행합**니다**. 休む [やすむ] 쉬다
- 専門家(せんもんか)にインタビューし**ている間(あいだ)**録音(ろくおん)し**ます**。 전문가와 인터뷰하는 **동안** 녹음합**니다**. インタビューする 인터뷰하다
- 赤(あか)ちゃんが寝(ね)**ている間(あいだ)**掃除(そうじ)し**ます**。 아기가 자는 **동안** 청소합**니다**. 寝る [ねる] 자다

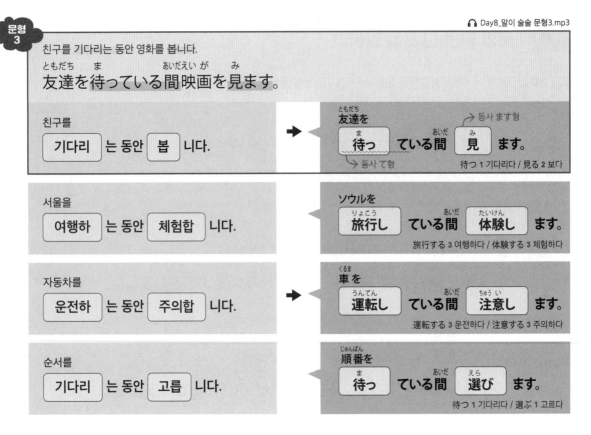

문형 활용 긴 문장 말하기

앞서 학습한 문형과 여러 단어 및 표현을 함께 사용하여 긴 문장을 말해 보아요.

Day8_긴 문장3.mp3

공항에서 친구를 기다리는 동안 스마트폰으로 영화를 봅니다.

くうこう　ともだち　ま　あいだ　えいが　み
空港で友達を待っている間スマホで映画を見ます。

서울을 여행하는 동안 다양한 한국의 문화를 체험했습니다.

りょこう　あいだいろいろ　かんこく　ぶんか　たいけん
ソウルを旅行している間色々な韓国の文化を体験しました。

자동차를 운전하는 동안 제한 속도에 주의하고 있습니다.

くるま　うんてん　あいだせいげんそくど　ちゅうい
車を運転している間制限速度に注意しています。

식당 앞에서 순서를 기다리는 동안 메뉴를 고르고 있었습니다.

しょくどう　まえ　じゅんばん　ま　あいだ　えら
食堂の前で順番を待っている間メニューを選んでいました。

일을 쉬는 동안 혼자서 유럽을 여행했습니다.

しごと　やす　あいだひとり　りょこう
仕事を休んでいる間一人でヨーロッパを旅行しました。

단어 ✔

空港 [くうこう] 공항　友達 [ともだち] 친구　待つ [まつ] 기다리다　スマホ 스마트폰　映画 [えいが] 영화　見る [みる] 보다　ソウル 서울
旅行する [りょこうする] 여행하다　色々だ [いろいろだ] 다양하다　韓国 [かんこく] 한국　文化 [ぶんか] 문화　体験する [たいけんする] 체험하다
車 [くるま] 자동차　運転する [うんてんする] 운전하다　制限速度 [せいげんそくど] 제한 속도　注意する [ちゅういする] 주의하다　食堂 [しょくどう] 식당
前 [まえ] 앞　順番 [じゅんばん] 순서　メニュー 메뉴　選ぶ [えらぶ] 고르다　仕事 [しごと] 일　休む [やすむ] 쉬다　一人 [ひとり] 혼자　ヨーロッパ 유럽

실생활 회화 자동발사!

Day8_실생활 회화 자동발사.mp3

먼저 듣기용 mp3로 대화를 들어 보며 어떤 내용인지 생각해 보세요. 그 다음 따라 말하기용 mp3로 따라 말해 보세요.

1 편의점에서 점장과 대화 중인 지수

지수
店長(てんちょう)、明日(あした)の飲(の)み会(かい)は新大久保(しんおおくぼ)で韓国料理(かんこくりょうり)を食(た)べるのはどうですか。

점장
はい、いいですよ。去年(きょねん)、妻(つま)と韓国(かんこく)に行(い)った時(とき)、サムギョプサルを食(た)べたんですけど、とてもおいしかったです。

→ '~는데'라는 뜻의 조사로, 뒤의 말을 하기 위해 그것과 관련된 것 미리 말할 때 사용합니다.

지수
えっ！ 店長(てんちょう)、韓国(かんこく)に行(い)ったことがあるんですか。

점장
ええ、サムギョプサルやプルコギなど色(いろ)んな料理(りょうり)を食(た)べました。そして、ソウルを旅行(りょこう)している間(あいだ)キムチ作(づく)りなど色々(いろいろ)な韓国(かんこく)の文化(ぶんか)を体験(たいけん)しました。

지수
へえ。じゃあ、私(わたし)がサムギョプサルがおいしいお店(みせ)を紹介(しょうかい)します。夕方(ゆうがた)は人(ひと)が多(おお)いから電話(でんわ)で予約(よやく)してから行(い)きましょう。

점장
はい。では、４人(よにん)で予約(よやく)お願(ねが)いします。

1 지수 : 점장님, 내일 회식은 신오쿠보에서 한국 음식을 먹는 건 어때요?

점장 : 네, 좋아요. 작년에, 아내와 한국에 갔을 때, 삼겹살을 먹었는데, 엄청 맛있었어요.

지수 : 앗! 점장님, 한국에 간 적이 있어요?

점장 : 네, 삼겹살이나 불고기 등 여러 가지 음식을 먹었어요. 그리고, 서울을 여행하는 동안 김치 만들기 등 다양한 한국의 문화를 체험했어요.

지수 : 우와. 그럼, 제가 삼겹살이 맛있는 가게로 안내할게요. 저녁은 사람이 많으니까 전화로 예약하고 나서 가요.

점장 : 네. 그럼, 4명으로 예약 부탁해요.

단어

1. **店長** [てんちょう] 점장(님) **明日** [あした] 내일
飲み会 [のみかい] 회식 **新大久保** [しんおおくぼ] 신오쿠보(지명)
韓国料理 [かんこくりょうり] 한국 음식 **食べる** [たべる] 먹다
いい 좋다 **去年** [きょねん] 작년 **妻** [つま] 아내 **行く** [いく] 가다
時 [とき] 때 **サムギョプサル** 삼겹살 **とても** 엄청
おいしい 맛있다 **プルコギ** 불고기 **色んな** [いろんな] 여러 가지
そして 그리고 **ソウル** 서울 **旅行する** [りょこうする] 여행하다
キムチ作り [キムチづくり] 김치 만들기
色々だ [いろいろだ] 다양하다 **文化** [ぶんか] 문화
体験する [たいけんする] 체험하다 **私** [わたし] 저, 나
お店 [おみせ] 가게 **紹介する** [しょうかいする] 소개하다
夕方 [ゆうがた] 저녁 **人** [ひと] 사람 **多い** [おおい] 많다
電話 [でんわ] 전화 **予約する** [よやくする] 예약하다
お願いする [おねがいする] 부탁하다

2 야근하는 하루토를 격려하는 아카네

아카네 陽翔(はると)さん、帰(かえ)りませんか。

하루토 あ、せんぱい。まだ仕事(しごと)が残(のこ)っていて、これ全部(ぜんぶ)終(お)えてから帰(かえ)ります。

아카네 明日(あした)が締(し)め切(き)りですよね。

하루토 はい。チェックすることが多(おお)くてミスがないか心配(しんぱい)です。

아카네 陽翔(はると)さんほどきちょうめんな人(ひと)はいないですから、心配(しんぱい)ありません。

하루토 ありがとうございます。

아카네 明後日(あさって)からはちょうど週末(しゅうまつ)だからゆっくり休(やす)むことができますね。

하루토 そうでもないんですよ。ずっと残業(ざんぎょう)していたから家事(かじ)がたまって大変(たいへん)です。

아카네 分(わ)かります。一人(ひとり)ではやっぱり大変(たいへん)ですよね。

하루토 はい。実家(じっか)を離(はな)れてはじめて一人暮(ひとりぐ)らしの大変(たいへん)さを感(かん)じました。

2 아카네: 하루토 씨, 퇴근 안 해요?

하루토: 아, 선배. 아직 일이 남아 있어서, 이거 전부 끝내고 나서 돌아갈 게요.

아카네: 내일이 마감이죠?

하루토: 네. 체크할 것이 많아서 실수가 없을지 걱정이에요.

아카네: 하루토 씨만큼 꼼꼼한 사람은 없으니까, 걱정 없어요.

하루토: 감사합니다.

아카네 : 모레부터는 마침 주말이니까 푹 쉴 수 있겠네요.

하루토 : 그렇지도 않아요. 계속 야근했더니 집안일이 쌓여서 큰일이에요.

아카네: 이해해요. 혼자서는 역시 힘들죠.

하루토: 네. 본가를 떠나고 나서야 비로소 혼자 사는 것의 힘듦을 느꼈어요.

단어

2. **帰る** [かえる] 퇴근하다, (집으로) 돌아가다 **せんぱい** 선배 **まだ** 아직 **仕事** [しごと] 일 **残る** [のこる] 남다 **これ** 이거 **全部** [ぜんぶ] 전부 **終える** [おえる] 끝내다 **明日** [あした] 내일 **締め切り** [しめきり] 마감 **チェックする** 체크하다 **多い** [おおい] 많다 **ミス** 실수 **心配だ** [しんぱいだ] 걱정이다 **きちょうめんだ** 꼼꼼하다 **人** [ひと] 사람 **明後日** [あさって] 모레 **ちょうど** 마침 **週末** [しゅうまつ] 주말 **ゆっくり** 푹 **休む** [やすむ] 쉬다 **そうでもない** 그렇지도 않다 **ずっと** 계속 **残業する** [ざんぎょうする] 야근하다 **家事** [かじ] 집안일 **たまる** 쌓이다 **大変だ** [たいへんだ] 큰일이다, 힘들다 **分かる** [わかる] 이해하다, 알다 **一人** [ひとり] 혼자 **やっぱり** 역시 **実家** [じっか] 본가 **離れる** [はなれる] 떠나다 **一人暮らし** [ひとりぐらし] 혼자 사는 것 **大変さ** [たいへんさ] 힘듦 **感じる** [かんじる] 느끼다

연습문제로 실력 쑥쑥

Day8_연습문제로 실력 쑥쑥.mp3

1 일본어로 문장 써보기

제시된 문형을 활용하여 일본어 문장을 써 보세요. 그 다음 음성을 듣고 문장을 따라 읽어 보세요.

보기	～てから～ます	～てはじめて～ました	～ている間(あいだ)～ます

1) 아이를 낳고 나서야 비로소 부모의 마음을 이해할 수 있었습니다.
(아이 子供(こども) / 낳다 産(う)む / 부모 親(おや) / 마음 心(こころ) / 이해하다 理解(りかい)する / ~할 수 있습니다 ～ことができます)

____

2) 친구를 기다리는 동안 영화를 봅니다.
(친구 友達(ともだち) / 기다리다 待(ま)つ / 영화 映画(えいが) / 보다 見(み)る)

____

3) 일을 전부 끝내고 나서 돌아갑니다.
(일 仕事(しごと) / 전부 全部(ぜんぶ) / 끝내다 終(お)える / 돌아가다 帰(かえ)る)

____

2 문맥에 맞는 단어 골라 써보기 JLPT N3, N4 문자·어휘 / JPT 독해 대비 유형

문맥에 가장 알맞은 단어를 보기에서 골라 문장을 완성해 보세요. 그 다음 음성을 듣고 문장을 따라 읽어 보세요.

보기	終(お)える	運転(うんてん)する	離(はな)れる	並(なら)ぶ

1) 車(くるま)を ________ ている間制限速度(あいだせいげんそくど)に注意(ちゅうい)しています。

2) 今(いま)やっている仕事(しごと)を ________ てから帰(かえ)ります。

3) 実家(じっか)を ________ てはじめて一人暮(ひとりぐ)らしの大変(たいへん)さを感(かん)じました。

3 질문 듣고 알맞은 답변 고르기 JLPT N3, N4 청해 / JPT 청해 대비 유형

음성으로 들려주는 질문을 잘 듣고 알맞은 대답을 고르세요.

1) ① ②

2) ① ②

4 빈칸 채우기 JLPT N3, N4 문법 / JPT 독해 대비 유형

빈칸에 들어갈 가장 알맞은 단어를 골라 문장을 완성하세요. 그 다음 음성을 듣고 문장을 따라 읽어 보세요.

1) 食堂の前で順番を（　　　）間メニューを選んでいました。

① 待って　② 待ってから　③ 待っている

2) アルバイトを（　　　）はじめてお金の大切さが分かりました。

① する　② して　③ しない

5 문장 완성하기 JLPT N3, N4 문법 대비 유형

선택지를 올바르게 배열하여 문장을 완성한 다음 ★ 에 들어갈 선택지를 고르세요.

1) シフトとお休みはスタッフ ＿＿ ＿＿ ★ ＿＿ 。

① 話し合って　② 決めます　③ 全員で　④ から

2) カレンダーを ＿＿ ★ ＿＿ ＿＿ ことに気づきました。

① 見て　② 母の誕生日が　③ はじめて　④ 過ぎた

정답

1 1) 子供を産んではじめて親の心を理解することができました。
2) 友達を待っている間映画を見ます。
3) 仕事を全部終えてから帰ります。
2 1) 運転し　2) 終え　3) 離れ
3 1) ②　2) ①
4 1) ③ 待っている　2) ② して
5 1) ④ から　2) ③ はじめて

연습문제 해석 p.253

<해커스 일본어 첫걸음> 어플로
DAY 8에서 학습한 내용을
복습해보세요!

Day 9

신발을 신은 채 방에 들어갔습니다.

한 번에 학습하기

くつをはいたまま部屋(へや)に入(はい)りました。

이게, 뭐예요?
これ、何(なん)ですか。
코코짱이 신발을 신은 채 방에 들어갔습니다.
ここちゃんがくつをはいたまま部屋(へや)に入(はい)りました。

이런 말을 할 수 있어요.

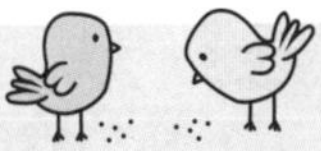

문형 1

신발을 신은 채 방에 들어갔습니다.

へや　はい
くつをはいたまま部屋に入りました。

문형 2

그는 나의 이야기를 듣자마자 웃기 시작했습니다.

かれ　わたし　はなし　き　わら　だ
彼は私の話を聞いたとたん笑い出しました。

문형 3

피곤할 때는 집에서 푹 쉬는 편이 좋습니다.

つか　とき　いえ　やす
疲れた時は家でぐっすり休んだほうがいいです。

오늘은, 상태를 말할 때, 순간적인 변화를 말할 때, 조언을 할 때 사용하는 문형을 배워 볼 거예요.

문형1 [동사 た형] たまま [동사 ます형] ました。~한 채 ~했습니다. (상태)

문형2 [동사 た형] たとたん [동사 ます형] ました。~하자마자 ~했습니다. (순간적인 변화)

문형3 [동사 た형] たほうがいいです。~하는 편이 좋습니다. (조언)

오늘의 문형을 배우면 '신발을 신은 채 방에 들어갔습니다', '이야기를 듣자마자 웃기 시작했습니다', '집에서 쉬는 편이 좋습니다'와 같은 말을 할 수 있어요.

※ 오른쪽 QR코드로 동사의 た형에 대해 다시 한 번 학습해 보세요.

동사의 활용1
강의 바로가기

말이 술술 쏟아지는 문형

🎧 음성을 듣고 문장을 큰 소리로 따라 말해 보세요.

문형 1

🎧 Day9_말이 술술 문형1.mp3

신발을 신은 채 방에 들어갔습니다.

くつをはいたまま部屋(へや)に入(はい)りました。

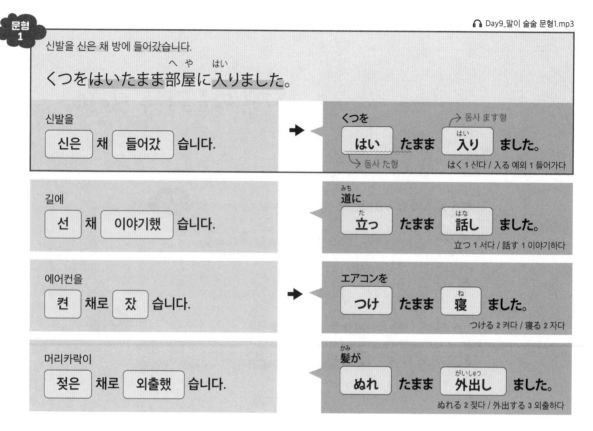

신발을 [신은] 채 [들어갔]습니다.	くつを [はい] たまま [入(はい)り] ました。 (はい: 동사 た형 / 入り: 동사 ます형) はく 1 신다 / 入る 예외 1 들어가다
길에 [선] 채 [이야기했]습니다.	道(みち)に [立(た)っ] たまま [話(はな)し] ました。 立つ 1 서다 / 話す 1 이야기하다
에어컨을 [켠] 채로 [잤]습니다.	エアコンを [つけ] たまま [寝(ね)] ました。 つける 2 켜다 / 寝る 2 자다
머리카락이 [젖은] 채로 [외출했]습니다.	髪(かみ)が [ぬれ] たまま [外出(がいしゅつ)し] ました。 ぬれる 2 젖다 / 外出する 3 외출하다

문형 탐구하기 🎧

1. 우리말 "신은 채 들어갔습니다."는 일본어로 "はいたまま入(はい)りました。"예요. 여기서 はいた는 동사 はく(신다)의 た형이에요. 이처럼 동사 た형 뒤에 まま를 붙여 'AたままBました'라고 하면 'A한 채 B했습니다'라는 뜻의 말이 돼요.

+플러스포인트 1. '~하지 않은 채'라고 말할 때는 동사 ない형 뒤에 ないまま를 붙이면 돼요.

예 分(わ)かる 알다 → 理由(りゆう)も**分(わ)からないまま**失恋(しつれん)しました。이유도 **모른 채** 실연했습니다.

2. ままは 명사 뒤에 붙여 このまま(이대로), そのまま(그대로), 昔(むかし)のまま(옛날 그대로)와 같이 사용하기도 해요.

2. ～たまま～ました。(~한 채 ~했습니다.)를 사용한 아래 문장들도 따라 말해 보아요.

- パジャマを着(き)**たまま**出(で)かけ**ました。** 파자마를 입은 **채로** 나갔**습니다.** 着る [きる] 입다
- 画面(がめん)が割(わ)れ**たまま**使(つか)い**ました。** 화면이 깨진 **채로** 사용했**습니다.** 割れる [われる] 깨지다
- その人(ひと)は電車(でんしゃ)に傘(かさ)を置(お)い**たまま**降(お)り**ました。** 그 사람은 전철에 우산을 둔 **채** 내렸**습니다.** 置く [おく] 두다

문형 활용 긴 문장 말하기

앞서 학습한 문형과 여러 단어 및 표현을 함께 사용하여 긴 문장을 말해 보아요.

Day9_긴 문장1.mp3

미국인 친구가 신발을 신은 채 방에 들어갔습니다.

じん ともだち へや はい

アメリカ人の友達がくつをはいたまま部屋に入りました。

친구와 길에 선 채 1시간이나 이야기했습니다.

ともだち みち た いち じかん はな

友達と道に立ったまま 1 時間も話しました。

어젯밤 에어컨을 켠 채로 자 버렸습니다.

さくや ね

昨夜エアコンをつけたまま寝てしまいました。

* 동사 て형+しまいました ~해 버렸습니다

시간이 없어서 머리카락이 젖은 채로 외출했습니다.

じかん かみ がいしゅつ

時間がなくて髪がぬれたまま外出しました。

남동생이 이유도 모른 채 실연해서 괴로워하고 있습니다.

おとうと りゆう わ しつれん くる

弟 が理由も分からないまま失恋して苦しんでいます。

苦しむ(괴로워하다)의 て형

단어 ✔

アメリカ人 [アメリカじん] 미국인 友達 [ともだち] 친구 くつ 신발 はく 신다 部屋 [へや] 방 入る [はいる] 들어가다 道 [みち] 길 立つ [たつ] 서다 ~時間 [~じかん] ~시간 話す [はなす] 이야기하다 昨夜 [さくや] 어젯밤 エアコン 에어컨 つける 켜다 寝る [ねる] 자다 時間 [じかん] 시간 ない 없다 髪 [かみ] 머리카락 ぬれる 젖다 外出する [がいしゅつする] 외출하다 弟 [おとうと] 남동생 理由 [りゆう] 이유 分かる [わかる] 알다 失恋する [しつれんする] 실연하다 苦しむ [くるしむ] 괴로워하다

말이 술술 쏟아지는 문형

🎧 음성을 듣고 문장을 큰 소리로 따라 말해 보세요.

문형 2

🎧 Day9_말이 술술 문형2.mp3

그는 나의 이야기를 듣자마자 웃기 시작했습니다.

彼(かれ)は私(わたし)の話(はなし)を聞(き)いたとたん笑(わら)い出(だ)しました。

이야기를 [듣] 자마자 [웃기 시작했] 습니다.	話(はなし)を [聞(き)い] たとたん [笑(わら)い出(だ)し] ました。 (聞い → 동사 た형 / 笑い出し → 동사 ます형) 聞く 1 듣다 / 笑い出す 1 웃기 시작하다
버튼을 [누르] 자마자 [꺼졌] 습니다.	ボタンを [押(お)し] たとたん [消(き)え] ました。 押す 1 누르다 / 消える 2 꺼지다
장난감이 [만지] 자마자 [부서졌] 습니다.	おもちゃが [触(さわ)っ] たとたん [こわれ] ました。 触る 1 만지다 / こわれる 2 부서지다
밖에 [나오] 자마자 [내리기 시작했] 습니다.	外(そと)に [出(で)] たとたん [降(ふ)り出(だ)し] ました。 出る 2 나오다 / 降り出す 1 (비, 눈이) 내리기 시작하다

문형 탐구하기 🎧

1. 우리말 "듣자마자 웃기 시작했습니다."는 일본어로 "聞(き)いたとたん笑(わら)い出(だ)しました。"예요. 이처럼 동사 た형 뒤에 とたん을 붙여 'Aたとたん Bました'라고 하면 'A하자마자 B했습니다'라는 뜻의 말이 돼요.

'~たとたん' 뒤에 急(きゅう)に(갑자기), 突然(とつぜん)(돌연)과 같은 말과 함께 쓰면 더욱 자연스럽게 말할 수 있어요.

2. ~たとたん~ました。(~하자마자 ~했습니다.)를 사용한 아래 문장들도 따라 말해 보아요.

- ベッドに入(はい)っ**たとたん**眠(ねむ)り**ました**。 침대에 들어가**자마자** 잠들었**습니다**. 入る [はいる] 들어가다
- やせた彼(かれ)の顔(かお)を見(み)**たとたん**おどろき**ました**。 야윈 그의 얼굴을 보**자마자** 놀랐**습니다**. 見る [みる] 보다
- いすから立(た)ち上(あ)がっ**たとたん**めまいがし**ました**。 의자에서 일어나**자마자** 현기증이 났**습니다**.

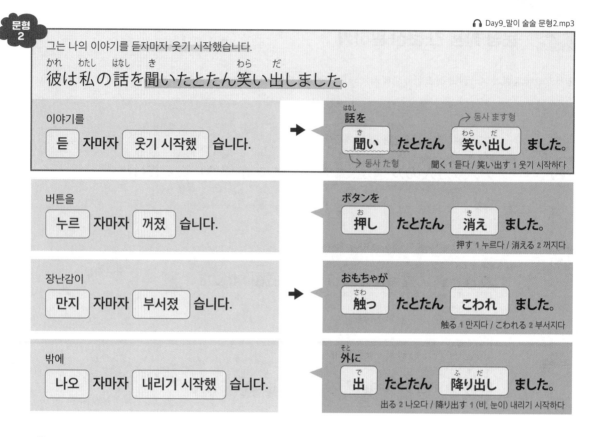

立ち上がる [たちあがる] 일어나다, 일어서다

문형 활용 긴 문장 말하기

앞서 학습한 문형과 여러 단어 및 표현을 함께 사용하여 긴 문장을 말해 보아요.

Day9_긴 문장2.mp3

선생님의 이야기를 듣자마자 학생들은 웃기 시작했습니다.

せんせい　はなし　き　がくせい　わら　だ
先生の話を聞いたとたん学生たちは笑い出しました。

복사기의 버튼을 누르자마자 갑자기 화면이 꺼졌습니다.

き　お　きゅう　がめん　き
コピー機のボタンを押したとたん急に画面が消えました。

창고에 있던 오래된 장난감이 만지자마자 부서져 버렸습니다.

そうこ　ふる　さわ
倉庫にあった古いおもちゃが触ったとたんこわれてしまいました。

* 동사 て형+しまいました ~해 버렸습니다

밖에 나오자마자 돌연 비가 강하게 내리기 시작했습니다.

そと　で　とつぜんあめ　つよ　ふ　だ
外に出たとたん突然雨が強く降り出しました。

어젯밤은 피곤해서 침대에 들어가자마자 잠들어 버렸습니다.

さくや　つか　はい　ねむ
昨夜は疲れていてベッドに入ったとたん眠ってしまいました。

* 동사 て형+しまいました ~해 버렸습니다

단어 ✔

先生 [せんせい] 선생님　話 [はなし] 이야기　聞く [きく] 듣다　学生たち [がくせいたち] 학생들　笑い出す [わらいだす] 웃기 시작하다
コピー機 [コピーき] 복사기　ボタン 버튼　押す [おす] 누르다　急に [きゅうに] 갑자기　画面 [がめん] 화면　消える [きえる] 꺼지다　倉庫 [そうこ] 창고
ある 있다　古い [ふるい] 오래되다　おもちゃ 장난감　触る [さわる] 만지다　こわれる 부서지다　外 [そと] 밖　出る [でる] 나오다　突然 [とつぜん] 돌연
雨 [あめ] 비　強い [つよい] 강하다　降り出す [ふりだす] (비, 눈이) 내리기 시작하다　昨夜 [さくや] 어젯밤　疲れる [つかれる] 피곤하다　ベッド 침대
入る [はいる] 들어가다　眠る [ねむる] 잠들다

말이 술술 쏟아지는 문형

음성을 듣고 문장을 큰 소리로 따라 말해 보세요.

문형 3

Day9_말이 술술 문형3.mp3

피곤할 때는 집에서 푹 쉬는 편이 좋습니다.

疲(つか)れた時(とき)は家(いえ)でぐっすり休(やす)んだほうがいいです。

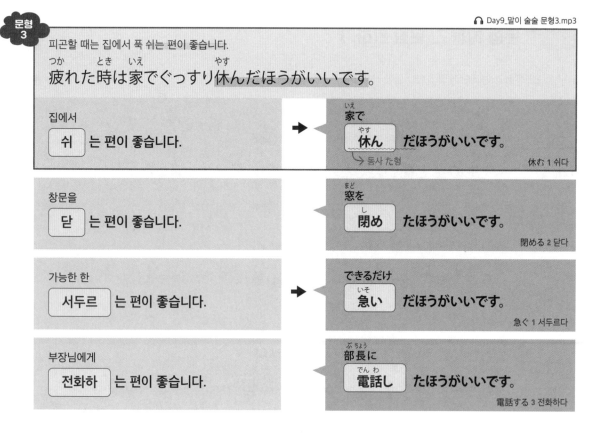

집에서 [쉬]는 편이 좋습니다.	→	家(いえ)で [休(やす)ん]だほうがいいです。 동사 た형 休む 1 쉬다
창문을 [닫]는 편이 좋습니다.		窓(まど)を [閉(し)め]たほうがいいです。 閉める 2 닫다
가능한 한 [서두르]는 편이 좋습니다.	→	できるだけ [急(いそ)い]だほうがいいです。 急ぐ 1 서두르다
부장님에게 [전화하]는 편이 좋습니다.		部長(ぶちょう)に [電話(でんわ)し]たほうがいいです。 電話する 3 전화하다

문형 탐구하기

1. 우리말 "쉬는 편이 좋습니다."는 일본어로 "休(やす)んだほうがいいです。"예요. 이처럼 동사 た형 뒤에 ほうがいいです를 붙이면 '~하는 편이 좋습니다'라는 뜻으로 조언이나 충고를 나타내는 말이 돼요.

아직 일어나지 않은 내용으로 조언이나 충고를 하지만, 동사의 과거형인 た형을 쓰는 것에 유의해요. 또한, 손윗사람에게는 사용하지 않아요.

+플러스포인트 '~하지 않는 편이 좋습니다'라고 말할 때는 동사 ない형 뒤에 ないほうがいいです를 붙이면 돼요.

예 お風呂(ふろ)に入(はい)る 목욕하다 → お風呂(ふろ)に入(はい)ら**ないほうがいいです**。 목욕하지 **않는 편이 좋습니다**.

2. ~たほうがいいです。(~하는 편이 좋습니다.)를 사용한 아래 문장들도 따라 말해 보아요.

- フォークを使(つか)っ**たほうがいいです**。 포크를 사용하는 **편이 좋습니다**. 使う [つかう] 사용하다
- 早(はや)く入院(にゅういん)し**たほうがいいです**。 얼른 입원하는 **편이 좋습니다**. 入院する [にゅういんする] 입원하다
- 水(みず)を節約(せつやく)し**たほうがいいです**。 물을 절약하는 **편이 좋습니다**. 節約する [せつやくする] 절약하다

문형 활용 긴 문장 말하기

앞서 학습한 문형과 여러 단어 및 표현을 함께 사용하여 긴 문장을 말해 보아요.

Day9_긴 문장3.mp3

몸 상태가 안 좋을 때는 집에서 쉬는 편이 좋습니다.

たいちょう　わる　とき　いえ　やす
体調が悪い時は家で休んだほうがいいです。

바람이 세니까 창문을 닫는 편이 좋습니다.

かぜ　つよ　まど　し
風が強いから窓を閉めたほうがいいです。

통근 시간대는 길이 붐비니까 가능한 한 서두르는 편이 좋습니다.

つうきん じ かんたい　みち　こ　いそ
通勤時間帯は道が込むからできるだけ急いだほうがいいです。

이런 때는 부장님에게 전화하는 편이 좋습니다.

とき　ぶ ちょう　でん わ
こういう時は部長に電話したほうがいいです。

열이 있을 때는 목욕하지 않는 편이 좋습니다.

ねつ　とき　ふ ろ　はい
熱がある時はお風呂に入らないほうがいいです。

단어 ✔

体調 [たいちょう] 몸 상태　悪い [わるい] 안 좋다, 나쁘다　時 [とき] 때　家 [いえ] 집　休む [やすむ] 쉬다　風 [かぜ] 바람　強い [つよい] 세다, 강하다
窓 [まど] 창문　閉める [しめる] 닫다　通勤時間帯 [つうきんじかんたい] 통근 시간대　道 [みち] 길　込む [こむ] 붐비다　できるだけ 가능한 한
急ぐ [いそぐ] 서두르다　こういう 이런　部長 [ぶちょう] 부장(님)　電話する [でんわする] 전화하다　熱がある [ねつがある] 열이 있다
お風呂に入る [おふろにはいる] 목욕하다

실생활 회화 자동발사!

Day9_실생활 회화 자동발사.mp3

먼저 듣기용 mp3로 대화를 들어 보며 어떤 내용인지 생각해 보세요. 그 다음 따라 말하기용 mp3로 따라 말해 보세요.

1 아파서 병원에 온 지수

의사: 今日(きょう)はどうしましたか。

지수: 熱(ねつ)があって、はなみずも出(で)ます。昨夜(さくや)エアコンをつけたまま寝(ね)てしまいました。

의사: 口(くち)を開(あ)けてください。えーと、かぜですね。お湯(ゆ)をたくさん飲(の)んで、ぐっすり休(やす)んでください。

지수: はい。今晩(こんばん)お風呂(ふろ)に入(はい)ってもいいですか。

의사: いいえ。熱(ねつ)がある時(とき)はお風呂(ふろ)に入(はい)らないほうがいいです。

지수: はい。分(わ)かりました。

의사: 薬(くすり)は三日分(みっかぶん)です。はなみずの薬(くすり)が入(はい)っていますから、薬(くすり)を飲(の)んだあとは少(すこ)し眠(ねむ)くなるかもしれません。お大事(だいじ)に。

→ '몸조리 잘하세요'라는 뜻으로 건강을 기원하는 인사말이에요.

1 의사 : 오늘은 무슨 일인가요?

지수 : 열이 있고, 콧물도 나와요. 어젯밤 에어컨을 켠 채로 자 버렸어요.

의사 : 입을 벌려 주세요. 음, 감기네요. 따뜻한 물을 많이 마시고, 푹 쉬어 주세요.

지수 : 네. 오늘 밤 목욕을 해도 될까요?

의사 : 아니요. 열이 있을 때는 목욕하지 않는 편이 좋습니다.

지수 : 네. 알겠습니다.

의사 : 약은 3일분입니다. 콧물 약이 들어 있기 때문에, 약을 먹은 후에는 조금 졸려질 수도 있어요. 몸조리 잘하세요.

단어

1. **今日** [きょう] 오늘 **どうしましたか** 무슨 일인가요?
熱がある [ねつがある] 열이 있다 **はなみず** 콧물
出る [でる] 나오다 **昨夜** [さくや] 어젯밤 **エアコン** 에어컨
つける 켜다 **寝る** [ねる] 자다 **口** [くち] 입
開ける [あける] 벌리다, 열다 **かぜ** 감기
お湯 [おゆ] 따뜻한 물 **たくさん** 많이 **飲む** [のむ] 마시다
ぐっすり 푹 **休む** [やすむ] 쉬다 **今晩** [こんばん] 오늘 밤
お風呂に入る [おふろにはいる] 목욕을 하다
時 [とき] 때 **分かる** [わかる] 알다 **薬** [くすり] 약
三日分 [みっかぶん] 3일분 **入る** [はいる] 들다
少し [すこし] 조금 **眠い** [ねむい] 졸리다

2 편의점 복사기를 이용하려는 하루토

하루토: あれ?ジスさんちょっとこれを見(み)てください。

지수: 陽翔(はると)さん、何(なに)かありましたか。

하루토: コピー機(き)のボタンを押(お)したとたん急(きゅう)に画面(がめん)が消(き)えました。

지수: あ、最近(さいきん)よくこうなるんです。ちょっと待(ま)ってください。電源(でんげん)を切(き)ってからまたつけてみます。

하루토: ええ、急(いそ)がなくても大丈夫(だいじょうぶ)です。

지수: あれ?だめですね。どうしよう…。

하루토: うーん、これは店長(てんちょう)に電話(でんわ)したほうがいいと思(おも)います。

지수: そうですね。ごめんなさい。

하루토: いいえ、大丈夫(だいじょうぶ)です。近(ちか)くに他(ほか)のコンビニもありますから。

2 하루토 : 어? 지수 씨 잠깐 이걸 봐 주세요.

지수 : 하루토 씨, 무슨 일 있나요?

하루토 : 복사기의 버튼을 누르자마자 갑자기 화면이 꺼졌어요.

지수 : 아, 요즘 자주 이렇게 돼요. 잠깐 기다려 주세요. 전원을 끄고 나서 다시 켜 볼게요.

하루토 : 네, 서두르지 않아도 괜찮아요.

지수 : 어? 안 되네요. 어쩌지….

하루토 : 음, 이것은 점장님에게 전화하는 편이 좋을 것 같아요.

지수 : 그렇네요. 미안해요.

하루토 : 아뇨, 괜찮아요. 근처에 다른 편의점도 있으니까요.

단어

2. **ちょっと** 잠깐 **これ** 이것 **見る** [みる] 보다
コピー機 [コピーき] 복사기 **ボタン** 버튼
押す [おす] 누르다 **急に** [きゅうに] 갑자기
画面 [がめん] 화면 **消える** [きえる] 꺼지다
最近 [さいきん] 요즘, 최근 **よく** 자주 **こう** 이렇게
なる 되다 **待つ** [まつ] 기다리다 **電源** [でんげん] 전원
切る [きる] 끄다 **また** 다시 **つける** 켜다
急ぐ [いそぐ] 서두르다
大丈夫だ [だいじょうぶだ] 괜찮다 **だめだ** 안 되다
どうしよう 어쩌지 **店長** [てんちょう] 점장(님)
電話する [でんわする] 전화하다
ごめんなさい 미안해요 **近く** [ちかく] 근처
他 [ほか] 다름 **コンビニ** 편의점 **ある** 있다

연습문제로 실력 쑥쑥

Day9_연습문제로 실력 쑥쑥.mp3

1 일본어로 문장 써보기

제시된 문형을 활용하여 일본어 문장을 써 보세요. 그 다음 음성을 듣고 문장을 따라 읽어 보세요.

보기	～たとたん～ました	～たまま～ました	～たほうがいいです

1) 창고에 있던 오래된 장난감이 만지자마자 부서져 버렸습니다.
(창고 倉庫(そうこ) / 있다 ある / 오래되다 古(ふる)い / 장난감 おもちゃ / 만지다 触(さわ)る / 부서지다 こわれる / ~해 버렸습니다 ~てしまいました)

____

2) 친구와 길에 선 채 1시간이나 이야기했습니다.
(친구 友達(ともだち) / 길 道(みち) / 서다 立(た)つ / 1시간 1時間(いちじかん) / 이야기하다 話(はな)す)

____

3) 몸 상태가 안 좋을 때는 집에서 쉬는 편이 좋습니다.
(몸 상태 体調(たいちょう) / 안 좋다 悪(わる)い / 때 時(とき) / 집 家(いえ) / 쉬다 休(やす)む)

____

2 문맥에 맞는 단어 골라 써보기 JLPT N3, N4 문자·어휘 / JPT 독해 대비 유형

문맥에 가장 알맞은 단어를 보기에서 골라 문장을 완성해 보세요. 그 다음 음성을 듣고 문장을 따라 읽어 보세요.

보기	はく	押(お)す	電話(でんわ)する	出(で)る

1) コピー機(き)のボタンを ________ たとたん急(きゅう)に画面(がめん)が消(き)えました。

2) こういう時(とき)は部長(ぶちょう)に ________ たほうがいいです。

3) くつを ________ たまま部屋(へや)に入(はい)りました。

3 질문 듣고 알맞은 답변 고르기 JLPT N3, N4 청해 / JPT 청해 대비 유형

음성으로 들려주는 질문을 잘 듣고 알맞은 대답을 고르세요.

1) ① ②

2) ① ②

4 빈칸 채우기 JLPT N3, N4 문법 / JPT 독해 대비 유형

빈칸에 들어갈 가장 알맞은 단어를 골라 문장을 완성하세요. 그 다음 음성을 듣고 문장을 따라 읽어 보세요.

1) 時間(じかん)がなくて髪(かみ)がぬれ (　　　) 外出(がいしゅつ)しました。

① たほう　② たとたん　③ たまま

2) 昨夜(さくや)は疲(つか)れていてベッドに (　　　) とたん眠(ねむ)ってしまいました。

① 入(はい)って　② 入(はい)った　③ 入(はい)り

5 문장 완성하기 JLPT N3, N4 문법 대비 유형

선택지를 올바르게 배열하여 문장을 완성한 다음 ＿★＿에 들어갈 선택지를 고르세요.

1) 熱(ねつ)がある時(とき)は ＿＿ ＿★＿ ＿＿ ＿＿ です。

① いい　② お風呂(ふろ)に　③ 入(はい)らない　④ ほうが

2) 彼(かれ)は私(わたし)の ＿＿ ＿＿ ＿★＿ ＿＿ 笑(わら)い出(だ)しました。

① 聞(き)いた　② とたん　③ を　④ 話(はなし)

정답

1 1) 倉庫にあった古いおもちゃが触ったとたんこわれてしまいました。
2) 友達と道に立ったまま1時間も話しました。
3) 体調が悪い時は家で休んだほうがいいです。
2 1) 押し　2) 電話し　3) はい
3 1) ②　2) ①
4 1) ③ たまま　2) ② 入った
5 1) ③ 入らない　2) ① 聞いた

연습문제 해석 p.254

<해커스 일본어 첫걸음> 어플로
DAY 9에서 학습한 내용을
복습해보세요!

Day 10

친구를 만나기 위해 교토에 갑니다.

友達(ともだち)に会(あ)うために
京都(きょうと)へ行(い)きます。

한 번에 학습하기

이런 말을 할 수 있어요.

친구를 만나기 위해 교토에 갑니다.

ともだち　あ　きょうと　い
友達に会うためにに京都へ行きます。

문형 1

다음 달부터 피아노를 배우기로 했습니다.

らいげつ　なら
来月からピアノを習うことにしました。

문형 2

내일은 더 일찍 일어나도록 하겠습니다.

あした　はや　お
明日はもっと早く起きるようにします。

문형 3

오늘은, 목적을 말할 때, 결정 사항을 말할 때, 자신의 의지를 말할 때 사용하는 문형을 배워 볼 거예요.

- 문형1 [동사 기본형] ために [동사 ます형] ます。 ~하기 위해 ~합니다. (목적)
- 문형2 [동사 기본형] ことにしました。 ~하기로 했습니다. (결정 사항)
- 문형3 [동사 기본형] ようにします。 ~하도록 하겠습니다. (의지)

오늘의 문형을 배우면 '친구를 만나기 위해 교토에 갑니다', '피아노를 배우기로 했습니다', '일찍 일어나도록 하겠습니다'와 같은 말을 할 수 있어요.

말이 술술 쏟아지는 문형

음성을 듣고 문장을 큰 소리로 따라 말해 보세요.

문형 1 Day10_말이 술술 문형1.mp3

친구를 만나기 위해 교토에 갑니다.

友達(ともだち)に会(あ)うために京都(きょうと)へ行(い)きます。

친구를 [만나] 기 위해 [갑] 니다. ➡ 友達(ともだち)に [会(あ)う] ために [行(い)き] ます。

(会う: 동사 기본형 / 行き: 동사 ます형)

会う 1 만나다 / 行く 1 가다

집을 [사] 기 위해 [저금합] 니다. → 家(いえ)を [買(か)う] ために [貯金(ちょきん)し] ます。

買う 1 사다 / 貯金する 3 저금하다

의견을 [듣] 기 위해 [조사합] 니다. ➡ 意見(いけん)を [聞(き)く] ために [調査(ちょうさ)し] ます。

聞く 1 듣다 / 調査する 3 조사하다

인공 지능에 대해 [연구하] 기 위해 [진학합] 니다. → 人工知能(じんこうちのう)について [研究(けんきゅう)する] ために [進学(しんがく)し] ます。

研究する 3 연구하다 / 進学する 3 진학하다

문형 탐구하기

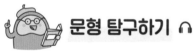

1. 우리말 "만나기 위해 갑니다."는 일본어로 "会(あ)うために行(い)きます。"예요. 이처럼 동사 기본형 뒤에 ために를 붙여 'AためにBます'라고 하면 'A하기 위해 B합니다'라는 뜻으로 목적을 나타내는 말이 돼요.

+플러스포인트 ために는 동사 기본형 외에 명사 뒤에도 붙여 쓸 수 있어요. 이때는 명사 뒤에 の를 붙여요.

예 誕生日(たんじょうび)パーティー 생일 파티 → 誕生日(たんじょうび)パーティー**のために**準備(じゅんび)します。생일 파티**를 위해** 준비합니다.

2. ～ために～ます。(~하기 위해 ~합니다.)를 사용한 아래 문장들도 따라 말해 보아요.

- カレーを作(つく)る**ために**買(か)い**ます**。 카레를 만들**기 위해** 삽**니다**.
- 試験(しけん)に合格(ごうかく)する**ために**勉強(べんきょう)し**ます**。 시험에 합격하**기 위해** 공부합**니다**.
- 海外旅行(かいがいりょこう)に行(い)く**ために**アルバイトし**ます**。 해외 여행을 가**기 위해** 아르바이트합**니다**.

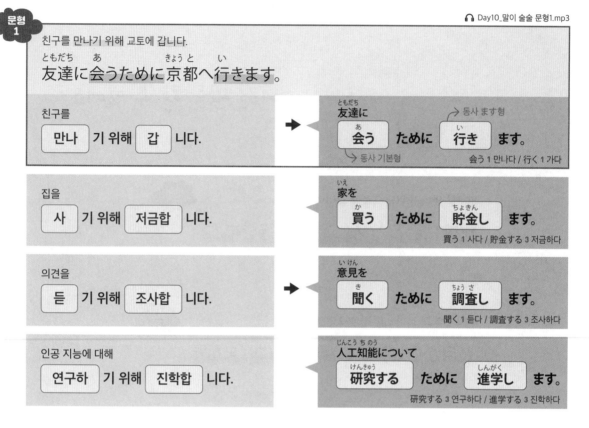

문형 활용 긴 문장 말하기

앞서 학습한 문형과 여러 단어 및 표현을 함께 사용하여 긴 문장을 말해 보아요.

Day10_긴 문장1.mp3

대학 친구들을 만나기 위해 동창회에 갑니다.
だいがく　ともだち　あ　どうそうかい　い
大学の友達に会うために同窓会に行きます。

도쿄도 내에 집을 사기 위해 매월 저금하고 있습니다.
とうきょう と ない　いえ　か　まいつきちょきん
東京都内に家を買うために毎月貯金しています。

고객의 의견을 듣기 위해 일주일간 조사했습니다.
きゃく　いけん　き　いっしゅうかんちょう さ
お客さんの意見を聞くために一週間調査しました。

인공 지능에 대해 깊이 연구하기 위해 대학원에 진학합니다.
じんこう ち のう　ふか　けんきゅう　だいがくいん　しんがく
人工知能について深く研究するために大学院に進学します。

카레를 만들기 위해 슈퍼에서 재료를 삽니다.
つく　ざいりょう　か
カレーを作るためにスーパーで材料を買います。

단어 ✔

大学 [だいがく] 대학　友達 [ともだち] 친구(들)　会う [あう] 만나다　同窓会 [どうそうかい] 동창회　行く [いく] 가다　東京都内 [とうきょうとない] 도쿄도 내
家 [いえ] 집　買う [かう] 사다　毎月 [まいつき] 매월　貯金する [ちょきんする] 저금하다　お客さん [おきゃくさん] 고객　意見 [いけん] 의견
聞く [きく] 듣다　一週間 [いっしゅうかん] 일주일간　調査する [ちょうさする] 조사하다　人工知能 [じんこうちのう] 인공 지능　深い [ふかい] 깊다
研究する [けんきゅうする] 연구하다　大学院 [だいがくいん] 대학원　進学する [しんがくする] 진학하다　カレー 카레　作る [つくる] 만들다
スーパー 슈퍼　材料 [ざいりょう] 재료

말이 술술 쏟아지는 문형

🎧 음성을 듣고 문장을 큰 소리로 따라 말해 보세요.

문형 2

🎧 Day10_말이 술술 문형2.mp3

다음 달부터 피아노를 배우기로 했습니다.

来月(らいげつ)からピアノを習(なら)うことにしました。

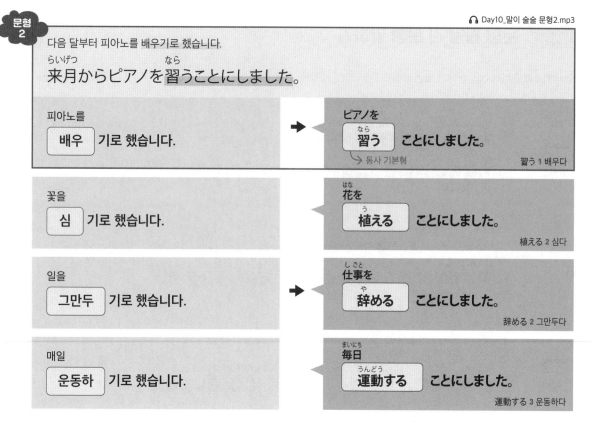

피아노를 **배우** 기로 했습니다.	ピアノを **習(なら)う** ことにしました。 ↳ 동사 기본형 習う 1 배우다
꽃을 **심** 기로 했습니다.	花(はな)を **植(う)える** ことにしました。 植える 2 심다
일을 **그만두** 기로 했습니다.	仕事(しごと)を **辞(や)める** ことにしました。 辞める 2 그만두다
매일 **운동하** 기로 했습니다.	毎日(まいにち) **運動(うんどう)する** ことにしました。 運動する 3 운동하다

문형 탐구하기 🎧

1. 우리말 "배우기로 했습니다."는 일본어로 "習(なら)うことにしました。"예요. 이처럼 동사 기본형 뒤에 ことにしました를 붙이면 '~하기로 했습니다' 라는 뜻으로 자신의 결정을 나타내는 말이 돼요.

+플러스포인트 1. 반대로 '~하지 않기로 했습니다'는 동사 ない형 뒤에 ないことにしました를 붙이면 돼요.

예 心配(しんぱい)する 걱정하다 → もう心配(しんぱい)し**ないことにしました**。더 이상 걱정하**지 않기로 했습니다**.

2. 자신의 결정을 완곡하게 말하거나, 다른 사람에 의해 결정된 것을 말할 때에는 동사 기본형 뒤에 ことになりました를 붙여요.

예 結婚(けっこん)する**ことになりました**。결혼하**게 되었습니다**. (결혼에 대한 자신의 결정을 완곡하게 표현함)

中国(ちゅうごく)に出張(しゅっちょう)する**ことになりました**。중국에 출장 가**게 되었습니다**. (회사의 결정으로 출장을 가게 됨)

2. ~ことにしました。(~하기로 했습니다.)를 사용한 아래 문장들도 따라 말해 보아요.

- 店員(てんいん)をやとう**ことにしました**。 점원을 고용하**기로 했습니다**.
- アイデアを集(あつ)める**ことにしました**。 아이디어를 모으**기로 했습니다**.
- 新製品(しんせいひん)について発表(はっぴょう)する**ことにしました**。 신제품에 대해 발표하**기로 했습니다**.

문형 활용 긴 문장 말하기

앞서 학습한 문형과 여러 단어 및 표현을 함께 사용하여 긴 문장을 말해 보아요. Day10_긴 문장2.mp3

큰맘 먹고 피아노를 배우기로 했습니다.

おも　き　なら
思い切ってピアノを習うことにしました。

정원에 어머니가 좋아하는 꽃을 심기로 했습니다.

にわ　はは　す　はな　う
庭に母が好きな花を植えることにしました。

어째서 지금 하고 있는 일을 그만두기로 했습니까?

いま　しごと　や
どうして今やっている仕事を辞めることにしましたか。

살을 빼기 위해 매일 1시간씩 운동하기로 했습니다.

まいにちいち じ かん　うんどう
やせるために毎日１時間ずつ運動することにしました。

할 수 있다고 믿고, 더 이상 걱정하지 않기로 했습니다.

しん　しんぱい
できると信じて、もう心配しないことにしました。

단어 ✔

思い切って [おもいきって] 큰맘 먹고　ピアノ 피아노　習う [ならう] 배우다　庭 [にわ] 정원　母 [はは] 어머니　好きだ [すきだ] 좋아하다　花 [はな] 꽃　植える [うえる] 심다　どうして 어째서　今 [いま] 지금　やる 하다　仕事 [しごと] 일　辞める [やめる] 그만두다　やせる 살을 빼다　毎日 [まいにち] 매일　~時間 [~じかん] ~시간　~ずつ ~씩　運動する [うんどうする] 운동하다　できる 할 수 있다　信じる [しんじる] 믿다　もう 더 이상　心配する [しんぱいする] 걱정하다

말이 술술 쏟아지는 문형

음성을 듣고 문장을 큰 소리로 따라 말해 보세요.

문형 3

Day10_말이 술술 문형3.mp3

내일은 더 일찍 일어나도록 하겠습니다.

明日(あした)はもっと早(はや)く起(お)きるようにします。

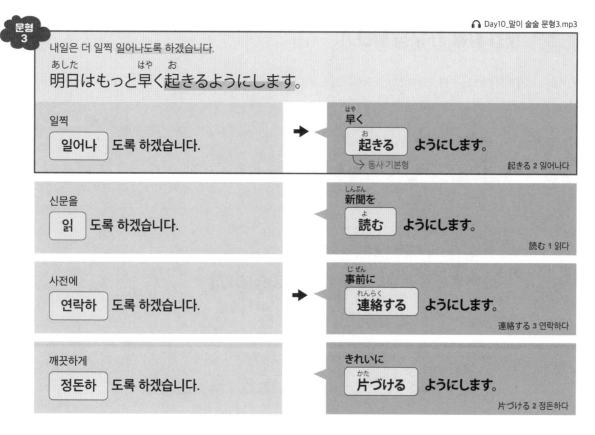

일찍 [일어나] 도록 하겠습니다.	早(はや)く [起(お)きる] ようにします。 → 동사 기본형 起きる 2 일어나다
신문을 [읽] 도록 하겠습니다.	新聞(しんぶん)を [読(よ)む] ようにします。 読む 1 읽다
사전에 [연락하] 도록 하겠습니다.	事前(じぜん)に [連絡(れんらく)する] ようにします。 連絡する 3 연락하다
깨끗하게 [정돈하] 도록 하겠습니다.	きれいに [片(かた)づける] ようにします。 片づける 2 정돈하다

문형 탐구하기

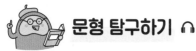

1. 우리말 "일어나도록 하겠습니다."는 일본어로 "起(お)きるようにします。"예요. 이처럼 동사 기본형 뒤에 ようにします를 붙이면 '~하도록 하겠습니다' 라는 뜻으로 향후 할 일에 대한 의지를 나타내는 말이 돼요.

여기서 ように가 '~하도록'이라는 뜻이에요.

+플러스포인트 '~하지 않도록 하겠습니다'라고 말할 때는 동사 ない형 뒤에 ないようにします를 붙이면 돼요.

예 食(た)べる 먹다 → 夜遅(よるおそ)く食(た)べ**ないようにします。** 밤늦게 먹**지 않도록 하겠습니다.**

2. ~ようにします。(~하도록 하겠습니다.)를 사용한 아래 문장들도 따라 말해 보아요.

- 正(ただ)しい言葉(ことば)を使(つか)う**ようにします。** 바른 말을 사용하**도록 하겠습니다.**
- 他(ほか)のチームと協力(きょうりょく)する**ようにします。** 다른 팀과 협력하**도록 하겠습니다.**
- その提案(ていあん)は断(ことわ)る**ようにします。** 그 제안은 거절하**도록 하겠습니다.**

문형 활용 긴 문장 말하기

앞서 학습한 문형과 여러 단어 및 표현을 함께 사용하여 긴 문장을 말해 보아요.

Day10_긴 문장3.mp3

내일부터 일찍 자고 일찍 일어나도록 하겠습니다.

あした　はや　ね　はや　お
明日から早く寝て早く**起きるようにします**。

사회인이 되고 나서는 매일 신문을 읽도록 하고 있습니다.

しゃかいじん　まいにちしんぶん　よ
社会人になってからは毎日新聞を**読むようにしています**。

* 명사+になります ~이 됩니다

스케줄 변경은 사전에 연락하도록 하겠습니다.

へんこう　じぜん　れんらく
スケジュールの変更は事前に**連絡するようにします**。

책상 위를 깨끗하게 정돈하도록 해 주세요.

うえ　かた
つくえの上をきれいに**片づけるようにしてください**。

건강을 위해 밤늦게 먹지 않도록 하고 있습니다.

けんこう　よるおそ　た
健康のために夜遅く**食べないようにしています**。

단어 ✔

明日 [あした] 내일　早く [はやく] 일찍　寝る [ねる] 자다　起きる [おきる] 일어나다　社会人 [しゃかいじん] 사회인　毎日 [まいにち] 매일　新聞 [しんぶん] 신문　読む [よむ] 읽다　スケジュール 스케줄　変更 [へんこう] 변경　事前に [じぜんに] 사전에　連絡する [れんらくする] 연락하다　つくえ 책상　上 [うえ] 위　きれいだ 깨끗하다　片づける [かたづける] 정돈하다　健康 [けんこう] 건강　夜遅い [よるおそい] 밤늦다　食べる [たべる] 먹다

실생활 회화 자동발사!

Day10_실생활 회화 자동발사.mp3

먼저 듣기용 mp3로 대화를 들어 보며 어떤 내용인지 생각해 보세요. 그 다음 따라 말하기용 mp3로 따라 말해 보세요.

1 업무 중인 하루토와 아카네

아카네 陽翔(はると)さん、何(なに)をしていますか。

하루토 あ、アンケートの結果(けっか)をまとめています。今連載中(いまれんさいちゅう)のまんがについて読者(どくしゃ)の意見(いけん)を聞(き)くために調査(ちょうさ)しました。いい意見(いけん)がたくさん集(あつ)まりました。

아카네 それはよかったですね。今月(こんげつ)の原稿(げんこう)の確認(かくにん)は終(お)わりましたか。

하루토 はい、もちろんです。…あれ？確(たし)かにここに置(お)いたのに…。

아카네 陽翔(はると)さん、つくえの上(うえ)はきれいに片(かた)づけるようにしてください。きれいなほうが仕事(しごと)もよくできますよ。

하루토 はい。最近忙(さいきんいそが)しくて片(かた)づけるひまがありませんでした。今(いま)やっている仕事(しごと)を終(お)えてからすぐ整理(せいり)します。

1 아카네 : 하루토 씨, 무엇을 하고 있어요?

하루토 : 아, 설문 조사의 결과를 정리하고 있어요. 지금 연재 중인 만화에 대해 독자의 의견을 듣기 위해 조사했어요. 좋은 의견이 많이 모였어요.

아카네 : 그건 잘 됐네요. 이번 달 원고 확인은 끝났어요?

하루토 : 네, 물론이죠. … 어라? 분명 여기에 두었는데….

아카네 : 하루토 씨, 책상 위는 깨끗하게 정돈하도록 해 주세요. 깨끗한 편이 일도 잘 돼요.

하루토 : 네. 요즘 바빠서 정돈할 틈이 없었어요. 지금 하고 있는 일을 끝내고 나서 바로 정리할게요.

단어

1. **アンケート** 설문 조사 **結果** [けっか] 결과 **まとめる** 정리하다 **今** [いま] 지금 **連載中** [れんさいちゅう] 연재 중 **まんが** 만화 **読者** [どくしゃ] 독자 **意見** [いけん] 의견 **聞く** [きく] 듣다 **調査する** [ちょうさする] 조사하다 **いい** 좋다 **たくさん** 많이 **集まる** [あつまる] 모이다 **それ** 그것 **よかった** 잘 됐다 **今月** [こんげつ] 이번 달 **原稿** [げんこう] 원고 **確認** [かくにん] 확인 **終わる** [おわる] 끝나다 **もちろん** 물론 **確かに** [たしかに] 분명 **ここ** 여기 **置く** [おく] 두다 **つくえ** 책상 **上** [うえ] 위 **きれいだ** 깨끗하다 **片づける** [かたづける] 정돈하다 **仕事** [しごと] 일 **よくできる** 잘 되다 **最近** [さいきん] 요즘, 최근 **忙しい** [いそがしい] 바쁘다 **ひま** 틈 **やる** 하다 **終える** [おえる] 끝내다 **すぐ** 바로 **整理する** [せいりする] 정리하다

2 편의점에 새 상품을 진열하는 지수와 점장

지수 わぁ、新(あたら)しいスイーツが出(で)ましたね。

점장 ええ。夏(なつ)にぴったりなもものロールケーキです。

지수 見(み)た目(め)もかわいいし、よく売(う)れると思(おも)います。

점장 そうですね。あとで食(た)べてみてもいいですよ。

지수 すごく食(た)べたいんですが、健康(けんこう)のためにしばらく甘(あま)いものは食(た)べないようにしています。

점장 えっ、本当(ほんとう)ですか。ジスさんが大好(だいす)きなスイーツですよ～?

지수 はい。でもがまんします。それから毎日運動(まいにちうんどう)することにしました。

점장 健康的(けんこうてき)な生活(せいかつ)はいいですが、ロールケーキを見(み)ても食(た)べないジスさんはなんか変(へん)ですね。

2 지수 : 와아, 새로운 디저트가 나왔네요.

점장 : 네. 여름에 딱 맞는 복숭아 롤케이크예요.

지수 : 모양도 귀엽고, 잘 팔릴 거라고 생각해요.

점장 : 그렇네요. 이따가 먹어 봐도 괜찮아요.

지수 : 엄청 먹고 싶지만, 건강을 위해 당분간 단 것은 먹지 않도록 하고 있어요.

점장 : 엇, 정말요? 지수 씨가 아주 좋아하는 디저트예요~?

지수 : 네. 하지만 참을게요. 그리고 매일 운동하기로 했어요.

점장 : 건강한 생활은 좋지만, 롤케이크를 보고도 먹지 않는 지수 씨는 왠지 이상하네요.

단어

2. **新しい** [あたらしい] 새롭다 **スイーツ** 디저트
出る [でる] 나오다 **夏** [なつ] 여름 **ぴったりだ** 딱 맞다
もも 복숭아 **ロールケーキ** 롤케이크
見た目 [みため] 모양, 외견 **かわいい** 귀엽다
売れる [うれる] 팔리다 **あとで** 이따가
食べる [たべる] 먹다 **すごく** 엄청 **健康** [けんこう] 건강
しばらく 당분간 **甘いもの** [あまいもの] 단 것
本当 [ほんとう] 정말 **大好きだ** [だいすきだ] 아주 좋아하다
でも 하지만 **がまんする** 참다 **それから** 그리고
毎日 [まいにち] 매일 **運動する** [うんどうする] 운동하다
健康的だ [けんこうてきだ] 건강하다
生活 [せいかつ] 생활 **いい** 좋다 **見る** [みる] 보다
なんか 왠지 **変だ** [へんだ] 이상하다

연습문제로 실력 쑥쑥

Day10_연습문제로 실력 쑥쑥.mp3

1 일본어로 문장 써보기

제시된 문형을 활용하여 일본어 문장을 써 보세요. 그 다음 음성을 듣고 문장을 따라 읽어 보세요.

보기 ~ために ~ます　　~ことにしました　　~ようにします

1) 친구를 만나기 위해 교토에 갑니다.
(친구 友達(ともだち) / 만나다 会(あ)う / 교토 京都(きょうと) / 가다 行(い)く)

____

2) 스케줄 변경은 사전에 연락하도록 하겠습니다.
(스케줄 スケジュール / 변경 変更(へんこう) / 사전에 事前(じぜん)に / 연락하다 連絡(れんらく)する)

____

3) 정원에 어머니가 좋아하는 꽃을 심기로 했습니다.
(정원 庭(にわ) / 어머니 母(はは) / 좋아하다 好(す)きだ / 꽃 花(はな) / 심다 植(う)える)

____

2 문맥에 맞는 단어 골라 써보기 JLPT N3, N4 문자·어휘 / JPT 독해 대비 유형

문맥에 가장 알맞은 단어를 보기에서 골라 문장을 완성해 보세요. 그 다음 음성을 듣고 문장을 따라 읽어 보세요.

보기 読(よ)む　　辞(や)める　　運動(うんどう)する　　会(あ)う

1) 大学(だいがく)の友達(ともだち)に ____________ ために同窓会(どうそうかい)に行(い)きます。

2) 社会人(しゃかいじん)になってからは毎日新聞(まいにちしんぶん)を ____________ ようにしています。

3) やせるために毎日(まいにち)1時間(いちじかん)ずつ ____________ ことにしました。

3 질문 듣고 알맞은 답변 고르기 [JLPT N3, N4 청해 / JPT 청해 대비 유형]

음성으로 들려주는 질문을 잘 듣고 알맞은 대답을 고르세요.

1) ① ②

2) ① ②

4 빈칸 채우기 [JLPT N3, N4 문법 / JPT 독해 대비 유형]

빈칸에 들어갈 가장 알맞은 단어를 골라 문장을 완성하세요. 그 다음 음성을 듣고 문장을 따라 읽어 보세요.

1) つくえの上(うえ)をきれいに片(かた)づける (　　　) してください。

① ように　② ための　③ こと

2) 人工知能(じんこうちのう)について深(ふか)く (　　　) ために大学院(だいがくいん)に進学(しんがく)します。

① 研究(けんきゅう)し　② 研究(けんきゅう)しない　③ 研究(けんきゅう)する

5 문장 완성하기 [JLPT N3, N4 문법 대비 유형]

선택지를 올바르게 배열하여 문장을 완성한 다음 ★ 에 들어갈 선택지를 고르세요.

1) 健康(けんこう)の ＿＿ ＿＿ ★ ＿＿ しています。

① ために　② 食(た)べない　③ ように　④ 夜遅(よるおそ)く

2) 東京都内(とうきょうとない)に ＿＿ ＿＿ ★ ＿＿ 毎月貯金(まいつきちょきん)しています。

① 買(か)う　② ために　③ を　④ 家(いえ)

DAY 10

해커스 일본어 첫걸음 떼고 한 걸음 더

<해커스 일본어 첫걸음> 어플로 DAY 10에서 학습한 내용을 복습해보세요!

정답

1 1) 友達に会うために京都へ行きます。
2) スケジュールの変更は事前に連絡するようにします。
3) 庭に母が好きな花を植えることにしました。
2 1) 会う　2) 読む　3) 運動する
3 1) ②　2) ②
4 1) ① ように　2) ③ 研究する
5 1) ② 食べない　2) ① 買う

연습문제 해석 p.254

Day 11

혼자 살고 있으니까 친구에게 부탁하는 수밖에 없습니다.

一人(ひとり)で暮(く)らしているから友達(ともだち)に頼(たの)むしかありません。

한 번에 학습하기

이런 말을 할 수 있어요.

문형 1

혼자 살고 있으니까 친구에게 **부탁하는 수밖에 없습니다**.

ひとり　く　ともだち　たの

一人で暮らしているから友達に**頼むしかありません**。

문형 2

역에 남자친구를 만나러 **가려던 참입니다**.

えき　かれし　あ　い

駅へ彼氏に会いに**行くところです**。

문형 3

한 번 시작한 이상, 도중에 **그만둘 수는 없습니다**.

いちどはじ　いじょう　とちゅう　や

一度始めた以上、途中で**辞めるわけにはいきません**。

오늘은, '~하는 수밖에 없다', '~하려던 참이다', '~할 수는 없다'와 같은 의미를 전달하는 문형을 배워 볼 거예요.

- **문형1** [동사 기본형] しかありません。~하는 수밖에 없습니다.
- **문형2** [동사 기본형] ところです。~하려던 참입니다.
- **문형3** [동사 기본형] わけにはいきません。~할 수는 없습니다.

오늘의 문형을 배우면 '친구에게 부탁하는 수밖에 없습니다', '남자친구를 만나러 가려던 참입니다', '도중에 그만둘 수는 없습니다'와 같은 말을 할 수 있어요.

말이 술술 쏟아지는 문형

🎧 음성을 듣고 문장을 큰 소리로 따라 말해 보세요.

문형 1

🎧 Day11_말이 술술 문형1.mp3

혼자 살고 있으니까 친구에게 부탁하는 수밖에 없습니다.

一人(ひとり)で暮(く)らしているから友達(ともだち)に頼(たの)むしかありません。

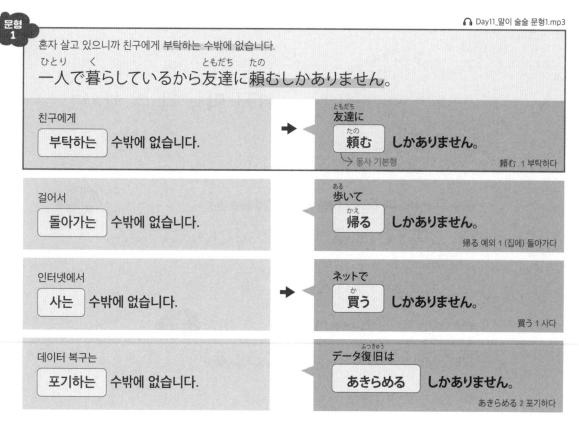

친구에게 **부탁하는** 수밖에 없습니다.	友達(ともだち)に **頼(たの)む** しかありません。 → 동사 기본형 頼む 1 부탁하다
걸어서 **돌아가는** 수밖에 없습니다.	歩(ある)いて **帰(かえ)る** しかありません。 帰る 예외 1 (집에) 돌아가다
인터넷에서 **사는** 수밖에 없습니다.	ネットで **買(か)う** しかありません。 買う 1 사다
데이터 복구는 **포기하는** 수밖에 없습니다.	データ復旧(ふっきゅう)は **あきらめる** しかありません。 あきらめる 2 포기하다

문형 탐구하기 🎧

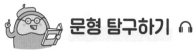

1. 우리말 "부탁하는 수밖에 없습니다."는 일본어로 "頼(たの)むしかありません。"이에요. 이처럼 동사 기본형 뒤에 しかありません을 붙이면 '~하는 수밖에 없습니다'라는 뜻으로 다른 방도가 없음을 나타내는 말이 돼요.

여기서 しか는 부정 표현과 함께 사용되어 '~밖에'라는 한정의 의미를 나타내는 조사예요.

2. ~しかありません。(~하는 수밖에 없습니다.)을 사용한 아래 문장들도 따라 말해 보아요.

- イベントを中止(ちゅうし)する**しかありません。** 이벤트를 중지하는 **수밖에 없습니다.**
- 負(ま)けを認(みと)める**しかありません。** 패배를 인정하는 **수밖에 없습니다.**
- もう手術(しゅじゅつ)する**しかありません。** 이제 수술하는 **수밖에 없습니다.**

문형 활용 긴 문장 말하기

앞서 학습한 문형과 여러 단어 및 표현을 함께 사용하여 긴 문장을 말해 보아요.

Day11_긴 문장1.mp3

몸 상태가 안 좋아서 리포트 제출은 친구에게 부탁하는 수밖에 없습니다.

ぐあい　わる　　　　　　　ていしゅつ　ともだち　たの
具合が悪いからレポートの提出は友達に頼むしかありません。

마지막 버스를 놓쳐서 집까지 걸어서 돌아가는 수밖에 없었습니다.

さいしゅう　　　　のが　いえ　ある　かえ
最終のバスを逃して家まで歩いて帰るしかありませんでした。

가게에는 맞는 사이즈가 없어서 인터넷에서 사는 수밖에 없습니다.

みせ　あ　　　　　　　　　か
お店には合うサイズがなくてネットで買うしかありません。

물에 빠뜨린 스마트폰의 데이터 복구는 포기하는 수밖에 없습니다.

みず　お　　　　　　　ふっきゅう
水に落としたスマホのデータ復旧はあきらめるしかありません。

상대와의 힘의 차이에 패배를 인정하는 수밖에 없었습니다.

あいて　ちから　さ　ま　みと
相手との力の差に負けを認めるしかありませんでした。

단어 ✔

具合が悪い [ぐあいがわるい] 몸 상태가 안 좋다　レポート 리포트　提出 [ていしゅつ] 제출　友達 [ともだち] 친구　頼む [たのむ] 부탁하다
最終 [さいしゅう] 마지막　バス 버스　逃す [のがす] 놓치다　家 [いえ] 집　歩く [あるく] 걷다　帰る [かえる] 돌아가다　お店 [おみせ] 가게　合う [あう] 맞다
サイズ 사이즈　ない 없다　ネット 인터넷　買う [かう] 사다　水 [みず] 물　落とす [おとす] 빠뜨리다, 떨어뜨리다　スマホ 스마트폰　データ 데이터
復旧 [ふっきゅう] 복구　あきらめる 포기하다　相手 [あいて] 상대　力 [ちから] 힘　差 [さ] 차이　負け [まけ] 패배　認める [みとめる] 인정하다

말이 술술 쏟아지는 문형

🎧 음성을 듣고 문장을 큰 소리로 따라 말해 보세요.

문형 2

🎧 Day11_말이 술술 문형2.mp3

역에 남자친구를 만나러 가려던 참입니다.

駅(えき)へ彼氏(かれし)に会(あ)いに行(い)くところです。

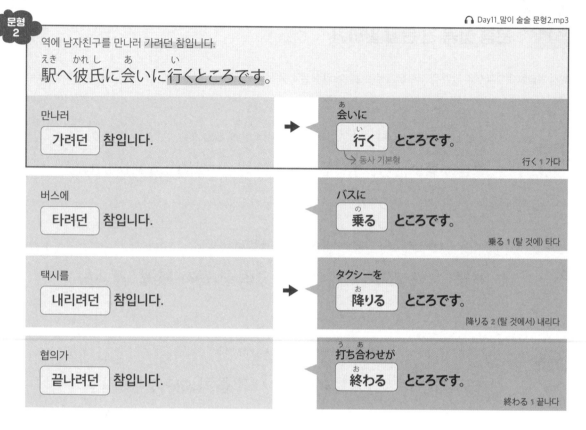

만나러 **가려던** 참입니다.	→ 会(あ)いに **行(い)く** ところです。 (동사 기본형) 行く 1 가다
버스에 **타려던** 참입니다.	バスに **乗(の)る** ところです。 乗る 1 (탈 것에) 타다
택시를 **내리려던** 참입니다.	→ タクシーを **降(お)りる** ところです。 降りる 2 (탈 것에서) 내리다
협의가 **끝나려던** 참입니다.	打(う)ち合(あ)わせが **終(お)わる** ところです。 終わる 1 끝나다

문형 탐구하기 🎧

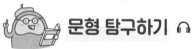

1. 우리말 "가려던 참입니다."는 일본어로 "行(い)くところです。"예요. 이처럼 동사 기본형 뒤에 ところです를 붙이면 '~하려던 참입니다' 라는 뜻으로 동작을 하기 직전임을 나타내는 말이 돼요.

今(いま)から(지금부터), ちょうど(마침), これから(이제부터)와 같은 말과 함께 쓰면 더욱 강조할 수 있어요.

+플러스포인트 동사 た형 뒤에 ところです를 붙여 '～たところです'라고 하면, '막 ~한 참입니다'라는 뜻으로 동작을 끝낸 직후임을 나타내는 말이 돼요.

예 乗(の)る 타다 → 今(いま)、バスに乗(の)っ**たところです**。 지금, 버스에 **막** 탄 **참입니다**.

2. ～ところです。(~하려던 참입니다.)를 사용한 아래 문장들도 따라 말해 보아요.

- 家(いえ)から出発(しゅっぱつ)する**ところです**。 집에서 출발하려던 **참입니다**.
- 電話(でんわ)で問(と)い合(あ)わせる**ところです**。 전화로 문의하려던 **참입니다**.
- ジョギングを終(お)えてシャワーを浴(あ)びる**ところです**。 조깅을 마치고 샤워를 하려던 **참입니다**.

문형 활용 긴 문장 말하기

앞서 학습한 문형과 여러 단어 및 표현을 함께 사용하여 긴 문장을 말해 보아요.

Day11_긴 문장2.mp3

일이 끝나서 지금부터 친구를 만나러 가려던 참입니다.

しごと　お　いま　ともだち　あ　い
仕事が終わって今から友達に会いに**行くところです**。

* 동사 ます형+に行きます ~하러 갑니다

학교에 가기 위해 마침 버스에 타려던 참입니다.

がっこう　い　の
学校に行くためにちょうどバスに**乗るところです**。

공항에 도착해서 택시를 내리려던 참입니다.

くうこう　つ　お
空港に着いてタクシーを**降りるところです**。

거래처와의 협의가 끝나려던 참입니다.

とりひきさき　う　あ　お
取引先との打ち合わせが**終わるところです**。

조사 と(~와)와 の(~의)가 합쳐져 '~와의'라는 뜻이에요.

조깅을 마치고 이제부터 샤워를 하려던 참입니다.

お　あ
ジョギングを終えてこれから**シャワーを浴びるところです**。

단어 ✔

仕事 [しごと] 일　終わる [おわる] 끝나다　今 [いま] 지금　友達 [ともだち] 친구　会う [あう] 만나다　行く [いく] 가다　学校 [がっこう] 학교　ちょうど 마침
バス 버스　乗る [のる] (탈 것에) 타다　空港 [くうこう] 공항　着く [つく] 도착하다　タクシー 택시　降りる [おりる] (탈 것을) 내리다
取引先 [とりひきさき] 거래처　打ち合わせ [うちあわせ] 협의　ジョギング 조깅　終える [おえる] 마치다　これから 이제부터
シャワーを浴びる [シャワーをあびる] 샤워를 하다

말이 술술 쏟아지는 문형

음성을 듣고 문장을 큰 소리로 따라 말해 보세요.

문형 3 Day11_말이 술술 문형3.mp3

한 번 시작한 이상, 도중에 그만둘 수는 없습니다.

一度(いちど)始(はじ)めた以上(いじょう)、途中(とちゅう)で辞(や)めるわけにはいきません。

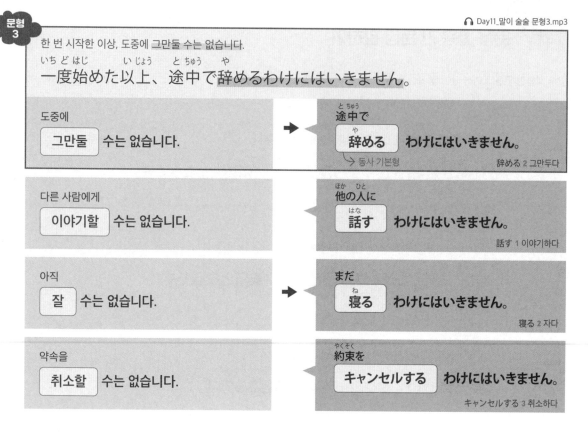

도중에 **그만둘** 수는 없습니다.	途中(とちゅう)で **辞(や)める** わけにはいきません。 → 동사 기본형 辞める 2 그만두다
다른 사람에게 **이야기할** 수는 없습니다.	他(ほか)の人(ひと)に **話(はな)す** わけにはいきません。 話す 1 이야기하다
아직 **잘** 수는 없습니다.	まだ **寝(ね)る** わけにはいきません。 寝る 2 자다
약속을 **취소할** 수는 없습니다.	約束(やくそく)を **キャンセルする** わけにはいきません。 キャンセルする 3 취소하다

문형 탐구하기

1. 우리말 "그만둘 수는 없습니다."는 일본어로 "辞(や)めるわけにはいきません。"이에요. 이처럼 동사 기본형 뒤에 わけにはいきません을 붙이면 '~할 수는 없습니다' 라는 뜻으로 불가능을 나타내는 말이 돼요.

이 문형은 단순히 불가능하다는 의미가 아닌, 과거의 경험이나 사회적 통념 등에 의해 '그렇게 해서는 안 된다'는 의미로 사용해요.

+플러스포인트 '~하지 않을 수는 없습니다(~할 수밖에 없습니다)'라고 말할 때는 동사 ない형 뒤에 ないわけにはいきません을 붙이면 돼요.

예 買(か)う 사다 → 買(か)わ**ないわけにはいきません**。 사지 **않을 수는 없습니다**. (살 **수밖에 없습니다**.)

2. ~わけにはいきません。(~할 수는 없습니다.)을 사용한 아래 문장들도 따라 말해 보아요.

- 初日(しょにち)から遅(おく)れる**わけにはいきません**。 첫날부터 늦을 **수는 없습니다**.
- 絶対(ぜったい)に負(ま)ける**わけにはいきません**。 절대로 질 **수는 없습니다**.
- 非専門家(ひせんもんか)に任(まか)せる**わけにはいきません**。 비전문가에게 맡길 **수는 없습니다**.

문형 활용 긴 문장 말하기

앞서 학습한 문형과 여러 단어 및 표현을 함께 사용하여 긴 문장을 말해 보아요.

Day11_긴 문장3.mp3

계약 기간 도중에 무책임하게 그만둘 수는 없습니다.

けいやく きかん　とちゅう　むせきにん　や
契約期間の途中で無責任に辞めるわけにはいきません。

이것은 비밀이기 때문에 다른 사람에게 이야기할 수는 없습니다.

ひみつ　ほか　ひと　はな
これは秘密だから他の人に話すわけにはいきません。

숙제가 남아있기 때문에 아직 잘 수는 없습니다.

しゅくだい　のこ　ね
宿題が残っているからまだ寝るわけにはいきません。

아들과의 소중한 약속을 취소할 수는 없습니다.

むすこ　たいせつ　やくそく
息子との大切な約束をキャンセルするわけにはいきません。

이것은 한정 상품이라서 사지 않을 수는 없습니다.

げんていしょうひん　か
これは限定商品だから買わないわけにはいきません。

단어 ✔

契約 [けいやく] 계약　期間 [きかん] 기간　途中 [とちゅう] 도중　無責任だ [むせきにんだ] 무책임하다　辞める [やめる] 그만두다　これ 이것
秘密 [ひみつ] 비밀　他 [ほか] 다름　人 [ひと] 사람　話す [はなす] 이야기하다　宿題 [しゅくだい] 숙제　残る [のこる] 남다　まだ 아직　寝る [ねる] 자다
息子 [むすこ] 아들　大切だ [たいせつだ] 소중하다　約束 [やくそく] 약속　キャンセルする 취소하다　限定商品 [げんていしょうひん] 한정 상품
買う [かう] 사다

실생활 회화 자동발사!

Day11_실생활 회화 자동발사.mp3

먼저 듣기용 mp3로 대화를 들어 보며 어떤 내용인지 생각해 보세요. 그 다음 따라 말하기용 mp3로 따라 말해 보세요.

1 집 앞에서 마주친 리코와 지수

지수　莉子さん、どこか行きますか。

리코　ええ、今からバイトに行くところです。

지수　あ～、家庭教師のバイトですね。ところで、なんか今日顔色が悪いですよ。大丈夫ですか。

리코　今朝からちょっと熱があって…。

지수　えっ！ 風邪なんじゃないですか。体調が悪い時は休んだほうがいいですよ。

리코　でも、当日に授業をキャンセルするわけにはいきません。生徒も待っていますから。授業が終わったあとで病院に行くつもりです。

지수　そうですか。無理はしないでくださいね。

1 지수 : 리코 씨, 어딘가 가요?

리코 : 네, 지금부터 아르바이트하러 가려던 참이에요.

지수 : 아~, 가정 교사 아르바이트군요. 그런데, 왠지 오늘 안색이 안 좋아요. 괜찮아요?

리코 : 오늘 아침부터 조금 열이 있어서….

지수 : 앗! 감기인거 아니에요? 몸 상태가 안 좋을 때는 쉬는 편이 좋아요.

리코 : 하지만, 당일에 수업을 취소할 수는 없어요. 학생도 기다리고 있으니까요. 수업이 끝난 후에 병원에 갈 생각이에요.

지수 : 그렇군요. 무리는 하지 말아 주세요.

단어

1. **どこか** 어딘가 **行く** [いく] 가다 **今** [いま] 지금
バイト 아르바이트 **家庭教師** [かていきょうし] 가정 교사
ところで 그런데 **なんか** 왠지 **今日** [きょう] 오늘
顔色 [かおいろ] 안색 **悪い** [わるい] 안 좋다
大丈夫だ [だいじょうぶだ] 괜찮다
今朝 [けさ] 오늘 아침 **ちょっと** 조금 **熱** [ねつ] 열
ある 있다 **風邪** [かぜ] 감기 **体調** [たいちょう] 몸 상태
時 [とき] 때 **休む** [やすむ] 쉬다 **でも** 하지만
当日 [とうじつ] 당일 **授業** [じゅぎょう] 수업
キャンセルする 취소하다 **生徒** [せいと] 학생
待つ [まつ] 기다리다 **終わる** [おわる] 끝나다
～たあとで ~한 후에 **病院** [びょういん] 병원
無理 [むり] 무리

2 아침 일찍 아키하바라에 간 하루토와 지수

하루토: ジスさん、今日(きょう)、本当(ほんとう)にありがとうございます。

지수: ちょうど今日(きょう)休(やす)みですし、秋葉原(あきはばら)には一度(いちど)来(き)てみたかったんです。こんなに朝早(あさはや)く来(く)るとは思(おも)いませんでしたけど…。

하루토: これ、100個(こ)限定(げんてい)で一人一個(ひとりいっこ)しか買(か)うことができませんから急(いそ)がなければなりません。2つ(ふた)買(か)いたいですが、友達(ともだち)はみんな忙(いそが)しくて、ジスさんに頼(たの)むしかありませんでした。

지수: ハハハ。これもいい思(おも)い出(で)です。ところで、この間(あいだ)もグッズをたくさん買(か)ったと言(い)いませんでしたか。

하루토: はい。でも、今回(こんかい)は限定(げんてい)グッズだから買(か)わないわけにはいきません。

지수: 本当(ほんとう)に好(す)きなんですね。フフッ。

2 하루토 : 지수 씨, 오늘, 정말로 고마워요.

지수 : 마침 오늘 휴일이고, 아키하바라에는 한 번 와 보고 싶었어요. 이렇게 아침 일찍 올 거라고는 생각하지 않았지만….

하루토 : 이거, 100개 한정에 한 사람 한 개 밖에 살 수 없어서 서두르지 않으면 안 돼요. 2개 사고 싶은데, 친구들은 모두 바빠서, 지수 씨에게 부탁하는 수밖에 없었어요.

지수 : 하하하. 이것도 좋은 추억이에요. 그런데, 얼마 전에도 굿즈를 많이 샀다고 말하지 않았어요?

하루토 : 네. 하지만, 이번은 한정 굿즈라서 사지 않을 수는 없어요.

지수 : 정말로 좋아하는군요. 후훗.

단어

2. **今日** [きょう] 오늘 **本当に** [ほんとうに] 정말로 **ちょうど** 마침 **休み** [やすみ] 휴일 **秋葉原** [あきはばら] 아키하바라(지명) **一度** [いちど] 한 번 **来る** [くる] 오다 **こんなに** 이렇게 **朝早い** [あさはやい] 아침 일찍이다 **思う** [おもう] 생각하다 **これ** 이것 **~個** [~こ] ~개 **限定** [げんてい] 한정 **一人** [ひとり] 한 사람 **買う** [かう] 사다 **急ぐ** [いそぐ] 서두르다 **友達** [ともだち] 친구(들) **みんな** 모두 **忙しい** [いそがしい] 바쁘다 **頼む** [たのむ] 부탁하다 **いい** 좋다 **思い出** [おもいで] 추억 **ところで** 그런데 **この間** [このあいだ] 얼마 전 **グッズ** 굿즈 **たくさん** 많이 **言う** [いう] 말하다 **でも** 하지만 **今回** [こんかい] 이번 **好きだ** [すきだ] 좋아하다

연습문제로 실력 쑥쑥

Day11_연습문제로 실력 쑥쑥.mp3

1 일본어로 문장 써보기

제시된 문형을 활용하여 일본어 문장을 써 보세요. 그 다음 음성을 듣고 문장을 따라 읽어 보세요.

보기 ~しかありません　　~ところです　　~わけにはいきません

1) 혼자 살고 있으니까 친구에게 부탁하는 수밖에 없습니다.
(혼자 一人(ひとり)で / 살다 暮(く)らす / 친구 友達(ともだち) / 부탁하다 頼(たの)む)

____

2) 일이 끝나서 지금부터 친구를 만나러 가려던 참입니다.
(일 仕事(しごと) / 끝나다 終(お)わる / 지금부터 今(いま)から / 친구 友達(ともだち) / 만나다 会(あ)う / 가다 行(い)く)

____

3) 아들과의 소중한 약속을 취소할 수는 없습니다.
(아들 息子(むすこ) / 소중하다 大切(たいせつ)だ / 약속 約束(やくそく) / 취소하다 キャンセルする)

____

2 문맥에 맞는 단어 골라 써보기 JLPT N3, N4 문자·어휘 / JPT 독해 대비 유형

문맥에 가장 알맞은 단어를 보기에서 골라 문장을 완성해 보세요. 그 다음 음성을 듣고 문장을 따라 읽어 보세요.

보기 乗(の)る　　買(か)う　　帰(かえ)る　　辞(や)める

1) 契約期間(けいやくきかん)の途中(とちゅう)で無責任(むせきにん)に ____________ わけにはいきません。

2) 最終(さいしゅう)のバスを逃(のが)して家(いえ)まで歩(ある)いて ____________ しかありませんでした。

3) 学校(がっこう)に行(い)くためにちょうどバスに ____________ ところです。

3 질문 듣고 알맞은 답변 고르기 JLPT N3, N4 청해 / JPT 청해 대비 유형

음성으로 들려주는 질문을 잘 듣고 알맞은 대답을 고르세요.

1) ① ②

2) ① ②

4 빈칸 채우기 JLPT N3, N4 문법 / JPT 독해 대비 유형

빈칸에 들어갈 가장 알맞은 단어를 골라 문장을 완성하세요. 그 다음 음성을 듣고 문장을 따라 읽어 보세요.

1) これは限定商品(げんていしょうひん)だから買(か)わないわけには (　　　　)。

① いません　② いきません　③ おきません

2) 水(みず)に落(お)としたスマホのデータ復旧(ふっきゅう)はあきらめる (　　　　) ありません。

① しか　② など　③ から

5 문장 완성하기 JLPT N3, N4 문법 대비 유형

선택지를 올바르게 배열하여 문장을 완성한 다음 ★ 에 들어갈 선택지를 고르세요.

1) 取引先(とりひきさき) ＿＿ ＿＿ ★ ＿＿ ところです。

① が　② 打(う)ち合(あ)わせ　③ 終(お)わる　④ との

2) これは秘密(ひみつ)だから ＿＿ ＿＿ ★ ＿＿ いきません。

① 他(ほか)の　② わけには　③ 人(ひと)に　④ 話(はな)す

정답

1 1) 一人で暮らしているから友達に頼むしかありません。
2) 仕事が終わって今から友達に会いに行くところです。
3) 息子との大切な約束をキャンセルするわけにはいきません。
2 1) 辞める　2) 帰る　3) 乗る
3 1) ②　2) ②
4 1) ② いきません　2) ① しか
5 1) ① が　2) ④ 話す

연습문제 해석 p.255

<해커스 일본어 첫걸음> 어플로
DAY 11에서 학습한 내용을
복습해보세요!

Day 12 저는 그저 음악을 좋아할 뿐입니다.

私(わたし)はただ音楽(おんがく)が好(す)きなだけです。

한 번에 학습하기

이런 말을 할 수 있어요.

저는 그저 음악을 좋아할 뿐입니다.

문형 1

わたし　　　おんがく　す
私はただ音楽が好きなだけです。

강아지 산책 김에 빵을 사러 갑니다.

문형 2

いぬ　さんぽ　　　　　　　　か　　い
犬の散歩のついでにパンを買いに行きます。

그의 이야기가 진짜인지 어떤지 확인하겠습니다.

문형 3

かれ　はなし　ほんとう　　　　たし
彼の話が本当かどうか確かめます。

오늘은, 한정, 계기, 불확실함을 말할 때 사용하는 문형을 배워 볼 거예요.

- **문형1** [여러 품사] **だけです。~(할) 뿐입니다.** (한정)
- **문형2** [여러 품사] **ついでに [동사 ます형] ます。~(하는) 김에 ~합니다.** (계기)
- **문형3** [여러 품사] **かどうか [동사 ます형] ます。~인지 어떤지 ~하겠습니다.** (불확실함)

오늘의 문형을 배우면 '그저 음악을 좋아할 뿐입니다', '산책 김에 빵을 사러 갑니다', '진짜인지 어떤지 확인하겠습니다'와 같은 말을 할 수 있어요.

말이 술술 쏟아지는 문형

음성을 듣고 문장을 큰 소리로 따라 말해 보세요.

문형 1

Day12_말이 술술 문형1.mp3

저는 그저 음악을 좋아할 뿐입니다.

私(わたし)はただ音楽(おんがく)が好(す)きなだけです。

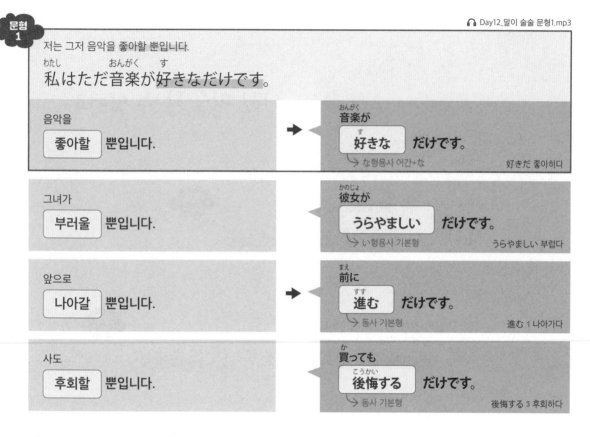

음악을 **좋아할** 뿐입니다. → 音楽(おんがく)が **好(す)きな** だけです。
(な형용사 어간+な) 好きだ 좋아하다

그녀가 **부러울** 뿐입니다. → 彼女(かのじょ)が **うらやましい** だけです。
(い형용사 기본형) うらやましい 부럽다

앞으로 **나아갈** 뿐입니다. → 前(まえ)に **進(すす)む** だけです。
(동사 기본형) 進む 1 나아가다

사도 **후회할** 뿐입니다. → 買(か)っても **後悔(こうかい)する** だけです。
(동사 기본형) 後悔する 3 후회하다

문형 탐구하기

1. 우리말 "좋아할 뿐입니다."는 일본어로 "好(す)きなだけです。"예요. 이처럼 な형용사의 어미 だ를 な로 바꾸고 だけです를 붙이면 '~(할) 뿐입니다'라는 뜻의 말이 돼요. 이 문형은 な형용사 외에 い형용사와 동사 기본형 뒤에도 붙여 쓸 수 있어요.

참고로 ただ(그저), ひたすら(오로지)와 같은 말과 함께 쓰면 더욱 강조할 수 있어요.

2. ~だけです。(~(할) 뿐입니다.)를 사용한 아래 문장들도 따라 말해 보아요.

- 知(し)らない人(ひと)と話(はな)すことが苦手(にがて)な**だけです**。 모르는 사람과 이야기하는 것이 서투를 **뿐입니다**.
- 発表(はっぴょう)するのが恥(は)ずかしい**だけです**。 발표하는 것이 부끄러울 **뿐입니다**.
- できるようになるまで練習(れんしゅう)する**だけです**。 할 수 있게 될 때까지 연습할 **뿐입니다**.

문형 활용 긴 문장 말하기

앞서 학습한 문형과 여러 단어 및 표현을 함께 사용하여 긴 문장을 말해 보아요.　　Day12_긴 문장1.mp3

노래는 그다지 잘하지 않고, 그저 음악을 무척 좋아할 뿐입니다.

うた　じょうず　おんがく　す
歌はあまり上手ではなく、ただ音楽がとても好きなだけです。

밝고 활발한 성격의 그녀가 부러울 뿐입니다.

あか　かっぱつ　せいかく　かのじょ
明るくて活発な性格の彼女がうらやましいだけです。

파일럿이라는 꿈을 향해 오로지 앞으로 나아갈 뿐입니다.

ゆめ　む　まえ　すす
パイロットという夢に向かってひたすら前に進むだけです。

'~을 향해'라고 할 때는 向かって(향해) 앞에 조사 に를 써요.

무리해서 비싼 자동차를 사도 나중에 후회할 뿐입니다.

むり　たか　くるま　か　こうかい
無理して高い車を買ってもあとで後悔するだけです。

할 수 없는 것은 할 수 있도록 될 때까지 연습할 뿐입니다.

れんしゅう
できないことはできるようになるまで練習するだけです。

단어

歌 [うた] 노래　あまり 그다지　上手だ [じょうずだ] 잘하다　ただ 그저　音楽 [おんがく] 음악　とても 무척　好きだ [すきだ] 좋아하다
明るい [あかるい] 밝다　活発だ [かっぱつだ] 활발하다　性格 [せいかく] 성격　彼女 [かのじょ] 그녀　うらやましい 부럽다　パイロット 파일럿　夢 [ゆめ] 꿈
向かう [むかう] 향하다　ひたすら 오로지　前 [まえ] 앞　進む [すすむ] 나아가다　無理する [むりする] 무리하다　高い [たかい] 비싸다　車 [くるま] 자동차
買う [かう] 사다　あとで 나중에　後悔する [こうかいする] 후회하다　できる 할 수 있다　練習する [れんしゅうする] 연습하다

말이 술술 쏟아지는 문형

음성을 듣고 문장을 큰 소리로 따라 말해 보세요.

문형 2

Day12_말이 술술 문형2.mp3

강아지 산책 김에 빵을 사러 갑니다.

犬(いぬ)の散歩(さんぽ)のついでにパンを買(か)いに行(い)きます。

강아지 [산책] 김에 [갑] 니다.	犬(いぬ)の [散歩(さんぽ)の] ついでに [行(い)き] ます。 (散歩の → 명사+の / 行き → 동사 ます형) 散歩 산책 / 行く 1 가다
오래된 가구는 [이사] 김에 [새로 삽] 니다.	古(ふる)い家具(かぐ)は [引(ひ)っ越(こ)しの] ついでに [買(か)い替(か)え] ます。 (引っ越しの → 명사+の) 引っ越し 이사 / 買い替える 2 새로 사다
교토에 [출장 가는] 김에 [관광합] 니다.	京都(きょうと)へ [出張(しゅっちょう)する] ついでに [観光(かんこう)し] ます。 (出張する → 동사 기본형) 出張する 3 출장 가다 / 観光する 3 관광하다
기름을 [넣는] 김에 [세차합] 니다.	ガソリンを [入(い)れる] ついでに [洗車(せんしゃ)し] ます。 (入れる → 동사 기본형) 入れる 2 넣다 / 洗車する 3 세차하다

문형 탐구하기

1. 우리말 "산책 김에 갑니다."는 일본어로 "散歩(さんぽ)のついでに行(い)きます。"예요. 이렇게 'AついでにBます'라고 하면 'A (하는) 김에 B합니다'라는 뜻의 말이 돼요. 여기서 A는 원래 하려던 행동이고, B는 부가적으로 하는 행동이에요.

A가 명사일 때는 '명사+の' 뒤에 ついでに를 붙이면 되고, 동사일 때는 동사 기본형 뒤에 ついでに를 붙이면 돼요.

+플러스포인트 명사와 동사 ます형 뒤에 がてら를 붙여 'AがてらBます'라고 하면 'A (할) 겸 B합니다'라는 뜻의 말이 돼요. 이때는 뒤에 언급된 B가 원래 하려던 행동이고, A가 부가적으로 하는 행동이에요.

예 散歩(さんぽ)**のついでに**パン屋(や)に行(い)きます。 산책 **김에** 빵집에 갑니다. (산책 중에 빵집에 가는 것)
散歩(さんぽ)**がてら**パン屋(や)に行(い)きます。 산책 **겸** 빵집에 갑니다. (빵집에 가는 중에 산책도 하는 것)

2. ～ついでに ～ます。(~(하는) 김에 ~합니다.)를 사용한 아래 문장들도 따라 말해 보아요.

- シャワーを浴(あ)びる**ついでに**掃除(そうじ)**します**。 샤워하는 **김에** 청소합**니다**.
- 迎(むか)えに行(い)く**ついでに**ドライブ**します**。 마중하러 가는 **김에** 드라이브합**니다**.
- 髪(かみ)を染(そ)める**ついでに**切(き)り**ます**。 머리를 염색하는 **김에** 자릅**니다**.

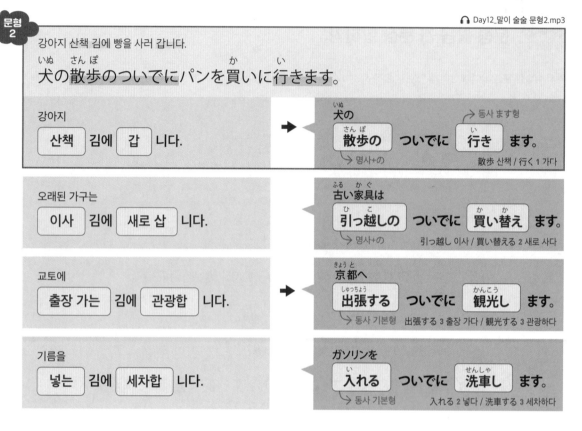

문형 활용 긴 문장 말하기

앞서 학습한 문형과 여러 단어 및 표현을 함께 사용하여 긴 문장을 말해 보아요. Day12_긴 문장2.mp3

매일, 강아지 산책 김에 아침에 먹을 빵을 사러 갑니다.

まいにち いぬ さんぽ あさた か い
毎日、犬の散歩のついでに朝食べるパンを買いに行きます。

* 동사 ます형+に行きます ~하러 갑니다

10년 이상 사용한 오래된 가구는 이사 김에 새로 사기로 했습니다.

じゅうねんいじょうつか ふる かぐ ひ こ か か
10年以上使った古い家具は引っ越しのついでに買い替えることにしました。

교토에 출장 가는 김에 청수사나 니조성 등을 관광하려고 합니다.

きょうと しゅっちょう きよみずでら にじょうじょう かんこう
京都へ出張するついでに清水寺や二条城などを観光するつもりです。

* 동사 기본형+つもりです ~하려고 합니다

주유소에서 자동차에 기름을 넣는 김에 세차했습니다.

くるま い せんしゃ
ガソリンスタンドで車にガソリンを入れるついでに洗車しました。

미용실에서 머리를 염색하는 김에 앞머리도 조금 잘랐습니다.

びようしつ かみ そ まえがみ き
美容室で髪を染めるついでに前髪もちょっと切りました。

단어 ✔

毎日 [まいにち] 매일 犬 [いぬ] 강아지, 개 散歩 [さんぽ] 산책 朝 [あさ] 아침 食べる [たべる] 먹다 パン 빵 買う [かう] 사다 行く [いく] 가다
~年 [~ねん] ~년 以上 [いじょう] 이상 使う [つかう] 사용하다 古い [ふるい] 오래되다 家具 [かぐ] 가구 引っ越し [ひっこし] 이사
買い替える [かいかえる] 새로 사다 京都 [きょうと] 교토(지명) 出張する [しゅっちょうする] 출장 가다 清水寺 [きよみずでら] 청수사
二条城 [にじょうじょう] 니조성 観光する [かんこうする] 관광하다 ガソリンスタンド 주유소 車 [くるま] 자동차 ガソリン 기름, 휘발유 入れる [いれる] 넣다
洗車する [せんしゃする] 세차하다 美容室 [びようしつ] 미용실 髪 [かみ] 머리(카락) 染める [そめる] 염색하다 前髪 [まえがみ] 앞머리 ちょっと 조금
切る [きる] 자르다

말이 술술 쏟아지는 문형

음성을 듣고 문장을 큰 소리로 따라 말해 보세요.

문형 3

Day12_말이 술술 문형3.mp3

그의 이야기가 진짜인지 어떤지 확인하겠습니다.

彼(かれ)の話(はなし)が本当(ほんとう)かどうか確(たし)かめます。

이야기가 **진짜** 인지 어떤지 **확인하** 겠습니다.	話(はなし)が **本当(ほんとう)** かどうか **確(たし)かめ** ます。 (本当 → 명사 / 確かめ → 동사 ます형) 本当 진짜 / 確かめる 2 확인하다
업데이트가 **가능한** 지 어떤지 **시험하** 겠습니다.	アップデートが **可能(かのう)** かどうか **試(ため)し** ます。 (可能 → な형용사 어간) 可能だ 가능하다 / 試す 1 시험하다, 해보다
역에서 **먼** 지 어떤지 **묻** 겠습니다.	駅(えき)から **遠(とお)い** かどうか **聞(き)き** ます。 (遠い → い형용사 기본형) 遠い 멀다 / 聞く 1 묻다
헤어 스타일이 **어울리는** 지 어떤지 **체크하** 겠습니다.	ヘアスタイルが **似合(にあ)う** かどうか **チェックし** ます。 (似合う → 동사 기본형) 似合う 1 어울리다 / チェックする 3 체크하다

문형 탐구하기

1. 우리말 "진짜인지 어떤지 확인하겠습니다."는 일본어로 "本当(ほんとう)かどうか確(たし)かめます。"예요. 이렇게 'Aかどうか Bます'라고 하면 'A인지 어떤지 B하겠습니다'라는 뜻의 말이 돼요. 여기서 かどうか는 '~인지 어떤지'라는 뜻으로 불확실함을 나타내는 말이에요. 명사, な형용사 어간 뒤, い형용사, 동사 기본형 뒤에 붙여 써요.

참고로, か는 '~인지'라는 뜻으로 의문을 나타내는 조사예요.

2. ~かどうか ~ます。(~인지 어떤지 ~하겠습니다.)를 사용한 아래 문장들도 따라 말해 보아요.

- 子供(こども)が元気(げんき)**かどうか**聞(き)き**ます**。 아이가 건강한**지 어떤지** 묻**겠습니다**.
- この情報(じょうほう)が正(ただ)しい**かどうか**調(しら)べ**ます**。 이 정보가 옳은**지 어떤지** 조사하**겠습니다**.
- ビザが必要(ひつよう)**かどうか**問(と)い合(あ)わせ**ます**。 비자가 필요한**지 어떤지** 문의하**겠습니다**.

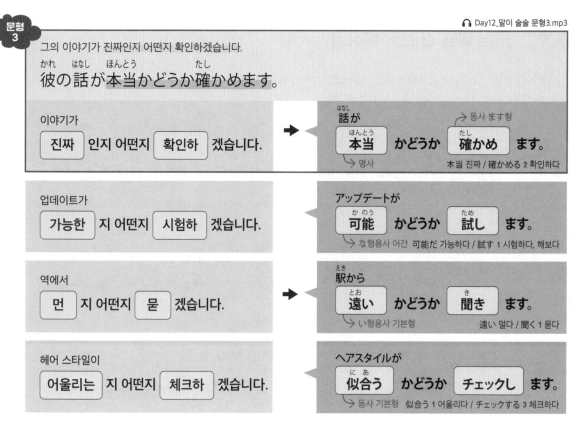

문형 활용 긴 문장 말하기

앞서 학습한 문형과 여러 단어 및 표현을 함께 사용하여 긴 문장을 말해 보아요. Day12_긴 문장3.mp3

그녀가 결혼한다는 이야기가 진짜인지 어떤지 확인하겠습니다.

かのじょ けっこん はなし ほんとう たし
彼女が結婚するという話が本当かどうか確かめます。

최신 버전으로 업데이트가 가능한지 어떤지 시험해 보겠습니다.

さいしん かのう ため
最新のバージョンにアップデートが可能かどうか試してみます。

* 동사 て형+みます ~해 봅니다

시청이 역에서 먼지 어떤지 역무원에게 물어보겠습니다.

しやくしょ えき とお えきいん き
市役所が駅から遠いかどうか駅員に聞いてみます。

* 동사 て형+みます ~해 봅니다

헤어 스타일이 자신에게 어울리는지 어떤지 앱으로 체크할 수 있습니다.

じぶん にあ
ヘアスタイルが自分に似合うかどうかアプリでチェックすることができます。

* 동사 기본형+ことができます ~할 수 있습니다

우선 비자가 필요한지 어떤지 문의해 봅시다.

ひつよう と あ
まずビザが必要かどうか問い合わせてみましょう。

* 동사 て형+みます ~해 봅니다

단어 ✔

彼女 [かのじょ] 그녀　結婚する [けっこんする] 결혼하다　話 [はなし] 이야기　本当 [ほんとう] 진짜　確かめる [たしかめる] 확인하다　最新 [さいしん] 최신　バージョン 버전　アップデート 업데이트　可能だ [かのうだ] 가능하다　試す [ためす] 시험하다　市役所 [しやくしょ] 시청　駅 [えき] 역　遠い [とおい] 멀다　駅員 [えきいん] 역무원　聞く [きく] 묻다　ヘアスタイル 헤어 스타일　自分 [じぶん] 자신　似合う [にあう] 어울리다　アプリ 앱, 애플리케이션　チェックする 체크하다　まず 우선　ビザ 비자　必要だ [ひつようだ] 필요하다　問い合わせる [といあわせる] 문의하다

실생활 회화 자동발사!

Day12_실생활 회화 자동발사.mp3

먼저 듣기용 mp3로 대화를 들어 보며 어떤 내용인지 생각해 보세요. 그 다음 따라 말하기용 mp3로 따라 말해 보세요.

1 카페에서 이야기하는 지수와 리코

지수: 莉子(りこ)さん、髪(かみ)を染(そ)めたいんですが、近(ちか)くにおすすめの美容室(びようしつ)とかありますか。

리코: うーん、駅前(えきまえ)にある「ハナコ」というところがおすすめです。

지수: 「ハナコ」ですね。週末(しゅうまつ)に行(い)ってみます。髪(かみ)を染(そ)めるついでにちょっと切(き)りたいですね。

리코: へえ、色(いろ)は何(なに)にしますか。まさかピンクとか?!

지수: そんな派手(はで)な色(いろ)は無理(むり)です。ダークグレーにしたいんですけど、似合(にあ)うかどうかよく分(わ)かりません。

리코: それなら、アプリでヘアスタイルが似合(にあ)うかどうかチェックすることができますよ。

지수: えっ！ そんなアプリがあるんですか。教(おし)えてください。

---

1 지수 : 리코 씨, 머리를 염색하고 싶은데요, 근처에 추천 미용실이라든가 있어요?

리코 : 음, 역 앞에 있는 '하나코'라는 곳을 추천할게요.

지수 : '하나코'군요. 주말에 가 볼게요. 머리를 염색하는 김에 조금 자르고 싶네요.

리코 : 오, 색은 무엇으로 할 거예요? 설마 핑크라든가?!

지수 : 그런 화려한 색은 무리예요. 다크 그레이로 하고 싶은데, 어울리는지 어떤지 잘 모르겠어요.

리코 : 그렇다면, 앱으로 헤어 스타일이 어울리는지 어떤지 체크할 수 있어요.

지수 : 앗, 그런 앱이 있어요? 알려 주세요.

단어

1. **髪** [かみ] 머리(카락) **染める** [そめる] 염색하다
近く [ちかく] 근처 **おすすめ** 추천
美容室 [びようしつ] 미용실 **駅前** [えきまえ] 역 앞
ある 있다 **ところ** 곳 **週末** [しゅうまつ] 주말
行く [いく] 가다 **ちょっと** 조금
切る [きる] 자르다 **色** [いろ] 색 **何** [なに] 무엇
まさか 설마 **ピンク** 핑크 **そんな** 그런
派手だ [はでだ] 화려하다 **無理だ** [むりだ] 무리다
ダークグレー 다크 그레이 **似合う** [にあう] 어울리다
よく 잘 **分かる** [わかる] 알다 **それなら** 그렇다면
アプリ 앱, 애플리케이션 **ヘアスタイル** 헤어 스타일
チェックする 체크하다 **教える** [おしえる] 알려주다

2 지수가 일하는 편의점에 찾아온 하루토

하루토: これプレゼントです。このクッキー食(た)べたいと言(い)いましたよね。

지수: わぁ！ ありがとうございます。どこで買(か)いましたか。

하루토: さくら公園(こうえん)の入(い)り口(ぐち)にあるパン屋(や)で買(か)いました。

지수: えっ、私(わたし)のためにそんなに遠(とお)くまで行(い)ったんですか。感動(かんどう)です。

하루토: いや、私(わたし)、散歩(さんぽ)のついでにそのパン屋(や)でよく朝(あさ)食(た)べるパンを買(か)うんです。

지수: へえ、そうでしたか。明日(あした)は私(わたし)もそこに行(い)ってたくさん買(か)ってきます。

하루토: 甘(あま)いものはすぐ飽(あ)きてしまうから、たくさん買(か)っても後悔(こうかい)するだけですよ。

지수: 私(わたし)は甘(あま)いものは毎日(まいにち)食(た)べても飽(あ)きませんよ！

2 하루토 : 이거 선물이에요. 이 쿠키 먹고 싶다고 말했었죠?

지수 : 와! 고마워요. 어디에서 샀어요?

하루토 : 사쿠라 공원 입구에 있는 빵집에서 샀어요.

지수 : 앗, 저를 위해서 그렇게 멀리까지 간 거예요? 감동이에요.

하루토 : 아니에요, 저, 산책 김에 그 빵집에서 자주 아침에 먹을 빵을 사거든요.

지수 : 아, 그랬군요. 내일은 저도 거기에 가서 많이 사 올래요.

하루토 : 단 것은 금방 질려 버리니까, 많이 사도 후회할 뿐이에요.

지수 : 저는 단 것은 매일 먹어도 질리지 않아요!

단어

2. **これ** 이것 **プレゼント** 선물 **この** 이 **クッキー** 쿠키
食べる [たべる] 먹다 **言う** [いう] 말하다 **どこ** 어디
買う [かう] 사다 **公園** [こうえん] 공원
入り口 [いりぐち] 입구 **パン屋** [パンや] 빵집
私 [わたし] 저, 나 **そんなに** 그렇게 **遠い** [とおい] 멀다
行く [いく] 가다 **感動** [かんどう] 감동
散歩 [さんぽ] 산책 **その** 그 **よく** 자주 **朝** [あさ] 아침
パン 빵 **明日** [あした] 내일 **そこ** 거기 **たくさん** 많이
甘い [あまい] 달다 **もの** 것 **すぐ** 금방
飽きる [あきる] 질리다
後悔する [こうかいする] 후회하다 **私** [わたし] 저, 나
毎日 [まいにち] 매일

연습문제로 실력 쑥쑥

Day12_연습문제로 실력 쑥쑥.mp3

1 일본어로 문장 써보기

제시된 문형을 활용하여 일본어 문장을 써 보세요. 그 다음 음성을 듣고 문장을 따라 읽어 보세요.

보기	~だけです	~ついでに ~ます	~かどうか ~ます

1) 무리해서 비싼 자동차를 사도 나중에 후회할 뿐입니다.
(무리하다 無理する / 비싸다 高い / 자동차 車 / 사다 買う / 나중에 あとで / 후회하다 後悔する)

____

2) 매일, 강아지 산책 김에 아침에 먹을 빵을 사러 갑니다.
(매일 毎日 / 강아지 犬 / 산책 散歩 / 아침 朝 / 먹다 食べる / 빵 パン / 사다 買う / ~하러 가다 ~に行く)

____

3) 시청이 역에서 먼지 어떤지 역무원에게 물어보겠습니다.
(시청 市役所 / 역 駅 / 멀다 遠い / 역무원 駅員 / 묻다 聞く / ~해 보겠습니다 ~てみます)

____

2 문맥에 맞는 단어 골라 써보기 JLPT N3, N4 문자·어휘 / JPT 독해 대비 유형

문맥에 가장 알맞은 단어를 보기에서 골라 문장을 완성해 보세요. 그 다음 음성을 듣고 문장을 따라 읽어 보세요.

보기	正しい	引っ越し	元気だ	恥ずかしい

1) この情報が ______________ かどうか調べます。

2) 発表するのが ______________ だけです。

3) 10年以上使った古い家具は ______________ ついでに買い替えることにしました。

3 질문 듣고 알맞은 답변 고르기 JLPT N3, N4 청해 / JPT 청해 대비 유형

음성으로 들려주는 질문을 잘 듣고 알맞은 대답을 고르세요.

1) ①　②

2) ①　②

4 빈칸 채우기 JLPT N3, N4 문법 / JPT 독해 대비 유형

빈칸에 들어갈 가장 알맞은 단어를 골라 문장을 완성하세요. 그 다음 음성을 듣고 문장을 따라 읽어 보세요.

1) 京都(きょうと)へ (　　　) ついでに清水寺(きよみずでら)や二条城(にじょうじょう)などを観光(かんこう)するつもりです。

① 出張(しゅっちょう)しない　② 出張(しゅっちょう)する　③ 出張(しゅっちょう)して

2) 最新(さいしん)のバージョンにアップデートが可能(かのう) (　　　) どうか試(ため)してみます。

① も　② と　③ か

5 문장 완성하기 JLPT N3, N4 문법 대비 유형

선택지를 올바르게 배열하여 문장을 완성한 다음 ★ 에 들어갈 선택지를 고르세요.

1) できないことはできる ＿＿ ★ ＿＿ ＿＿ 。

① 練習(れんしゅう)する　② ようになる　③ だけです　④ まで

2) 彼女(かのじょ)が結婚(けっこん)する ＿＿ ＿＿ ★ ＿＿ 確(たし)かめます。

① かどうか　② 本当(ほんとう)　③ という　④ 話(はなし)が

정답

1 1) 無理して高い車を買ってもあとで後悔するだけです。
2) 毎日、犬の散歩のついでに朝食べるパンを買いに行きます。
3) 市役所が駅から遠いかどうか駅員に聞いてみます。

2 1) 正しい　2) 恥ずかしい　3) 引っ越し

3 1) ①　2) ①

4 1) ② 出張する　2) ③ か

5 1) ④ まで　2) ② 本当

연습문제 해석 p.255

<해커스 일본어 첫걸음> 어플로
DAY 12에서 학습한 내용을
복습해보세요!

Day 13

올해는 갖고 싶던 자동차를 살 수 있겠죠.

한 번에 학습하기

今年(ことし)は欲(ほ)しかった車(くるま)が買(か)えるでしょう。

이런 말을 할 수 있어요.

문형 1

올해는 갖고 싶던 자동차를 살 수 있겠죠.

今年(ことし)は欲(ほ)しかった車(くるま)が買(か)えるでしょう。

문형 2

맥주 한 잔 정도는 마시지 못할 것도 없습니다.

ビール一杯(いっぱい)ぐらいは飲(の)めないこともないです。

문형 3

담임 선생님에게 연하장을 보내려고 생각합니다.

担任(たんにん)の先生(せんせい)に年賀状(ねんがじょう)を送(おく)ろうと思(おも)います。

오늘은, 일본어로 '~할 수 있겠죠', '~하지 못할 것도 없습니다'와 같이 가능성을 나타내는 말과, '~하려고 생각합니다'와 같이 의지를 나타내는 말을 배워볼 거예요. 특히 이 문형에서 사용되는 동사의 가능형과 의지형을 함께 익힐 거예요.

- 문형1 [동사 가능형] でしょう。~할 수 있겠죠. (가능성)
- 문형2 [동사 가능형] ないこともないです。~하지 못할 것도 없습니다. (가능성)
- 문형3 [동사 의지형] と思(おも)います。~하려고 생각합니다. (의지)

오늘의 문형을 배우면 '자동차를 살 수 있겠죠', '한 잔 정도는 마시지 못할 것도 없습니다', '선생님에게 연하장을 보내려고 생각합니다'와 같은 말을 할 수 있어요.

※ 오른쪽 QR코드로 동사의 가능형·의지형을 바로, 그리고 쉽게 익혀보세요.

동사의 활용 2
강의 바로가기

말이 술술 쏟아지는 문형

음성을 듣고 문장을 큰 소리로 따라 말해 보세요.

문형 1

Day13_말이 술술 문형1.mp3

올해는 갖고 싶던 자동차를 살 수 있겠죠.

今年(ことし)は欲(ほ)しかった車(くるま)が買(か)えるでしょう。

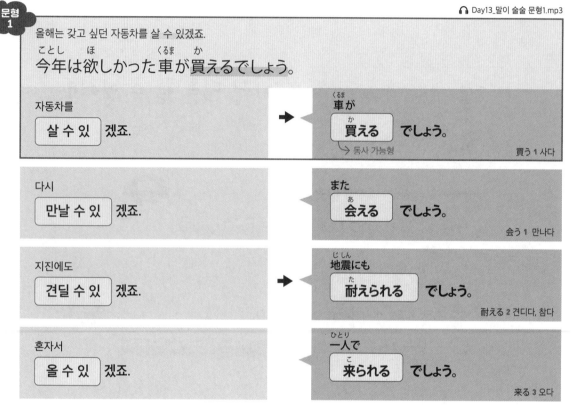

자동차를 **살 수 있** 겠죠.	→ 車(くるま)が **買(か)える** でしょう。 ↳ 동사 가능형 買う 1 사다
다시 **만날 수 있** 겠죠.	また **会(あ)える** でしょう。 会う 1 만나다
지진에도 **견딜 수 있** 겠죠.	→ 地震(じしん)にも **耐(た)えられる** でしょう。 耐える 2 견디다, 참다
혼자서 **올 수 있** 겠죠.	一人(ひとり)で **来(こ)られる** でしょう。 来る 3 오다

문형 탐구하기

1. 우리말 "살 수 있겠죠."는 일본어로 "買(か)えるでしょう。"예요. 여기서 買(か)える는 동사 買(か)う(사다)의 가능형이에요. 동사 가능형이란 '~할 수 있다', '~이 가능하다'라는 의미를 가지는 표현이에요. でしょう는 '~겠죠'라는 뜻으로 추측, 조심스러운 판단을 나타내는 조동사예요.

참고로 車(くるま)が買(か)えるでしょう(자동차를 살 수 있겠죠)와 같이 '~를'이라고 해석되더라도 동사의 가능형 앞에는 조사 が를 쓰는 것에 주의해요.

동사의 가능형은 아래와 같이 만들어요. 참고로, 동사 가능형은 2그룹 동사와 형태가 같아서 2그룹 동사처럼 활용해요.

1그룹	어미 [u]단을 [e]단으로 바꾸고 る를 붙이면 돼요.	· 買(か)う 사다 → **買(か)える** 살 **수 있다**
2그룹	어미 る를 떼고 られる를 붙이면 돼요.	· 耐(た)える 참다 → 耐(た)え**られる** 참을 **수 있다**
3그룹	불규칙 동사예요.	· する 하다 → **できる 할 수 있다** · 来(く)る 오다 → **来(こ)られる 올 수 있다**

2. ~でしょう。(~겠죠.)를 사용한 아래 문장들도 따라 말해 보아요.

- 試合(しあい)で勝(か)てる**でしょう。** 시합에서 이길 수 있**겠죠.** (勝(か)つ 1 이기다 → 勝(か)てる 이길 수 있다)
- ぐっすり寝(ね)られる**でしょう。** 푹 잘 수 있**겠죠.** (寝(ね)る 2 자다 → 寝(ね)られる 잘 수 있다)

동사의 활용 2
강의 바로가기

문형 활용 긴 문장 말하기

앞서 학습한 문형과 여러 단어 및 표현을 함께 사용하여 긴 문장을 말해 보아요. Day13_긴 문장1.mp3

작년부터 저금하고 있으니까 내년에는 자동차를 살 수 있겠죠.

きょねん　ちょきん　らいねん　くるま　か
去年から貯金しているから来年には車が**買えるでしょう。**

졸업해도 언젠가 다시 만날 수 있겠죠.

そつぎょう　あ
卒業してもいつかまた**会えるでしょう。**

새로운 기술로 지은 집이니까 지진에도 견딜 수 있겠죠.

あたら　ぎじゅつ　た　いえ　じしん　た
新しい技術で建てた家だから地震にも**耐えられるでしょう。**

전에도 온 적이 있으니까 혼자서 올 수 있겠죠.

まえ　き　ひとり　こ
前にも来たことがあるから一人で**来られるでしょう。**

* 동사 た형+ことがあります ~한 적이 있습니다

지금부터 3시간은 침대에서 푹 잘 수 있겠죠.

いま　さんじかん　ね
今から３時間はベッドでぐっすり**寝られるでしょう。**

단어 ✔

去年 [きょねん] 작년　貯金する [ちょきんする] 저금하다　来年 [らいねん] 내년　車 [くるま] 자동차　買う [かう] 사다　卒業する [そつぎょうする] 졸업하다　いつか 언젠가　また 다시　会う [あう] 만나다　新しい [あたらしい] 새롭다　技術 [ぎじゅつ] 기술　建てる [たてる] 짓다　家 [いえ] 집　地震 [じしん] 지진　耐える [たえる] 견디다　前 [まえ] 전　来る [くる] 오다　一人 [ひとり] 혼자　今 [いま] 지금　～時間 [～じかん] ~시간　ベッド 침대　ぐっすり 푹　寝る [ねる] 자다

말이 술술 쏟아지는 문형

음성을 듣고 문장을 큰 소리로 따라 말해 보세요.

문형 2

Day13_말이 술술 문형2.mp3

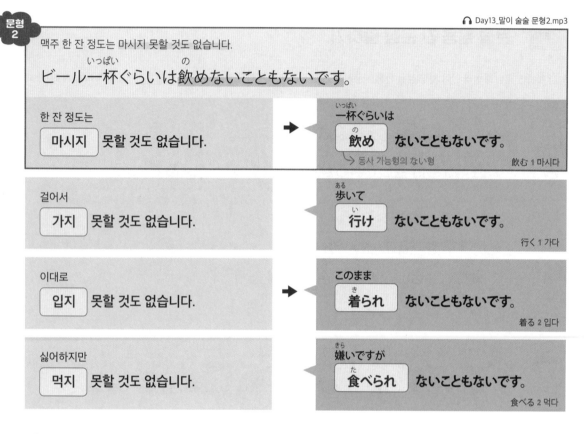

맥주 한 잔 정도는 마시지 못할 것도 없습니다.

ビール一杯(いっぱい)ぐらいは飲(の)めないこともないです。

한 잔 정도는 **마시지** 못할 것도 없습니다.	→	一杯(いっぱい)ぐらいは **飲(の)め** ないこともないです。 → 동사 가능형의 ない형 飲む 1 마시다
걸어서 **가지** 못할 것도 없습니다.		歩(ある)いて **行(い)け** ないこともないです。 行く 1 가다
이대로 **입지** 못할 것도 없습니다.	→	このまま **着(き)られ** ないこともないです。 着る 2 입다
싫어하지만 **먹지** 못할 것도 없습니다.		嫌(きら)いですが **食(た)べられ** ないこともないです。 食べる 2 먹다

문형 탐구하기

1. **우리말 "마시지 못할 것도 없습니다."는 일본어로 "飲(の)めないこともないです。"예요. 여기서 飲(の)め는 동사 飲(の)む(마시다)의 가능형 飲(の)める의 ない 형이에요. 이처럼 동사 가능형의 ない 형 뒤에 ないこともないです를 붙이면 '~하지 못할 것도 없습니다'라는 뜻으로, 아예 불가능하지는 않음을 나타내는 말이 돼요.**

2. **~ないこともないです。(~하지 못할 것도 없습니다.)를 사용한 아래 문장들도 따라 말해 보아요.**

- あの山(やま)は登(のぼ)れ**ないこともないです。** 저 산은 오르지 **못할 것도 없습니다.** (登(のぼ)る 1 오르다 → 登(のぼ)れる 오를 수 있다)
- お金(かね)を貸(か)せ**ないこともないです。** 돈을 빌려주지 **못할 것도 없습니다.** (貸(か)す 1 빌려주다 → 貸(か)せる 빌려줄 수 있다)
- 仕事(しごと)を続(つづ)けられ**ないこともないです。** 일을 계속하지 **못할 것도 없습니다.** (続(つづ)ける 2 계속하다 → 続(つづ)けられる 계속할 수 있다)

동사의 활용2 강의 바로가기

문형 활용 긴 문장 말하기

앞서 학습한 문형과 여러 단어 및 표현을 함께 사용하여 긴 문장을 말해 보아요. Day13_긴 문장2.mp3

술은 약하지만 한 잔 정도는 마시지 못할 것도 없습니다.

お酒(さけ)は弱(よわ)いけど一杯(いっぱい)ぐらいは飲(の)めないこともないです。

'지만'이라는 뜻의 예상치 못한 사태가 이어지는 경우 사용하는 역접 표현이에요.

시간은 걸려도 학교까지 걸어서 가지 못할 것도 없습니다.

時間(じかん)はかかっても学校(がっこう)まで歩(ある)いて行(い)けないこともないです。

이대로 입지 못할 것도 없지만, 조금 크네요.

このまま着(き)られないこともないですが、ちょっと大(おお)きいですね。

피망은 싫어하지만 먹지 못할 것도 없습니다.

ピーマンは嫌(きら)いですが食(た)べられないこともないです。

저 산은 험하지만 오르지 못할 것도 없습니다.

あの山(やま)は険(けわ)しいですが登(のぼ)れないこともないです。

단어 ✔

お酒 [おさけ] 술　弱い [よわい] 약하다　一杯 [いっぱい] 한 잔　ぐらい 정도　飲む [のむ] 마시다　時間 [じかん] 시간　かかる 걸리다　学校 [がっこう] 학교　歩く [あるく] 걷다　行く [いく] 가다　このまま 이대로　着る [きる] 입다　ちょっと 조금　大きい [おおきい] 크다　ピーマン 피망　嫌いだ [きらいだ] 싫어하다　食べる [たべる] 먹다　あの 저　山 [やま] 산　険しい [けわしい] 험하다　登る [のぼる] 오르다

말이 술술 쏟아지는 문형

🎧 음성을 듣고 문장을 큰 소리로 따라 말해 보세요.

문형 3

🎧 Day13_말이 술술 문형3.mp3

담임 선생님에게 연하장을 보내려고 생각합니다.

担任(たんにん)の先生(せんせい)に年賀状(ねんがじょう)を送(おく)ろうと思(おも)います。

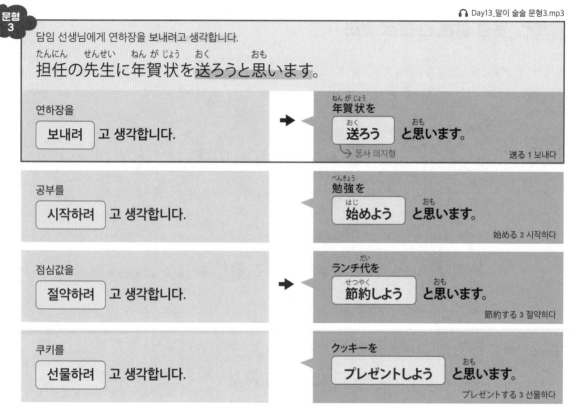

연하장을 **보내려** 고 생각합니다.	年賀状(ねんがじょう)を **送(おく)ろう** と思(おも)います。 (동사 의지형) / 送る 1 보내다
공부를 **시작하려** 고 생각합니다.	勉強(べんきょう)を **始(はじ)めよう** と思(おも)います。 / 始める 2 시작하다
점심값을 **절약하려** 고 생각합니다.	ランチ代(だい)を **節約(せつやく)しよう** と思(おも)います。 / 節約する 3 절약하다
쿠키를 **선물하려** 고 생각합니다.	クッキーを **プレゼントしよう** と思(おも)います。 / プレゼントする 3 선물하다

문형 탐구하기 🎧

1. 우리말 "보내려고 생각합니다."는 일본어로 "送(おく)ろうと思(おも)います。"예요. 여기서 送(おく)ろう는 동사 送(おく)る(보내다)의 의지형이에요. 동사 의지형은 '~해야지'라는 의미를 가지는 표현이에요. 이처럼 동사 의지형 뒤에 と思(おも)います를 붙이면 '~해야지 라고 생각합니다' 즉, '~하려고 생각합니다'라는 뜻의 말이 돼요.

동사의 의지형은 아래와 같은 방법으로 만들 수 있어요.

1그룹	어미 [u]단을 [o]단으로 바꾸고 う를 붙이면 돼요.	· 送(おく)る 보내다 → **送(おく)ろう** 보내**야지**
2그룹	어미 る를 떼고 よう를 붙이면 돼요.	· 始(はじ)める 시작하다 → 始(はじ)め**よう** 시작해**야지**
3그룹	불규칙 동사예요.	· する 하다 → **しよう 해야지** · 来(く)る 오다 → **来(こ)よう 와야지**

2. ~(よう)と思(おも)います。(~하려고 생각합니다.)를 사용한 아래 문장들도 따라 말해 보아요.

- 会社(かいしゃ)を辞(や)めよう**と思(おも)います。** 회사를 그만두려**고 생각합니다**.
  (辞(や)める 2 그만두다 → 辞(や)めよう 그만두어야지)
- ごろごろしながら過(す)ごそう**と思(おも)います。** 빈둥거리면서 지내려**고 생각합니다**.
  (過(す)ごす 1 지내다 → 過(す)ごそう 지내야지)

동사의 활용 2
강의 바로가기

문형 활용 긴 문장 말하기

앞서 학습한 문형과 여러 단어 및 표현을 함께 사용하여 긴 문장을 말해 보아요.

Day13_긴 문장3.mp3

신세를 진 상사에게 연하장을 보내려고 생각합니다.

せ わ　じょうし　ねんがじょう　おく　おも
お世話になった上司に年賀状を送ろうと思います。

4월부터 스페인어 공부를 시작하려고 생각합니다.

しがつ　ご　べんきょう　はじ　おも
4月からスペイン語の勉強を始めようと思います。

돈을 모으기 위해 점심값을 절약하려고 생각합니다.

かね　た　だい　せつやく　おも
お金を貯めるためにランチ代を節約しようと思います。

손수 만든 쿠키를 친구에게 선물하려고 생각합니다.

て づく　ともだち　おも
手作りのクッキーを友達にプレゼントしようと思います。

이번 주말은 집에서 빈둥거리면서 지내려고 생각합니다.

こんしゅうまつ　いえ　す　おも
今週末は家でごろごろしながら過ごそうと思います。

* 동사 ます형+ながら ~하면서

단어 ✔

お世話になる [おせわになる] 신세를 지다　上司 [じょうし] 상사　年賀状 [ねんがじょう] 연하장　送る [おくる] 보내다　スペイン語 [スペインご] 스페인어
勉強 [べんきょう] 공부　始める [はじめる] 시작하다　お金 [おかね] 돈　貯める [ためる] 모으다　ランチ代 [ランチだい] 점심값
節約する [せつやくする] 절약하다　手作り [てづくり] 손수 만듦, 수제　クッキー 쿠키　友達 [ともだち] 친구　プレゼントする 선물하다
今週末 [こんしゅうまつ] 이번 주말　家 [いえ] 집　ごろごろする 빈둥거리다　過ごす [すごす] 지내다

실생활 회화 자동발사!

Day13_실생활 회화 자동발사.mp3

먼저 듣기용 mp3로 대화를 들어 보며 어떤 내용인지 생각해 보세요. 그 다음 따라 말하기용 mp3로 따라 말해 보세요.

1 회사에서 점심을 먹는 하루토와 아카네

하루토: せんぱい、今日(きょう)もおにぎりだけですか。

아카네: ええ。お金(かね)を貯(た)めるためにランチ代(だい)を節約(せつやく)しようと思(おも)って。

하루토: 何(なに)か買(か)いたいものでもありますか。

아카네: それが…、車(くるま)です。最近(さいきん)、毎週末(まいしゅうまつ)キャンプに行(い)くから、自分(じぶん)の車(くるま)が欲(ほ)しくなりました。

하루토: なるほど。では、今(いま)は車(くるま)がないのにどうやっていますか。

아카네: 友達(ともだち)と一緒(いっしょ)に行(い)っています。でも、これからは一人(ひとり)でも行(い)ってみたくて車(くるま)を買(か)うことにしました。

하루토: へえ、キャンプのために車(くるま)を買(か)うなんて、すごいですね。

아카네: フフフ。がんばって貯金(ちょきん)しているから来年(らいねん)には車(くるま)が買(か)えるでしょう。

1 하루토 : 선배, 오늘도 주먹밥뿐이에요?

아카네 : 네. 돈을 모으기 위해 점심값을 절약하려고 생각해서.

하루토 : 뭔가 사고 싶은 것이라도 있나요?

아카네 : 그게…, 자동차예요. 최근, 주말마다 캠핑하러 가니까, 저의 자동차를 갖고 싶어졌어요.

하루토 : 그렇군요. 그러면, 지금은 자동차가 없는데 어떻게 하고 있어요?

아카네 : 친구와 함께 가고 있어요. 그런데, 앞으로는 혼자서도 가 보고 싶어서 자동차를 사기로 했어요.

하루토 : 와, 캠핑을 위해서 자동차를 사다니, 대단하네요.

아카네 : 후후후. 열심히 저금하고 있으니까 내년에는 자동차를 살 수 있겠죠.

단어

1. **せんぱい** 선배 **今日** [きょう] 오늘 **おにぎり** 주먹밥 **お金** [おかね] 돈 **貯める** [ためる] 모으다 **ランチ代** [ランチだい] 점심값 **節約する** [せつやくする] 절약하다 **何か** [なにか] 뭔가 **買う** [かう] 사다 **もの** 것 **それ** 그것 **車** [くるま] 자동차 **最近** [さいきん] 최근 **毎週末** [まいしゅうまつ] 주말마다 **キャンプ** 캠핑 **行く** [いく] 가다 **自分** [じぶん] 저, 자신 **欲しい** [ほしい] 갖고 싶다 **なるほど** 그렇군요 **では** 그러면 **今** [いま] 지금 **どう** 어떻게 **やる** 하다 **友達** [ともだち] 친구 **一緒に** [いっしょに] 함께 **でも** 그런데 **これから** 앞으로 **一人** [ひとり] 혼자 **すごい** 대단하다 **本気だ** [ほんきだ] 진심이다 **がんばる** 열심히 하다 **貯金する** [ちょきんする] 저금하다 **来年** [らいねん] 내년

2 식당에서 저녁 식사를 하는 리코와 지수

지수 私(わたし)はからあげ定食(ていしょく)とビールにします。莉子(りこ)さんもビール飲(の)みますか。

리코 私(わたし)はウーロン茶(ちゃ)にします。ビール一杯(いっぱい)ぐらいは飲(の)めないこともないですが、明日(あした)、朝(あさ)から用事(ようじ)があります。

지수 えっ、バイトですか。

리코 いいえ。友達(ともだち)とバーベキューをしに行(い)きます。今朝(けさ)急(きゅう)に決(き)まりました。

지수 バーベキューっていいですね。どこでやりますか。

리코 山梨(やまなし)という東京(とうきょう)から少(すこ)し離(はな)れているところです。

지수 あ、それでは朝早(あさはや)く起(お)きなければなりませんよね。

리코 ええ。明日(あした)は家(いえ)でごろごろしながら過(す)ごそうと思(おも)っていましたが、久(ひさ)しぶりのバーベキューだから楽(たの)しみです。

2 지수 : 저는 가라아게 정식이랑 맥주로 할게요. 리코 씨도 맥주 마시나요?

리코 : 저는 우롱차로 할게요. 맥주 한 잔 정도는 마시지 못할 것도 없지만, 내일, 아침부터 볼일이 있어요.

지수 : 앗, 아르바이트인가요?

리코 : 아니요. 친구와 바비큐를 하러 가요. 오늘 아침 갑자기 정해졌어요.

지수 : 바비큐라니 좋네요. 어디서 하나요?

리코 : 야마나시라고 하는 도쿄에서 조금 떨어져 있는 곳이에요.

지수 : 아, 그러면 아침 일찍 일어나지 않으면 안 되겠네요.

리코 : 네. 내일은 집에서 빈둥거리면서 지내려고 생각하고 있었는데, 오랜만의 바비큐라서 기대돼요.

단어

2. **私** [わたし] 저, 나 **からあげ** 가라아게, 닭 튀김
定食 [ていしょく] 정식 **ビール** 맥주 **飲む** [のむ] 마시다
ウーロン茶 [ウーロンちゃ] 우롱차 **一杯** [いっぱい] 한 잔
ぐらい 정도 **明日** [あした] 내일 **朝** [あさ] 아침
用事 [ようじ] 볼일 **ある** 있다 **バイト** 아르바이트
友達 [ともだち] 친구 **バーベキュー** 바비큐 **行く** [いく] 가다
今朝 [けさ] 오늘 아침 **急に** [きゅうに] 갑자기
決まる [きまる] 정해지다 **いい** 좋다 **どこ** 어디 **やる** 하다
山梨 [やまなし] 야마나시(지명) **東京** [とうきょう] 도쿄(지명)
少し [すこし] 조금 **離れる** [はなれる] 떨어지다 **ところ** 곳
それでは 그러면 **朝早く** [あさはやく] 아침 일찍
起きる [おきる] 일어나다 **家** [いえ] 집 **ごろごろする** 빈둥거리다
過ごす [すごす] 지내다 **久しぶり** [ひさしぶり] 오랜만
楽しみだ [たのしみだ] 기대되다

연습문제로 실력 쑥쑥

Day13_연습문제로 실력 쑥쑥.mp3

1 일본어로 문장 써보기

제시된 문형을 활용하여 일본어 문장을 써 보세요. 그 다음 음성을 듣고 문장을 따라 읽어 보세요.

보기 ~でしょう	~ないこともないです	~と思(おも)います

1) 담임 선생님에게 연하장을 보내려고 생각합니다.
(담임 선생님 担任(たんにん)の先生(せんせい) / 연하장 年賀状(ねんがじょう) / 보내다 送(おく)る)

____

2) 저 산은 험하지만 오르지 못할 것도 없습니다.
(저 あの / 산 山(やま) / 험하다 険(けわ)しい / 오르다 登(のぼ)る)

____

3) 작년부터 저금하고 있으니까 내년에는 자동차를 살 수 있겠죠.
(작년 去年(きょねん) / 저금하다 貯金(ちょきん)する / 내년 来年(らいねん) / 자동차 車(くるま) / 사다 買(か)う)

____

2 문맥에 맞는 단어 골라 써보기 JLPT N3, N4 문자·어휘 / JPT 독해 대비 유형

문맥에 가장 알맞은 단어를 보기에서 골라 문장을 완성해 보세요. 그 다음 음성을 듣고 문장을 따라 읽어 보세요.

보기 寝(ね)る	食(た)べる	貸(か)す	始(はじ)める

1) 4月(しがつ)からスペイン語(ご)の勉強(べんきょう)を ____________ と思(おも)います。

2) 今(いま)から3時間(さんじかん)はベッドでぐっすり ____________ でしょう。

3) ピーマンは嫌(きら)いですが ____________ ないこともないです。

3 질문 듣고 알맞은 답변 고르기 JLPT N3, N4 청해 / JPT 청해 대비 유형

음성으로 들려주는 질문을 잘 듣고 알맞은 대답을 고르세요.

1) ①　　②

2) ①　　②

4 빈칸 채우기 JLPT N3, N4 문법 / JPT 독해 대비 유형

빈칸에 들어갈 가장 알맞은 단어를 골라 문장을 완성하세요. 그 다음 음성을 듣고 문장을 따라 읽어 보세요.

1) このまま着(き)られないこと (　　　) ないですが、ちょっと大(おお)きいですね。

① も　　② に　　③ を

2) お金(かね)を貯(た)めるためにランチ代(だい)を (　　　) と思(おも)います。

① 節約(せつやく)して　　② 節約(せつやく)しない　　③ 節約(せつやく)しよう

5 문장 완성하기 JLPT N3, N4 문법 대비 유형

선택지를 올바르게 배열하여 문장을 완성한 다음 ★ 에 들어갈 선택지를 고르세요.

1) 新(あたら)しい技術(ぎじゅつ)で建(た)てた ＿＿ ＿＿ ★ ＿＿ でしょう。

① 耐(た)えられる　　② 家(いえ)だから　　③ にも　　④ 地震(じしん)

2) A「今週末(こんしゅうまつ)は何(なに)をするつもりですか。」

B「今週末(こんしゅうまつ)は家(いえ)で ＿＿ ＿＿ ★ ＿＿ 思(おも)います。」

① しながら　　② 過(す)ごそう　　③ ごろごろ　　④ と

<해커스 일본어 첫걸음> 어플로
DAY 13에서 학습한 내용을
복습해보세요!

정답

1 1) 担任の先生に年賀状を送ろうと思います。
2) あの山は険しいですが登れないこともないです。
3) 去年から貯金しているから来年には車が買えるでしょう。

2 1) 始めよう　2) 寝られる　3) 食べられ

3 1) ①　2) ②

4 1) ① も　2) ③ 節約しよう

5 1) ③ にも　2) ② 過ごそう

연습문제 해석 p.256

Day 14

손님이 오기 전에 방을 정리해 둡니다.

お客(きゃく)さんが来(く)る前(まえ)に部屋(へや)を片(かた)づけておきます。

한 번에 학습하기

이런 말을 할 수 있어요.

문형 1

손님이 오기 전에 방을 **정리해 둡니다**.

きゃく　く　まえ　へ　や　かた

お客さんが来る前に部屋を**片づけておきます**。

문형 2

오늘 신문이 테이블 위에 **놓여 있습니다**.

きょう　しんぶん　うえ　お

今日の新聞がテーブルの上に**置いてあります**。

문형 3

앞으로도 자원봉사 활동을 **계속해 가겠습니다**.

こんご　かつどう　つづ

今後もボランティア活動を**続けていきます**。

오늘은, 동사 て형을 써서 '~해 둡니다', '~되어 있습니다', '~해 갑니다'라는 의미로 사용되는 문형을 배워 볼 거예요.

- 문형1 [동사 て형] ておきます。~해 둡니다.
- 문형2 [동사 て형] てあります。~되어 있습니다.
- 문형3 [동사 て형] ていきます。~해 갑니다.

오늘의 문형을 배우면 '손님이 오기 전에 방을 정리해 둡니다', '신문이 테이블 위에 놓여 있습니다', '자원봉사 활동을 계속해 가겠습니다'와 같은 말을 할 수 있어요.

말이 술술 쏟아지는 문형

🎧 음성을 듣고 문장을 큰 소리로 따라 말해 보세요.

문형 1

🎧 Day14_말이 술술 문형1.mp3

손님이 오기 전에 방을 정리해 둡니다.

お客(きゃく)さんが来(く)る前(まえ)に部屋(へや)を片(かた)づけておきます。

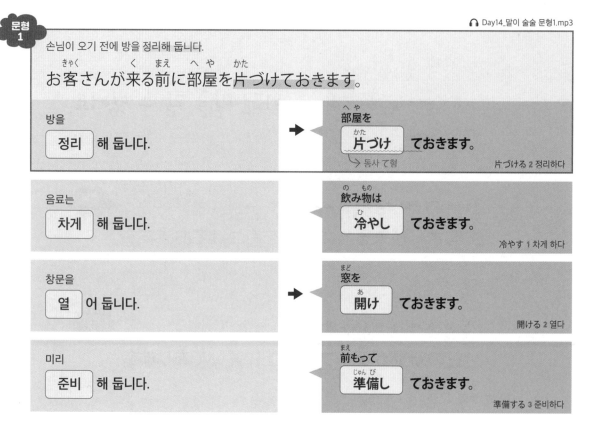

방을 [정리] 해 둡니다.	➡	部屋(へや)を [片(かた)づけ] ておきます。 ↳ 동사 て형 片づける 2 정리하다
음료는 [차게] 해 둡니다.		飲(の)み物(もの)は [冷(ひ)やし] ておきます。 冷やす 1 차게 하다
창문을 [열] 어 둡니다.	➡	窓(まど)を [開(あ)け] ておきます。 開ける 2 열다
미리 [준비] 해 둡니다.		前(まえ)もって [準備(じゅんび)し] ておきます。 準備する 3 준비하다

문형 탐구하기 🎧

1. 우리말 "정리해 둡니다."는 일본어로 "片(かた)づけておきます。"예요. 여기서 片(かた)づけて는 동사 片(かた)づける(정리하다)의 て형이에요. 이처럼 동사 て형 뒤에 おきます를 붙이면 '~해 둡니다'라는 뜻의 말이 돼요.

이 문형은, 어떤 목적을 가지고 사전에 준비해 둘 요량으로 미리 해 두는 경우에 사용해요. 참고로 おきます는 동사 おく(두다)의 정중형이에요.

+플러스포인트 회화에서는 '~ておきます' 대신 줄여서 '~ときます'로 말해도 똑같은 의미예요.

예 冷(ひ)や**しておきます**。 = 冷(ひ)や**しときます**。 차게 **해 둡니다**.

2. ~ておきます。(~해 둡니다.)를 사용한 아래 문장들도 따라 말해 보아요.

- 名前(なまえ)を書(か)い**ておきます**。 이름을 써 **둡니다**. 書く [かく] 쓰다
- 電気(でんき)をつけ**ておきます**。 전등을 켜 **둡니다**. つける 켜다
- 課長(かちょう)に伝(つた)え**ておきます**。 과장님에게 전**해 둡니다**. 伝える [つたえる] 전하다

문형 활용 긴 문장 말하기

앞서 학습한 문형과 여러 단어 및 표현을 함께 사용하여 긴 문장을 말해 보아요. Day14_긴 문장1.mp3

친구가 놀러 오니까 방을 깨끗하게 정리해 둡니다.
ともだち　あそ　く　へや　かた
友達が遊びに来るから部屋をきれいに片づけておきます。

음료는 냉장고에 넣어서 차게 해 둬 주세요.
の　もの　れいぞうこ　い　ひ
飲み物は冷蔵庫に入れて冷やしておいてください。

* 동사 て형+ください ~해 주세요

청소할 때는 환기를 위해 창문을 전부 열어 둡시다.
そうじ　とき　かんき　まど　ぜんぶ　あ
掃除する時は換気のために窓を全部開けておきましょう。

여행의 짐은 미리 준비해 두지 않으면 안 됩니다.
りょこう　にもつ　まえ　じゅんび
旅行の荷物は前もって準備しておかなければなりません。

동사 て형+おく의 ない형(おか)+なければなりません: ~해 두지 않으면 안 됩니다

* 동사 ない형+なければなりません ~하지 않으면 안 됩니다

미팅에 대해서는 제가 과장님에게 전해 두겠습니다.
わたし　かちょう　つた
ミーティングについては私が課長に伝えておきます。

단어 ✔

友達 [ともだち] 친구　遊ぶ [あそぶ] 놀다　来る [くる] 오다　部屋 [へや] 방　きれいだ 깨끗하다　片づける [かたづける] 정리하다　飲み物 [のみもの] 음료
冷蔵庫 [れいぞうこ] 냉장고　入れる [いれる] 넣다　冷やす [ひやす] 차게 하다　掃除する [そうじする] 청소하다　時 [とき] 때　換気 [かんき] 환기
窓 [まど] 창문　全部 [ぜんぶ] 전부　開ける [あける] 열다　旅行 [りょこう] 여행　荷物 [にもつ] 짐　前もって [まえもって] 미리
準備する [じゅんびする] 준비하다　ミーティング 미팅　私 [わたし] 저, 나　課長 [かちょう] 과장(님)　伝える [つたえる] 전하다

말이 술술 쏟아지는 문형

음성을 듣고 문장을 큰 소리로 따라 말해 보세요.

문형 2

Day14_말이 술술 문형2.mp3

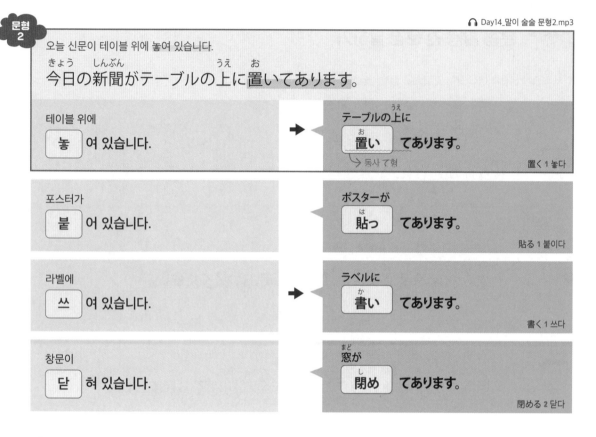

오늘 신문이 테이블 위에 놓여 있습니다.

きょう　しんぶん　うえ　お
今日の新聞がテーブルの上に置いてあります。

테이블 위에 **놓**여 있습니다.	テーブルの上(うえ)に **置(お)い** てあります。 (동사 て형) 置く 1 놓다
포스터가 **붙**어 있습니다.	ポスターが **貼(は)っ** てあります。 貼る 1 붙이다
라벨에 **쓰**여 있습니다.	ラベルに **書(か)い** てあります。 書く 1 쓰다
창문이 **닫**혀 있습니다.	窓(まど)が **閉(し)め** てあります。 閉める 2 닫다

문형 탐구하기

1. 우리말 "놓여 있습니다."는 일본어로 "置(お)いてあります。"예요. 이처럼 동사 て형 뒤에 あります를 붙이면 '~되어 있습니다'라는 뜻으로, 동작의 결과로 발생한 상태나 상황이 지속됨을 나타내요.

이 문형은, 누군가 어떤 목적을 가지고 특정 대상에 가한 동작의 결과가 지속됨을 나타내기 때문에 타동사 뒤에만 붙일 수 있어요.

예 (O) 開(あ)ける [타] 열다 → 窓(まど)が**開(あ)けてあります。** 창문이 **열려 있습니다.** (누군가 어떤 목적으로 일부러 열어 두었음을 의미함)

(X) 開(あ)く [자] 열리다 → 窓(まど)が**開(あ)いてあります。**

+플러스포인트 자동사 て형+います도 '~되어 있습니다'라는 뜻이지만, 이때는 단순히 지금 그 상태라는 것을 나타내요.

예 窓(まど)が開(あ)い**ています。** 창문이 열**려 있습니다.** → 단순히 창문이 열려 있음을 나타냄

2. ～てあります。(~되어 있습니다.)를 사용한 아래 문장들도 따라 말해 보아요.

- 花(はな)がかざっ**てあります。** 꽃이 장식되**어 있습니다.** かざる 장식하다
- 本棚(ほんだな)に並(なら)べ**てあります。** 책장에 나란히 놓**여 있습니다.** 並べる [ならべる] 나란히 놓다
- 自転車(じてんしゃ)が止(と)め**てあります。** 자전거가 세워**져 있습니다.** 止める [とめる] 세우다

문형 활용 긴 문장 말하기

앞서 학습한 문형과 여러 단어 및 표현을 함께 사용하여 긴 문장을 말해 보아요.

Day14_긴 문장2.mp3

테이블 위에 엄마가 쓴 메모가 놓여 있습니다.

うえ はは か お

テーブルの上に母が書いたメモが置いてあります。

벽에 유명한 영화의 포스터가 붙어 있습니다.

ゆうめい えいが は

かべに有名な映画のポスターが貼ってあります。

세탁할 때의 주의점은 옷의 라벨에 쓰여 있습니다.

せんたく とき ちゅういてん ふく か

洗濯する時の注意点は服のラベルに書いてあります。

고층 빌딩은 안전을 위해 창문이 닫혀 있습니다.

こうそう あんぜん まど し

高層ビルは安全のために窓が閉めてあります。

단골 카페에는 항상 꽃이 장식되어 있습니다.

い はな

行きつけのカフェにはいつも花がかざってあります。

단어 ✔

テーブル 테이블 上 [うえ] 위 母 [はは] 엄마 書く [かく] 쓰다 メモ 메모 置く [おく] 놓다 かべ 벽 有名だ [ゆうめいだ] 유명하다 映画 [えいが] 영화 ポスター 포스터 貼る [はる] 붙이다 洗濯する [せんたくする] 세탁하다 時 [とき] 때 注意点 [ちゅういてん] 주의점 服 [ふく] 옷 ラベル 라벨 高層ビル [こうそうビル] 고층 빌딩 安全 [あんぜん] 안전 窓 [まど] 창문 閉める [しめる] 닫다 行きつけ [いきつけ] 단골 カフェ 카페 いつも 항상 花 [はな] 꽃 かざる 장식하다

말이 술술 쏟아지는 문형

🎧 음성을 듣고 문장을 큰 소리로 따라 말해 보세요.

문형 3

🎧 Day14_말이 술술 문형3.mp3

앞으로도 자원봉사 활동을 계속해 가겠습니다.

こんご　　　　　　　かつどう　つづ
今後もボランティア活動を続けていきます。

* ボランティア活動 자원봉사 활동

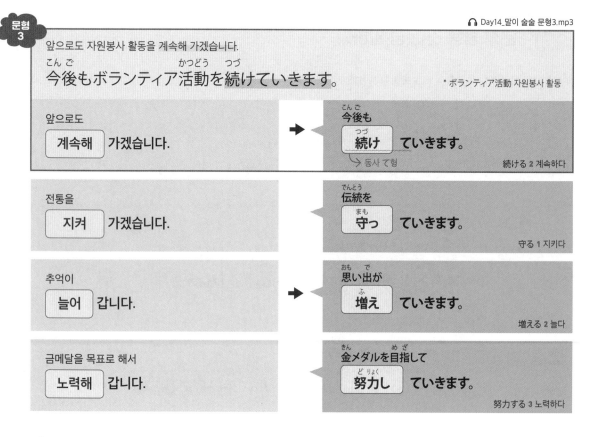

앞으로도 **계속해** 가겠습니다.	➡	こんご 今後も つづ **続け ていきます。** → 동사 て형 続ける 2 계속하다
전통을 **지켜** 가겠습니다.		でんとう 伝統を まも **守っ ていきます。** 守る 1 지키다
추억이 **늘어** 갑니다.	➡	おも　で 思い出が ふ **増え ていきます。** 増える 2 늘다
금메달을 목표로 해서 **노력해** 갑니다.		きん　　めざ 金メダルを目指して どりょく **努力し ていきます。** 努力する 3 노력하다

문형 탐구하기 🎧

1. 우리말 "계속해 가겠습니다."는 일본어로 "続けていきます。"예요. 이처럼 동사 て형 뒤에 いきます를 붙이면 '~해 가겠습니다', '~해 갑니다'라는 뜻으로, 지금부터 앞으로 어떤 것이 계속 진행되어가는 것을 나타내는 말이 돼요.

+플러스포인트 동사 て형에 '～てきました'를 붙이면 '~해 왔습니다'라는 뜻으로, 과거부터 지금까지 어떤 것을 계속 진행해 왔음을 나타내는 말이 돼요.

예 この会社(かいしゃ)で働(はたら)い**ていきます**。 이 회사에서 (앞으로) 일해 **갑니다**.

この会社(かいしゃ)で働(はたら)い**てきました**。 이 회사에서 (지금까지) 일해 **왔습니다**.

2. ~ていきます。(~해 가겠습니다/~해 갑니다.)를 사용한 아래 문장들도 따라 말해 보아요.

- 世界(せかい)に広(ひろ)が**っていきます**。 세계로 퍼져 **갑니다**. 広がる [ひろがる] 퍼지다
- 徐々(じょじょ)に変(か)わ**っていきます**。 서서히 변해 **갑니다**. 変わる [かわる] 변하다
- 体重(たいじゅう)が減(へ)**っていきます**。 체중이 줄어 **갑니다**. 減る [へる] 줄다

문형 활용 긴 문장 말하기

앞서 학습한 문형과 여러 단어 및 표현을 함께 사용하여 긴 문장을 말해 보아요.

Day14_긴 문장3.mp3

앞으로도 1일 1만보를 계속해 가겠습니다.

こん ご　いちにちいちまん ぽ　つづ
今後も１日１万歩を続けていきます。

고향의 소중한 전통을 지켜가고 싶습니다.

じ もと　たいせつ　でんとう　まも
地元の大切な伝統を守っていきたいです。

* 동사 ます형+たいです ~하고 싶습니다

일본에서의 즐거운 추억이 점점 늘어 갑니다.

に ほん　たの　おも　で　ふ
日本での楽しい思い出がどんどん増えていきます。

조사 で(~에서)와 の(~의)가 합쳐져 '~에서의'라는 뜻이에요.

올림픽에서의 금메달을 목표로 해서 매일 노력해 갑니다.

きん　め ざ　まいにち どりょく
オリンピックでの金メダルを目指して毎日努力していきます。

대학을 졸업하고 나서 지금까지 쭉 이 회사에서 일해 왔습니다.

だいがく　そつぎょう　いま　かいしゃ　はたら
大学を卒業してから今までずっとこの会社で働いてきました。

단어 ✔

今後 [こんご] 앞으로　1日 [いちにち] 1일, 하루　1万歩 [いちまんぽ] 1만보　続ける [つづける] 계속하다　地元 [じもと] 고향　大切だ [たいせつだ] 소중하다　伝統 [でんとう] 전통　守る [まもる] 지키다　日本 [にほん] 일본　楽しい [たのしい] 즐겁다　思い出 [おもいで] 추억　どんどん 점점　増える [ふえる] 늘다　オリンピック 올림픽　金メダル [きんメダル] 금메달　目指す [めざす] 목표로 하다　毎日 [まいにち] 매일　努力する [どりょくする] 노력하다　大学 [だいがく] 대학　卒業する [そつぎょうする] 졸업하다　今まで [いままで] 지금까지　ずっと 쭉　この 이　会社 [かいしゃ] 회사　働く [はたらく] 일하다

실생활 회화 자동발사!

Day14_실생활 회화 자동발사.mp3

먼저 듣기용 mp3로 대화를 들어 보며 어떤 내용인지 생각해 보세요. 그 다음 따라 말하기용 mp3로 따라 말해 보세요.

1 점장의 집에 초대를 받은 지수

점장: どうぞ上(あ)がってください。
> 집에 손님이 왔을 때, 현관에서 맞이하며 하는 말이에요.

지수: おじゃまします。店長(てんちょう)、お誕生日(たんじょうび)おめでとうございます。つまらないものですが、私(わたし)が作(つく)ったケーキです。飲(の)み物(もの)も買(か)ってきました。
> 다른 사람의 집에 들어갈 때 하는 인사말이에요.

점장 아내: わざわざありがとうございます。手作(てづく)りのケーキなんてすごいですね。飲(の)み物(もの)は冷蔵庫(れいぞうこ)に入(い)れて冷(ひ)やしておきます。
> '~라니'라는 뜻으로, 감탄하거나 놀랐을 때 사용해요.

점장: ジスさん、ケーキが好(す)きなだけじゃなくて、作(つく)ることもできるんですね!

지수: こう見(み)えて、けっこう得意(とくい)なんですよ。

점장: まだ食(た)べていないから本当(ほんとう)かどうかは分(わ)かりませんよ。

지수: もうー! いつもからかいますけど、店長(てんちょう)のおかげで日本(にほん)での思(おも)い出(で)がどんどん増(ふ)えていきます。今日(きょう)も招待(しょうたい)ありがとうございます。

---

1 점장 : 어서 들어와요.

지수 : 실례하겠습니다. 점장님, 생일 축하해요. 별거 아니지만, 제가 만든 케이크예요. 음료도 사 왔어요.

점장 아내 : 일부러 고마워요. 직접 만든 케이크라니 대단하네요. 음료는 냉장고에 넣어서 차게 해 둘게요.

점장 : 지수 씨, 케이크를 좋아하는 것뿐만 아니라, 만드는 것도 할 수 있군요!

지수 : 이래 봬도, 꽤 잘해요.

점장 : 아직 먹지 않았으니까 진짜인지 어떤지는 모르죠.

지수 : 정말~! 항상 놀리긴 해도, 점장님 덕분에 일본에서의 추억이 점점 늘어가요. 오늘도 초대 감사합니다.

단어

1. **どうぞ** 어서 **上がる** [あがる] (집, 방에) 들어오다
店長 [てんちょう] 점장(님) **お誕生日** [おたんじょうび] 생일
つまらない 별거 아니다, 사소하다 **もの** 것 **私** [わたし] 저, 나
作る [つくる] 만들다 **ケーキ** 케이크 **飲み物** [のみもの] 음료
買ってくる [かってくる] 사 오다 **わざわざ** 일부러
手作り [てづくり] 직접 만듦 **すごい** 대단하다
冷蔵庫 [れいぞうこ] 냉장고 **入れる** [いれる] 넣다
冷やす [ひやす] 차게 하다 **好きだ** [すきだ] 좋아하다
作る [つくる] 만들다 **こと** 것 **できる** 할 수 있다 **こう** 이렇게
見える [みえる] 보이다 **けっこう** 꽤 **得意だ** [とくいだ] 잘하다
まだ 아직 **食べる** [たべる] 먹다 **本当** [ほんとう] 진짜
分かる [わかる] 알다 **いつも** 항상 **からかう** 놀리다
おかげで 덕분에 **日本** [にほん] 일본
思い出 [おもいで] 추억 **どんどん** 점점 **増える** [ふえる] 늘다
今日 [きょう] 오늘 **招待** [しょうたい] 초대

2 길을 걷고 있는 지수와 리코

지수 あれ?あそこに大(おお)きいポスターが貼(は)ってあります。何(なん)でしょうか。

리코 あ、うちの大学(だいがく)の文化祭(ぶんかさい)のポスターです。来週(らいしゅう)の土日(どにち)にあります。

지수 わぁ! 莉子(りこ)さんも何(なに)かやりますか。

리코 はい。私(わたし)が入(はい)っている美術(びじゅつ)サークルで展示会(てんじかい)をします。

지수 本当(ほんとう)ですか。莉子(りこ)さんの絵(え)もありますか。

리코 ええ。でも、あまり上手(じょうず)じゃないから恥(は)ずかしいです。今年(ことし)、サークルに入(はい)ってから始(はじ)めたんですが、絵(え)を描(か)くことが楽(たの)しくて今後(こんご)も続(つづ)けていきたいです。

지수 すてきですね。来週(らいしゅう)の土曜日(どようび)、莉子(りこ)さんの絵(え)を見(み)に行(い)きます!

리코 ありがとうございます。待(ま)っていますね。

2 지수 : 어? 저기 커다란 포스터가 붙어 있어요. 뭘까요?

리코 : 아, 우리 대학의 축제 포스터예요. 다음 주 토요일과 일요일에 있어요.

지수 : 우와! 리코 씨도 무언가 하나요?

리코 : 네. 제가 들어가 있는 미술 동아리에서 전시회를 해요.

지수 : 정말요? 리코 씨의 그림도 있어요?

리코 : 네. 하지만, 그다지 잘하지 않으니까 부끄러워요. 올해, 동아리에 들어가고 나서 시작했는데, 그림을 그리는 것이 즐거워서 앞으로도 계속해 가고 싶어요.

지수 : 멋지네요. 다음 주 토요일, 리코 씨 그림을 보러 갈게요!

리코 : 고마워요. 기다릴게요.

단어

2. **あそこ** 저기 **大きい** [おおきい] 커다랗다, 크다 **ポスター** 포스터 **貼る** [はる] 붙이다 **何** [なん] 무엇 **うち** 우리 **大学** [だいがく] 대학 **文化祭** [ぶんかさい] 축제, 문화제 **来週** [らいしゅう] 다음 주 **土日** [どにち] 토요일과 일요일 **何か** [なにか] 무언가 **やる** 하다 **私** [わたし] 저, 나 **入る** [はいる] 들어가다 **美術** [びじゅつ] 미술 **サークル** 동아리 **展示会** [てんじかい] 전시회 **本当** [ほんとう] 정말 **絵** [え] 그림 **でも** 하지만 **あまり** 그다지 **上手だ** [じょうずだ] 잘하다 **恥ずかしい** [はずかしい] 부끄럽다 **今年** [ことし] 올해 **始める** [はじめる] 시작하다 **描く** [かく] 그리다 **楽しい** [たのしい] 즐겁다 **今後** [こんご] 앞으로 **続ける** [つづける] 계속하다 **すてきだ** 멋지다 **土曜日** [どようび] 토요일 **見る** [みる] 보다 **行く** [いく] 가다 **待つ** [まつ] 기다리다

연습문제로 실력 쑥쑥

Day14_연습문제로 실력 쑥쑥.mp3

1 일본어로 문장 써보기

제시된 문형을 활용하여 일본어 문장을 써 보세요. 그 다음 음성을 듣고 문장을 따라 읽어 보세요.

보기 ～てあります　～ておきます　～ていきます

1) 단골 카페에는 항상 꽃이 장식되어 있습니다.
(단골 行(い)きつけ / 카페 カフェ / 항상 いつも / 꽃 花(はな) / 장식하다 かざる)

____

2) 손님이 오기 전에 방을 정리해 둡니다.
(손님 お客(きゃく)さん / 오다 来(く)る / 전 前(まえ) / 방 部屋(へや) / 정리하다 片(かた)づける)

____

3) 고향의 소중한 전통을 지켜가고 싶습니다.
(고향 地元(じもと) / 소중하다 大切(たいせつ)だ / 전통 伝統(でんとう) / 지키다 守(まも)る / ~하고 싶습니다 ～たいです)

____

2 문맥에 맞는 단어 골라 써보기 JLPT N3, N4 문자·어휘 / JPT 독해 대비 유형

문맥에 가장 알맞은 단어를 보기에서 골라 문장을 완성해 보세요. 그 다음 음성을 듣고 문장을 따라 읽어 보세요.

보기 続(つづ)ける　変(か)わる　貼(は)る　準備(じゅんび)する

1) かべに有名(ゆうめい)な映画(えいが)のポスターが ________ てあります。

2) 今後(こんご)もボランティア活動(かつどう)を ________ ていきます。

3) 旅行(りょこう)の荷物(にもつ)は前(まえ)もって ________ ておかなければなりません。

3 질문 듣고 알맞은 답변 고르기 JLPT N3, N4 청해 / JPT 청해 대비 유형

음성으로 들려주는 질문을 잘 듣고 알맞은 대답을 고르세요.

1) ① ②

2) ① ②

4 빈칸 채우기 JLPT N3, N4 문법 / JPT 독해 대비 유형

빈칸에 들어갈 가장 알맞은 단어를 골라 문장을 완성하세요. 그 다음 음성을 듣고 문장을 따라 읽어 보세요.

1) 高層(こうそう)ビルは安全(あんぜん)のために窓(まど)が (　　　) あります。

① 閉(し)める　② 閉(し)めよう　③ 閉(し)めて

2) オリンピックでの金(きん)メダルを目指(めざ)して毎日(まいにち)努力(どりょく)して (　　　)。

① いきます　② します　③ あります

5 문장 완성하기 JLPT N3, N4 문법 대비 유형

선택지를 올바르게 배열하여 문장을 완성한 다음 ★ 에 들어갈 선택지를 고르세요.

1) 大学(だいがく)を卒業(そつぎょう)してから今(いま)までずっと ＿＿ ＿＿ ★ ＿＿ きました。

① で　② 働(はたら)いて　③ 会社(かいしゃ)　④ この

2) 飲(の)み物(もの)は ＿＿ ＿＿ ★ ＿＿ ください。

① 入(い)れて　② 冷(ひ)やして　③ 冷蔵庫(れいぞうこ)に　④ おいて

<해커스 일본어 첫걸음> 어플로
DAY 14에서 학습한 내용을
복습해보세요!

정답

1 1) 行きつけのカフェにはいつも花がかざってあります。
2) お客さんが来る前に部屋を片づけておきます。
3) 地元の大切な伝統を守っていきたいです。
2 1) 貼っ　2) 続け　3) 準備し
3 1) ①　2) ②
4 1) ③ 閉めて　2) ① いきます
5 1) ① で　2) ② 冷やして

연습문제 해석 p.256

Day 15

설날에 조카딸에게 세뱃돈을 줍니다.

しょうがつ
お正月にめいに
としだま
お年玉をあげます。

한 번에 학습하기

이런 말을 할 수 있어요.

설날에 조카딸에게 **세뱃돈을 줍니다**.

しょうがつ　とします

お正月にめいに**お年玉をあげます**。

문형 1

아버지가 취업 활동에 대해 여러 가지 **조언을 줍니다**.

ちち　しゅうかつ　いろいろ

父が就活について色々な**アドバイスをくれます**。

문형 2

동경하는 가수에게 **사인을 받았습니다**.

あこが　かしゅ

憧れの歌手に**サインをもらいました**。

문형 3

오늘은, 나와 다른 사람 사이에서 무언가를 주고 받을 때 사용하는 문형을 배워볼 거예요. 일본어에서는 이것을 '수수표현'이라고 해요. 수수표현에는 あげる(주다), くれる(주다), もらう(받다) 세 가지가 있는데, 특히 あげる와 くれる가 '주다'로 뜻은 동일하지만 누가 누구에게 주는지에 따라 쓰임이 다르다는 것을 잘 구별해야 해요.

- **문형1** [명사] をあげます。~을 줍니다. (あげる, 나 또는 다른 사람 → 다른 사람)
- **문형2** [명사] をくれます。~을 줍니다. (くれる, 다른 사람 → 나)
- **문형3** [명사] をもらいました。~을 받았습니다. (もらう, 나 또는 다른 사람 ← 다른 사람)

오늘의 문형을 배우면 '조카딸에게 세뱃돈을 줍니다', '여러 가지 조언을 줍니다', '사인을 받았습니다'와 같은 말을 할 수 있어요.

※ 오른쪽 QR코드로 수수표현을 바로, 그리고 쉽게 익혀보세요.

수수표현
강의 바로가기

말이 술술 쏟아지는 문형

🎧 음성을 듣고 문장을 큰 소리로 따라 말해 보세요.

문형 1

🎧 Day15_말이 술술 문형1.mp3

설날에 조카딸에게 세뱃돈을 줍니다.

お正月(しょうがつ)にめいにお年玉(としだま)をあげます。

조카딸에게 **세뱃돈** 을 줍니다.	→ めいに **お年玉(としだま)** をあげます。 (→ 명사) お年玉 세뱃돈
밸런타인데이는 **초콜릿** 을 줍니다.	バレンタインデーは **チョコレート** をあげます。 チョコレート 초콜릿
여동생에게 **꽃다발** 을 줍니다.	→ 妹(いもうと)に **花束(はなたば)** をあげます。 花束 꽃다발
아이에게 **기념품** 을 줍니다.	子供(こども)に **記念品(きねんひん)** をあげます。 記念品 기념품

문형 탐구하기 🎧

1. 우리말 "세뱃돈을 줍니다."는 일본어로 "お年玉(としだま)をあげます。"예요. 여기서 を는 '~을/를'이라는 뜻의 조사이고, あげます(줍니다)는 동사 あげる(주다)의 정중형이에요.

あげる는 내가 다른 사람에게 또는 다른 사람이 다른 사람에게 줄 때 사용해요.

예 **私(わたし)が 弟(おとうと)に**本(ほん)を**あげます**。**내가 남동생에게** 책을 **줍니다**. (나 → 다른 사람)

父(ちち)が 弟(おとうと)に本(ほん)を**あげます**。**아버지가 남동생에게** 책을 **줍니다**. (다른 사람 → 다른 사람)

+플러스포인트 동사 て형 뒤에 あげます를 붙여 '~てあげます'라고 하면 '~해 줍니다'라는 뜻이 돼요.

예 教(おし)える 가르치다 → 韓国語(かんこくご)を教(おし)え**てあげます**。한국어를 가르**쳐 줍니다**.

2. ~をあげます。(~을 줍니다.)를 사용한 아래 문장들도 따라 말해 보아요.

- お客(きゃく)さんに割引券(わりびきけん)**をあげます**。 손님에게 할인권**을 줍니다**.
- 丁寧(ていねい)に作(つく)ったお弁当(べんとう)**をあげます**。 정성스럽게 만든 도시락**을 줍니다**.
- 一人(ひとり)の時間(じかん)**をあげます**。 혼자만의 시간**을 줍니다**.

수수표현 강의 바로가기

문형 활용 긴 문장 말하기

앞서 학습한 문형과 여러 단어 및 표현을 함께 사용하여 긴 문장을 말해 보아요. Day15_긴 문장1.mp3

사회인이 되었으니까, 설날에는 조카딸에게 세뱃돈을 줍니다.

社会人(しゃかいじん)になったから、お正月(しょうがつ)にはめいにお年玉(としだま)をあげます。

* 명사+になります ~이 됩니다

밸런타인데이는 좋아하는 사람에게 초콜릿을 주는 날입니다.

バレンタインデーは好(す)きな人(ひと)にチョコレートをあげる日(ひ)です。

성인식을 맞이한 여동생에게 선물과 꽃다발을 주었습니다.

成人式(せいじんしき)を迎(むか)えた妹(いもうと)にプレゼントと花束(はなたば)をあげました。

이벤트에 참가한 아이에게 기념품을 줍니다.

イベントに参加(さんか)した子供(こども)に記念品(きねんひん)をあげます。

일본인 친구에게 한국어를 가르쳐 주었습니다.

日本人(にほんじん)の友達(ともだち)に韓国語(かんこくご)を教(おし)えてあげました。

단어 ✔

社会人 [しゃかいじん] 사회인　お正月 [おしょうがつ] 설날　めい 조카딸　お年玉 [おとしだま] 세뱃돈　バレンタインデー 밸런타인데이
好きだ [すきだ] 좋아하다　人 [ひと] 사람　チョコレート 초콜릿　日 [ひ] 날　成人式 [せいじんしき] 성인식　迎える [むかえる] 맞이하다　妹 [いもうと] 여동생
プレゼント 선물　花束 [はなたば] 꽃다발　イベント 이벤트　参加する [さんかする] 참가하다　子供 [こども] 아이　記念品 [きねんひん] 기념품
日本人 [にほんじん] 일본인　友達 [ともだち] 친구　韓国語 [かんこくご] 한국어　教える [おしえる] 가르치다

말이 술술 쏟아지는 문형

음성을 듣고 문장을 큰 소리로 따라 말해 보세요.

문형 2

Day15_말이 술술 문형2.mp3

아버지가 취업 활동에 대해 여러 가지 조언을 줍니다.

父(ちち)が就活(しゅうかつ)について色々(いろいろ)なアドバイスをくれます。

* 就活 취업 활동

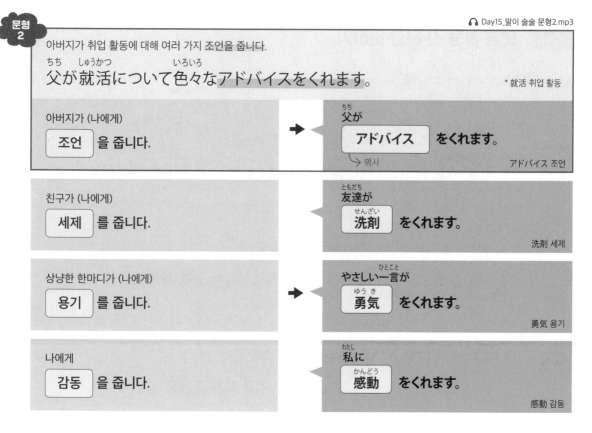

아버지가 (나에게) **조언** 을 줍니다.	父(ちち)が **アドバイス** をくれます。 (→ 명사) / アドバイス 조언
친구가 (나에게) **세제** 를 줍니다.	友達(ともだち)が **洗剤(せんざい)** をくれます。 / 洗剤 세제
상냥한 한마디가 (나에게) **용기** 를 줍니다.	やさしい一言(ひとこと)が **勇気(ゆうき)** をくれます。 / 勇気 용기
나에게 **감동** 을 줍니다.	私(わたし)に **感動(かんどう)** をくれます。 / 感動 감동

문형 탐구하기

1. 우리말 "(다른 사람이 나에게) 조언을 줍니다."는 일본어로 "アドバイスをくれます。"예요. 여기서 くれます(줍니다)는 동사 くれる(주다)의 정중형이에요.

くれる는 다른 사람이 나 또는 나와 가까운 관계의 사람들(가족, 친구, 직장 동료 등)에게 무언가를 줄 때 사용해요. 문장에 私(わたし)に(나에게)가 없더라도, 기본적으로 '나에게 준다'라는 의미를 나타내요.

+플러스포인트 동사 て형 뒤에 くれます를 붙여 '~てくれます'라고 하면 '(나에게) ~해 줍니다'라는 뜻이 돼요.

예 送(おく)る 보내다 → 写真(しゃしん)を送(おく)っ**てくれます**。 (나에게) 사진을 보내 **줍니다**.

2. ~をくれます。(~을 줍니다.)를 사용한 아래 문장들도 따라 말해 보아요.

- サービスでデザート**をくれます。** 서비스로 (나에게) 디저트를 **줍니다**.
- この歌(うた)は私(わたし)に元気(げんき)**をくれます。** 이 노래는 나에게 힘을 **줍니다**.
- 自分(じぶん)で焼(や)いたパン**をくれます。** (나에게) 직접 구운 빵을 **줍니다**.

수수표현 강의 바로가기

문형 활용 긴 문장 말하기

앞서 학습한 문형과 여러 단어 및 표현을 함께 사용하여 긴 문장을 말해 보아요.

Day15_긴 문장2.mp3

내가 고민하고 있을 때는 항상 아버지가 도움이 되는 조언을 줍니다.

わたし なや とき ちち やくだ
私が悩んでいる時はいつも父が役立つアドバイスをくれます。

悩む(고민하다)의 て형

이사 축하로 친구가 나에게 세제를 주었습니다.

ひ こ いわ ともだち わたし せんざい
引っ越し祝いに友達が私に洗剤をくれました。

취업 활동으로 지쳐 있을 때, 가족의 상냥한 한마디가 용기를 주었습니다.

しゅうかつ つか とき かぞく ひとこと ゆうき
就活で疲れている時、家族のやさしい一言が勇気をくれました。

就職活動(취업 활동)의 준말이에요.

이 소설은 저에게 최고의 감동을 준 작품입니다.

しょうせつ わたし さいこう かんどう さくひん
この小説は私に最高の感動をくれた作品です。

친구가 캠핑에서 찍은 사진을 보내 주었습니다.

ともだち と しゃしん おく
友達がキャンプで撮った写真を送ってくれました。

단어

私 [わたし] 나, 저　悩む [なやむ] 고민하다　時 [とき] 때　いつも 항상　父 [ちち] 아버지　役立つ [やくだつ] 도움이 되다　アドバイス 조언
引っ越し祝い [ひっこしいわい] 이사 축하 (선물)　友達 [ともだち] 친구　洗剤 [せんざい] 세제　就活 [しゅうかつ] 취업 활동　疲れる [つかれる] 지치다
家族 [かぞく] 가족　やさしい 상냥하다　一言 [ひとこと] 한마디　勇気 [ゆうき] 용기　この 이　小説 [しょうせつ] 소설　最高 [さいこう] 최고
感動 [かんどう] 감동　作品 [さくひん] 작품　キャンプ 캠핑　撮る [とる] (사진을) 찍다　写真 [しゃしん] 사진　送る [おくる] 보내다

말이 술술 쏟아지는 문형

🎧 음성을 듣고 문장을 큰 소리로 따라 말해 보세요.

문형 3

🎧 Day15_말이 술술 문형3.mp3

동경하는 가수에게 사인을 받았습니다.

憧(あこが)れの歌手(かしゅ)にサインをもらいました。

* 憧れる 동경하다

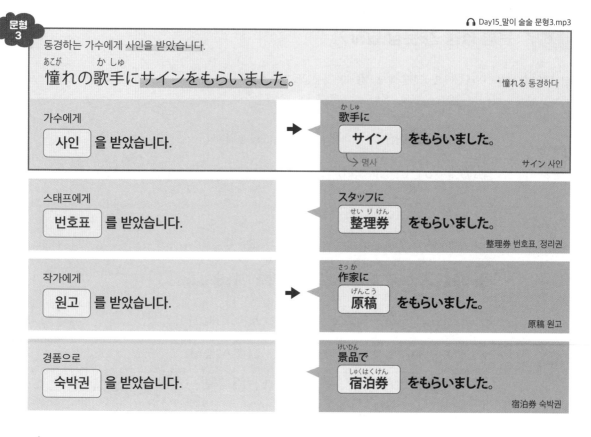

가수에게 **사인** 을 받았습니다.	歌手(かしゅ)に **サイン** をもらいました。 (→ 명사) サイン 사인
스태프에게 **번호표** 를 받았습니다.	スタッフに **整理券(せいりけん)** をもらいました。 整理券 번호표, 정리권
작가에게 **원고** 를 받았습니다.	作家(さっか)に **原稿(げんこう)** をもらいました。 原稿 원고
경품으로 **숙박권** 을 받았습니다.	景品(けいひん)で **宿泊券(しゅくはくけん)** をもらいました。 宿泊券 숙박권

문형 탐구하기 🎧

1. 우리말 "사인을 받았습니다."는 일본어로 "サインをもらいました。"예요. 여기서 もらいました(받았습니다)는 동사 もらう(받다)의 과거 정중형이에요.

もらう는 내가 다른 사람으로부터 또는 다른 사람이 또 다른 사람으로부터 무언가를 받을 때 사용해요.

예 **私(わたし)はこうはいに**コーヒー**を**もらいました。**나는 후배에게** 커피를 **받았습니다**. (나 ← 다른 사람)

佐藤(さとう)さんは田中(たなか)さんに手紙(てがみ)**を**もらいました。**사토 씨는 다나카 씨에게** 편지를 **받았습니다**. (다른 사람 ← 다른 사람)

+플러스포인트 1. 조사 に(~에게) 대신 から(~로부터)를 써서 田中(たなか)さんからもらいました(다나카 씨로부터 받았습니다)라고 써도 똑같은 의미예요.

2. 동사 て형 뒤에 もらいます를 붙여 '~てもらいます'라고 하면 '~해 받습니다' 즉, '(상대방이 나에게) ~해 줍니다'라는 뜻이 돼요.

예 紹介(しょうかい)する 소개하다 → 友人(ゆうじん)に紹介(しょうかい)して**もらいます**。 친구에게 소개**받습니다**.

2. ~をもらいました。(~을 받았습니다.)를 사용한 아래 문장들도 따라 말해 보아요.

- 店員(てんいん)に領収書(りょうしゅうしょ)**をもらいました。** 점원에게 영수증을 **받았습니다**.
- 祖母(そぼ)にマフラー**をもらいました。** 할머니에게 목도리를 **받았습니다**.

수수표현 강의 바로가기

문형 활용 긴 문장 말하기

앞서 학습한 문형과 여러 단어 및 표현을 함께 사용하여 긴 문장을 말해 보아요. Day15_긴 문장3.mp3

라이브가 끝난 후에, 아주 좋아하는 가수에게 사인을 받았습니다.

おわったあとで、だいすきなかしゅ
ライブが終わったあとで、大好きな歌手にサインをもらいました。

* 동사 た형+あとで ~한 후에

접수처 스태프에게 번호표를 받고 나서 줄 서 주세요.

うけつけ　せいりけん　なら
受付のスタッフに整理券をもらってから並んでください。

* 동사 て형+ください ~해 주세요

마감 직전에 작가에게 원고를 받을 수 있었습니다.

しきちょくぜん　さっか　げんこう
締め切り直前に作家に原稿をもらうことができました。

* 동사 기본형+ことができます ~할 수 있습니다

빙고 게임의 경품으로 여관 숙박권을 받았습니다.

けいひん　りょかん　しゅくはくけん
ビンゴゲームの景品で旅館の宿泊券をもらいました。

친구에게 맛있는 돈가스 가게를 소개받았습니다.

ゆうじん　や　しょうかい
友人においしいとんかつ屋を紹介してもらいました。

단어 ✔

ライブ 라이브　終わる [おわる] 끝나다　大好きだ [だいすきだ] 아주 좋아하다　歌手 [かしゅ] 가수　サイン 사인　受付 [うけつけ] 접수처　スタッフ 스태프　整理券 [せいりけん] 번호표, 정리권　並ぶ [ならぶ] 줄 서다　締め切り [しめきり] 마감　直前 [ちょくぜん] 직전　作家 [さっか] 작가　原稿 [げんこう] 원고　ビンゴゲーム 빙고 게임　景品 [けいひん] 경품　旅館 [りょかん] 여관　宿泊券 [しゅくはくけん] 숙박권　友人 [ゆうじん] 친구　おいしい 맛있다　とんかつ屋 [とんかつや] 돈가스 가게　紹介する [しょうかいする] 소개하다

실생활 회화 자동발사!

Day15_실생활 회화 자동발사.mp3

먼저 듣기용 mp3로 대화를 들어 보며 어떤 내용인지 생각해 보세요. 그 다음 따라 말하기용 mp3로 따라 말해 보세요.

1 마감을 앞둔 하루토와 아카네

하루토: せんぱい、佐藤先生(さとうせんせい)から連絡(れんらく)ありませんでしたか。

아카네: えっ？ なかったですけど。どうかしましたか。

하루토: 原稿(げんこう)の締(し)め切(き)りが今日(きょう)までなんですが、まだ届(とど)いていないんです。

아카네: 佐藤先生(さとうせんせい)はいつも締(し)め切(き)りより早(はや)く送(おく)ってくれていたのに…。

하루토: そうなんですよ。電話(でんわ)も出(で)なくて心配(しんぱい)です。

아카네: アシスタントにも連絡(れんらく)してみましたか。

하루토: ええ、そっちも出(で)ません。

아카네: うーん、まず、先生(せんせい)のお宅(たく)に行(い)ってみたほうがいいですね。陽翔(はると)さんは会社(かいしゃ)で待(ま)っていてください。私(わたし)が原稿(げんこう)をもらいに行(い)きます。

하루토: はい、了解(りょうかい)しました。

1 하루토 : 선배, 사토 선생님으로부터 연락 없었어요?
아카네 : 엇? 없었는데요. 무슨 일 있어요?
하루토 : 원고 마감이 오늘까지인데요, 아직 도착하지 않았어요.
아카네 : 사토 선생님은 항상 마감보다 빨리 보내 주었었는데..
하루토 : 맞아요. 전화도 받지 않아서 걱정이에요.
아카네 : 어시스턴트에게도 연락해 봤어요?
하루토 : 네, 그쪽도 받지 않아요.
아카네 : 음, 우선, 선생님 댁에 가 보는 편이 좋겠어요. 하루토 씨는 회사에서 기다리고 있어 주세요. 제가 원고를 받으러 갈게요.
하루토 : 네, 알겠습니다.

단어

1. **せんぱい** 선배 **先生** [せんせい] 선생님
連絡 [れんらく] 연락 **どうかしましたか** 무슨 일 있어요?
原稿 [げんこう] 원고 **締め切り** [しめきり] 마감
今日 [きょう] 오늘 **まだ** 아직 **届く** [とどく] 도착하다
いつも 항상 **早く** [はやく] 빨리 **送る** [おくる] 보내다
電話 [でんわ] 전화 **出る** [でる] (전화를) 받다
心配 [しんぱい] 걱정 **アシスタント** 어시스턴트
連絡する [れんらくする] 연락하다 **そっち** 그쪽
まず 우선 **お宅** [おたく] 댁 **行く** [いく] 가다
会社 [かいしゃ] 회사 **待つ** [まつ] 기다리다
私 [わたし] 저, 나
了解する [りょうかいする] 알다, 이해하다

2 마감 후 하루토와 아카네

하루토: わぁ、やっと終(お)わりました。せんぱい、手伝(てつだ)ってくれてありがとうございます。

아카네: 無事(ぶじ)、原稿(げんこう)をもらうことができてよかったです。佐藤先生(さとうせんせい)はもう大丈夫(だいじょうぶ)ですか。

하루토: ええ、だいぶ回復(かいふく)して、明日(あした)、退院(たいいん)すると聞(き)きました。

아카네: よかったですね。今日(きょう)お見舞(みま)いに行(い)ってみましょうか。

하루토: お見舞(みま)いは私(わたし)が行(い)きます。せんぱい、今日(きょう)は早(はや)く帰(かえ)ってください。これのせいでせんぱいまで数日間残業(すうじつかんざんぎょう)しましたから。

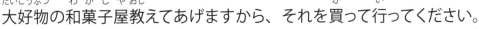

아카네: じゃあ、今日(きょう)は先(さき)に帰(かえ)りますね。陽翔(はると)さん、お疲(つか)れ様(さま)です。あ、先生(せんせい)の大好物(だいこうぶつ)の和菓子屋(わがしやおし)教えてあげますから、それを買(か)って行(い)ってください。

하루토: はい。ありがとうございます。

2 하루토 : 와, 드디어 끝났네요. 선배, 도와줘서 고마워요.

아카네 : 무사히, 원고를 받을 수 있어서 다행이에요. 사토 선생님은 이제 괜찮아요?

하루토 : 네, 꽤 회복해서, 내일, 퇴원한다고 들었어요.

아카네 : 다행이네요. 오늘 병문안을 가 볼까요?

하루토 : 병문안은 제가 갈게요. 선배, 오늘은 빨리 돌아가 주세요. 이거 때문에 선배까지 며칠 동안 야근했으니까요.

아카네 : 그럼, 오늘은 먼저 돌아갈게요. 하루토 씨, 수고해요. 아, 선생님이 매우 좋아하는 화과자 가게 알려 줄 테니까, 그것을 사서 가 주세요.

하루토 : 네. 고마워요.

단어

2. **やっと** 드디어 **終わる** [おわる] 끝나다 **せんぱい** 선배
手伝う [てつだう] 돕다 **無事** [ぶじ] 무사히 **原稿** [げんこう] 원고
よかった 다행이다 **先生** [せんせい] 선생님 **もう** 이제
大丈夫だ [だいじょうぶだ] 괜찮다 **だいぶ** 꽤
回復する [かいふくする] 회복하다 **明日** [あした] 내일
退院する [たいいんする] 퇴원하다 **聞く** [きく] 듣다
今日 [きょう] 오늘 **お見舞い** [おみまい] 병문안 **行く** [いく] 가다
私 [わたし] 저, 나 **早く** [はやく] 빨리 **帰る** [かえる] 돌아가다
これ 이것 **数日間** [すうじつかん] 며칠 동안
残業する [ざんぎょうする] 야근하다 **先に** [さきに] 먼저
大好物 [だいこうぶつ] 매우 좋아함
和菓子屋 [わがしや] 화과자 가게
教える [おしえる] 알려 주다 **それ** 그것 **買う** [かう] 사다

연습문제로 실력 쑥쑥

Day15_연습문제로 실력 쑥쑥.mp3

1 일본어로 문장 써보기

제시된 문형을 활용하여 일본어 문장을 써 보세요. 그 다음 음성을 듣고 문장을 따라 읽어 보세요.

보기	～をあげます	～をくれます	～をもらいました

1) 이사 축하로 친구가 나에게 세제를 주었습니다.
(이사 축하 (선물) 引(ひ)っ越(こ)し祝(いわ)い / 친구 友達(ともだち) / 나 私(わたし) / 세제 洗剤(せんざい))

____

2) 빙고 게임의 경품으로 여관 숙박권을 받았습니다.
(빙고 게임 ビンゴゲーム / 경품 景品(けいひん) / 여관 旅館(りょかん) / 숙박권 宿泊券(しゅくはくけん))

____

3) 성인식을 맞이한 여동생에게 선물과 꽃다발을 주었습니다.
(성인식 成人式(せいじんしき) / 맞이하다 迎(むか)える / 여동생 妹(いもうと) / 선물 プレゼント / 꽃다발 花束(はなたば))

____

2 문맥에 맞는 단어 골라 써보기 JLPT N3, N4 문자·어휘 / JPT 독해 대비 유형

문맥에 가장 알맞은 단어를 보기에서 골라 문장을 완성해 보세요. 그 다음 음성을 듣고 문장을 따라 읽어 보세요.

보기	アドバイス	感動(かんどう)	原稿(げんこう)	お年玉(としだま)

1) 私(わたし)が悩(なや)んでいる時(とき)はいつも父(ちち)が役立(やくだ)つ ____________ をくれます。

2) 締(し)め切(き)り直前(ちょくぜん)に作家(さっか)に ____________ をもらうことができました。

3) 社会人(しゃかいじん)になったから、お正月(しょうがつ)にはめいに ____________ をあげます。

3 질문 듣고 알맞은 답변 고르기 JLPT N3, N4 청해 / JPT 청해 대비 유형

음성으로 들려주는 질문을 잘 듣고 알맞은 대답을 고르세요.

1) ① ②

2) ① ②

4 빈칸 채우기 JLPT N3, N4 문법 / JPT 독해 대비 유형

빈칸에 들어갈 가장 알맞은 단어를 골라 문장을 완성하세요. 그 다음 음성을 듣고 문장을 따라 읽어 보세요.

1) バレンタインデーは好(す)きな人(ひと)（　　　）チョコレートをあげる日(ひ)です。

① に　② を　③ で

2) 就活(しゅうかつ)で疲(つか)れている時(とき)、家族(かぞく)のやさしい一言(ひとこと)が勇気(ゆうき)を（　　　）。

① あげました　② もらいました　③ くれました

5 문장 완성하기 JLPT N3, N4 문법 대비 유형

선택지를 올바르게 배열하여 문장을 완성한 다음 ★ 에 들어갈 선택지를 고르세요.

1) A「いい写真(しゃしん)ですね。」

B「友達(ともだち)が ＿＿ ＿＿ ★ ＿＿ くれました。」

① 撮(と)った　② 送(おく)って　③ キャンプで　④ 写真(しゃしん)を

2) イベントに参加(さんか)した ＿＿ ＿＿ ★ ＿＿ 。

① あげます　② 子供(こども)　③ 記念品(きねんひん)を　④ に

정답

1 1) 引っ越し祝いに友達が私に洗剤をくれました。
2) ビンゴゲームの景品で旅館の宿泊券をもらいました。
3) 成人式を迎えた妹にプレゼントと花束をあげました。
2 1) アドバイス　2) 原稿　3) お年玉
3 1) ①　2) ①
4 1) ① に　2) ③ くれました
5 1) ④ 写真を　2) ③ 記念品を

연습문제 해석 p.257

<해커스 일본어 첫걸음> 어플로
DAY 15에서 학습한 내용을
복습해보세요!

Day 16

만원 전철 안에서 발을 밟혔습니다.

한 번에 학습하기

まんいんでんしゃ なか あし
満員電車の中で足をふまれました。

만원 전철 안에서 발을 밟혔습니다.
まんいんでんしゃ なか あし
満員電車の中で足をふまれました。
괜찮아요?
だいじょうぶ
大丈夫ですか。

이런 말을 할 수 있어요.

만원 전철 안에서 발을 **밟혔습니다**. 문형 1

まんいんでんしゃ　なか　あし
満員電車の中で足を**ふまれました**。

그는 우리를 자주 **기다리게 합니다**. 문형 2

かれ　わたし　ま
彼は私たちをよく**待たせます**。

맛없는 야채 주스를 **억지로 마시게 됩니다**. 문형 3

やさい　の
まずい野菜ジュースを**飲ませられます**。

오늘은, 일본어의 특징 중 하나인 수동·사역·사역수동표현을 사용한 문형을 배워볼 거예요. 단번에 이해하기에는 조금 어렵기 때문에, 먼저 예문을 여러 번 읽어 입에 붙이면서 그 쓰임을 체득해 나가는 것이 중요합니다.

- **문형1** [동사 수동형] **れました。** ~히었습니다. (수동표현, 주체가 동작이나 작용의 영향을 받음)
- **문형2** [동사 사역형] **せます。** ~하게 합니다. (사역표현, 상대에게 동작이나 작용을 시킴)
- **문형3** [동사 사역수동형] **せられます。** 억지로 ~하게 됩니다. (사역수동표현, 주체가 동작이나 작용의 영향을 억지로 받음)

오늘의 문형을 배우면 '발을 밟혔습니다', '우리를 자주 기다리게 합니다', '야채 주스를 억지로 마시게 됩니다'와 같은 말을 할 수 있어요.

※ 오른쪽 QR코드로 수동·사역·사역수동표현을 바로, 그리고 쉽게 익혀보세요.

수동/사역/사역수동
강의 바로가기

말이 술술 쏟아지는 문형

🎧 음성을 듣고 문장을 큰 소리로 따라 말해 보세요.

문형 1

🎧 Day16_말이 술술 문형1.mp3

만원 전철 안에서 발을 밟혔습니다.

まんいんでんしゃ　なか　あし
満員電車の中で足をふまれました。

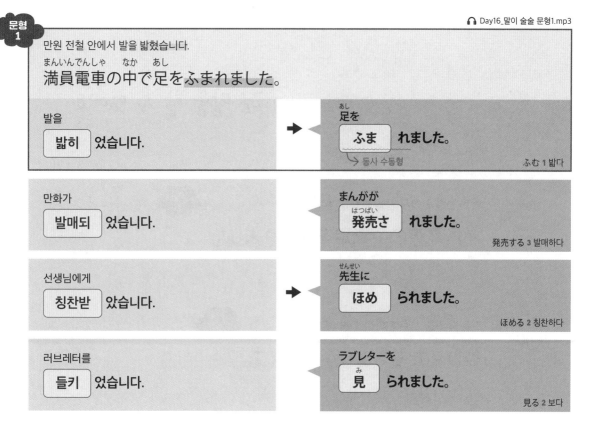

발을 **밟히** 었습니다.	→	あし 足を **ふま** れました。 ↳ 동사 수동형 ふむ 1 밟다
만화가 **발매되** 었습니다.		まんがが はつばい **発売さ** れました。 発売する 3 발매하다
선생님에게 **칭찬받** 았습니다.	→	せんせい 先生に **ほめ** られました。 ほめる 2 칭찬하다
러브레터를 **들키** 었습니다.		ラブレターを み **見** られました。 見る 2 보다

문형 탐구하기 🎧

1. 우리말 "밟혔습니다."는 일본어로 "ふまれました。"예요. ふまれました는 동사 ふむ(밟다)의 수동형인 ふまれる(밟히다)의 과거 정중형이에요. 이렇게 주어가 어떤 동작이나 작용의 영향을 받음을 나타내는 표현을 수동 표현이라고 해요. 상황에 따라 '~히다', '~되다', '~받다'라고 말하고 싶을 때 사용해요.

동사의 수동형은 아래와 같은 방법으로 만들 수 있어요.

1그룹	어미 [u]단을 [a]단으로 바꾸고 れる를 붙이면 돼요.	・ふむ 밟다 → ふま**れる** 밟**히다**
2그룹	어미 る를 떼고 られる를 붙이면 돼요.	・ほめる 칭찬하다 → ほめ**られる** 칭찬**받다**
3그룹	불규칙 동사예요.	・する 하다 → **される 되다** ・く来る 오다 → こ**来られる 오다(상대방이 와서 곤란하다)**

2. ~れました。[~히었습니다 / ~되었습니다 / ~받았습니다.]를 사용한 아래 문장들도 따라 말해 보아요.

- き　つく
木で作**られました**。 나무로 만들어**졌습니다**. (つく作る 1 만들다 → つく作られる 만들어지다)
- そぼ　そだ
祖母に育て**られました**。 할머니에게 키워**졌습니다**. (そだ育てる 2 키우다 → そだ育てられる 키워지다)

수동/사역/사역수동 강의 바로가기

문형 활용 긴 문장 말하기

앞서 학습한 문형과 여러 단어 및 표현을 함께 사용하여 긴 문장을 말해 보아요.

Day16_긴 문장1.mp3

축구 시합 중, 상대 선수에게 발을 밟혔습니다.

しあいちゅう あいてせんしゅ あし
サッカーの試合中、相手選手に足を**ふまれました**。

좋아하는 작가의 신작 만화가 드디어 발매되었습니다.

す さっか しんさく はつばい
好きな作家の新作のまんががついに**発売されました**。

영어 발음이 깨끗하다고 선생님에게 칭찬받았습니다.

えいご はつおん せんせい
英語の発音がきれいだと先生に**ほめられました**。

전 남자친구에게 받은 러브레터를 엄마에게 들켜 버렸습니다.

もと はは み
元カレにもらったラブレターを母に**見られてしまいました**。

* 동사 て형+しまいました ~해 버렸습니다

거실에 삼나무로 만들어진 테이블이 놓여 있습니다.

すぎ き つく お
リビングに杉の木で**作られた**テーブルが置いてあります。

단어 ✔

サッカー 축구　試合中 [しあいちゅう] 시합 중　相手 [あいて] 상대　選手 [せんしゅ] 선수　足 [あし] 발　ふむ 밟다　好きだ [すきだ] 좋아하다　作家 [さっか] 작가　新作 [しんさく] 신작　まんが 만화　ついに 드디어　発売する [はつばいする] 발매하다　英語 [えいご] 영어　発音 [はつおん] 발음　きれいだ 깨끗하다　先生 [せんせい] 선생님　ほめる 칭찬하다　元カレ [もとカレ] 전 남자친구　もらう 받다　ラブレター 러브레터　母 [はは] 엄마　見る [みる] 보다　リビング 거실　杉の木 [すぎのき] 삼나무　作る [つくる] 만들다　テーブル 테이블　置く [おく] 놓다

말이 술술 쏟아지는 문형

음성을 듣고 문장을 큰 소리로 따라 말해 보세요.

문형 2

Day16_말이 술술 문형2.mp3

그는 우리를 자주 기다리게 합니다.

彼(かれ)は私(わたし)たちをよく待(ま)たせます。

자주 기다리 게 합니다.	→	よく 待(ま)た せます。
		동사 사역형 / 待つ 1 기다리다
피아노를 배우 게 합니다.		ピアノを 習(なら)わ せます。
		習う 1 배우다, 익히다
선생님을 곤란하 게 합니다.	→	先生(せんせい)を 困(こま)ら せます。
		困る 1 곤란하다
아이에게 정리하 게 합니다.		子供(こども)に 片(かた)づけ させます。
		片づける 2 정리하다

문형 탐구하기

1. 우리말 "기다리게 합니다."는 일본어로 "待(ま)たせます。"예요. 待(ま)たせます는 동사 待(ま)つ(기다리다)의 사역형 待(ま)たせる(기다리게 하다)의 정중형이에요. 이렇게 상대에게 어떤 동작이나 작용을 하도록 시키는 표현을 사역표현이라고 해요. '~하게 하다', '~하도록 시키다'라고 말하고 싶을 때 사용해요.

동사의 사역형은 아래와 같은 방법으로 만들 수 있어요.

1그룹	어미 [u]단을 [a]단으로 바꾸고 せる를 붙이면 돼요	· 待(ま)つ 기다리다 → 待(ま)た**せる** 기다리**게 하다**
2그룹	어미 る를 떼고 させる를 붙이면 돼요	· 片(かた)づける 정리하다 → 片(かた)づけ**させる** 정리하**게 하다**
3그룹	불규칙 동사예요.	· する 하다 → **させる 하게 하다** · 来(く)る 오다 → **来(こ)させる 오게 하다**

2. ~せました。(~하게 했습니다.)를 사용한 아래 문장들도 따라 말해 보아요.

- 息子(むすこ)を思(おも)い切(き)り遊(あそ)ば**せます**。 아들을 마음껏 놀**게 합니다**. (遊(あそ)ぶ 1 놀다 → 遊(あそ)ばせる 놀게 하다)
- 彼女(かのじょ)は私(わたし)を笑(わら)わ**せます**。 그녀는 나를 웃**게 합니다**. (笑(わら)う 1 웃다 → 笑(わら)わせる 웃게 하다)

수동/사역/사역수동 강의 바로가기

문형 활용 긴 문장 말하기

앞서 학습한 문형과 여러 단어 및 표현을 함께 사용하여 긴 문장을 말해 보아요.

Day16_긴 문장2.mp3

친구는 자주 늦잠 자서 저를 기다리게 합니다.
ともだち　わたし　ま
友達はよくねぼうして私を**待たせます**。

아이가 어릴 때부터 피아노를 배우게 하고 있습니다.
こども　ちい　なら
子供が小さいうちからピアノを**習わせています**。

스즈키 씨는 어려운 질문을 해서 선생님을 곤란하게 했습니다.
すずき　むずか　しつもん　せんせい　こま
鈴木さんは難しい質問をして先生を**困らせました**。

방을 어지럽힌 아이에게 스스로 정리하게 했습니다.
へや　ち　こども　じぶん　かた
部屋を散らかした子供に自分で**片づけさせました**。

침울해하고 있을 때, 그녀는 항상 나를 웃게 해 줍니다.
お　こ　とき　かのじょ　わたし　わら
落ち込んでいる時、彼女はいつも私を**笑わせてくれます**。

단어 ✔

友達 [ともだち] 친구　**よく** 자주　**ねぼうする** 늦잠 자다　**私** [わたし] 저, 나　**待つ** [まつ] 기다리다　**子供** [こども] 아이　**小さい** [ちいさい] 어리다　**うち** 때, 동안　**ピアノ** 피아노　**習う** [ならう] 배우다　**難しい** [むずかしい] 어렵다　**質問** [しつもん] 질문　**先生** [せんせい] 선생님　**困る** [こまる] 곤란하다　**部屋** [へや] 방　**散らかす** [ちらかす] 어지르다　**自分で** [じぶんで] 스스로　**片づける** [かたづける] 정리하다　**落ち込む** [おちこむ] 침울해하다　**時** [とき] 때　**彼女** [かのじょ] 그녀　**いつも** 항상　**笑う** [わらう] 웃다

말이 술술 쏟아지는 문형

음성을 듣고 문장을 큰 소리로 따라 말해 보세요.

문형 3

Day16_말이 술술 문형3.mp3

맛없는 야채 주스를 억지로 마시게 됩니다.

まずい野菜(やさい)ジュースを飲(の)ませられます。

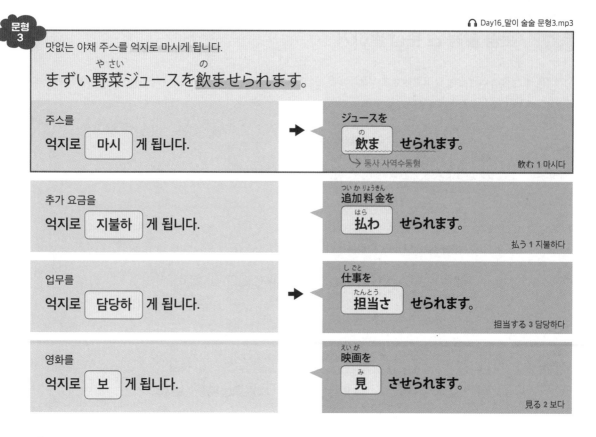

주스를 억지로 [마시] 게 됩니다.	→	ジュースを [飲(の)ま] せられます。 ↳ 동사 사역수동형 — 飲む 1 마시다
추가 요금을 억지로 [지불하] 게 됩니다.		追加料金(ついかりょうきん)を [払(はら)わ] せられます。 — 払う 1 지불하다
업무를 억지로 [담당하] 게 됩니다.	→	仕事(しごと)を [担当(たんとう)さ] せられます。 — 担当する 3 담당하다
영화를 억지로 [보] 게 됩니다.		映画(えいが)を [見(み)] させられます。 — 見る 2 보다

문형 탐구하기

1. 우리말 "억지로 마시게 됩니다."는 일본어로 "飲(の)ませられます。"예요. 飲(の)ませられます는 동사 飲(の)む(마시다)의 사역수동형 飲(の)ませられる(억지로 마시게 되다)의 정중형이에요. 이렇게 사역표현(~하게 하다)을 수동표현(~되다)으로 말한 것을 사역수동표현이라고 해요. 즉, 어떤 동작이나 작용을 하도록 억지로 시킴을 당했다는 내용으로, '억지로 ~하게 되다'라고 말하고 싶을 때 사용해요.

동사의 사역수동형은 아래와 같은 방법으로 만들 수 있어요.

1그룹	어미 [u]단을 [a]단으로 바꾸고 せられる를 붙이면 돼요.	· 飲(の)む 마시다 → 飲(の)ま**せられる 억지로** 마시**게 되다**
2그룹	어미 る를 떼고 させられる를 붙이면 돼요.	· 見(み)る 보다 → 見(み)**させられる 억지로** 보**게 되다**
3그룹	불규칙 동사예요.	· する 하다 → **させられる 억지로** 하**게 되다** · 来(く)る 오다 → **来(こ)させられる 억지로** 오**게 되다**

2. ~せられます。(억지로 ~하게 됩니다.)를 사용한 아래 문장들도 따라 말해 보아요.

- 日曜日(にちようび)に会社(かいしゃ)へ**来(こ)させられます。** 일요일에 회사에 **억지로** 오**게 됩니다.**
- 外(そと)で運動(うんどう)を**させられます。** 밖에서 운동을 **억지로** 하**게 됩니다.**

수동/사역/사역수동 강의 바로가기

문형 활용 긴 문장 말하기

앞서 학습한 문형과 여러 단어 및 표현을 함께 사용하여 긴 문장을 말해 보아요.

Day16_긴 문장3.mp3

매일 아침, 학교에 가기 전에 맛없는 믹스 주스를 억지로 마시게 됩니다.

まいあさ　がっこう　い　まえ　の
毎朝、学校に行く前にまずいミックスジュースを飲ませられます。

* 동사 기본형+前に ~전에

체크아웃 시간을 넘겨서 추가 요금을 억지로 지불하게 되었습니다.

じかん　す　ついかりょうきん　はら
チェックアウトの時間を過ぎて追加料金を払わせられました。

하고 싶지 않은 업무를 억지로 담당하게 되어서 의욕이 생기지 않습니다.

しごと　たんとう　き　で
やりたくない仕事を担当させられてやる気が出ません。

* 동사 ます형+たいです ~하고 싶습니다

친구 때문에 보고 싶지도 않은 영화를 억지로 보게 되었습니다.

ともだち　み　えいが　み
友達のせいで見たくもない映画を見させられました。

* 동사 ます형+たいです ~하고 싶습니다

가장 더운 오후 2시인데 밖에서 운동을 억지로 하게 되었습니다.

いちばんあつ　ごごにじ　そと　うんどう
一番暑い午後２時なのに外で運動をさせられました。

2시인데, 명사(２時)+な+のに, のに는 '명사+な' 다음에 올 수 있어요.

단어 ✔

毎朝 [まいあさ] 매일 아침　学校 [がっこう] 학교　行く [いく] 가다　まずい 맛없다　ミックスジュース 믹스 주스　飲む [のむ] 마시다　チェックアウト 체크아웃　時間 [じかん] 시간　過ぎる [すぎる] 넘기다　追加料金 [ついかりょうきん] 추가 요금　払う [はらう] 지불하다　やる 하다　仕事 [しごと] 업무, 일　担当する [たんとうする] 담당하다　やる気が出る [やるきがでる] 의욕이 생기다　友達 [ともだち] 친구　せいで 때문에　見る [みる] 보다　映画 [えいが] 영화　一番 [いちばん] 가장　暑い [あつい] 덥다　午後 [ごご] 오후　~時 [~じ] ~시　外 [そと] 밖　運動 [うんどう] 운동　する 하다

실생활 회화 자동발사!

🎧 Day16_실생활 회화 자동발사.mp3

먼저 듣기용 mp3로 대화를 들어 보며 어떤 내용인지 생각해 보세요. 그 다음 따라 말하기용 mp3로 따라 말해 보세요.

1 지수가 일하는 편의점에 오랜만에 찾아온 하루토

지수: 陽翔(はると)さん、久(ひさ)しぶりですね。最近(さいきん)来(こ)なくて心配(しんぱい)していました。

→ 오랜만에 만났을 때 하는 인삿말이에요.

하루토: このごろ、仕事(しごと)が忙(いそが)しかったんです。ジスさん、このまんがが好(す)きだと言(い)っていましたよね。

지수: はい！ 覚(おぼ)えていてくれたんですね。

하루토: ジスさんの好(す)きなものは何(なん)でも覚(おぼ)えていますよ。これ、プレゼントです。

지수: 本当(ほんとう)ですか。ありがとうございます。ついに 4 巻(よんかん)が発売(はつばい)されましたね。あ！ この本(ほん)のせいで忙(いそが)しかったんですか。

하루토: そうなんです。少女(しょうじょ)まんがは読(よ)んだことがないのに、急(きゅう)に担当(たんとう)させられて困(こま)りました。

지수: 本当(ほんとう)にお疲(つか)れさまでした。

---

1 지수 : 하루토 씨, 오랜만이네요. 최근 오지 않아서 걱정하고 있었어요.

하루토 : 요즘, 일이 바빴어요. 지수 씨, 이 만화를 좋아한다고 말했었죠?

지수 : 네! 기억하고 있어 주었네요.

하루토 : 지수 씨가 좋아하는 것은 무엇이든 기억하고 있죠. 이거, 선물이에요.

지수 : 정말요? 고마워요. 드디어 4권이 발매되었군요. 아! 이 책 때문에 바빴던 거예요?

하루토 : 맞아요. 순정만화는 읽은 적이 없는데, 갑자기 억지로 담당하게 되어서 곤란했어요.

지수 : 정말로 수고했어요.

단어

1. **最近** [さいきん] 최근 **来る** [くる] 오다
心配する [しんぱいする] 걱정하다 **このごろ** 요즘
仕事 [しごと] 일 **忙しい** [いそがしい] 바쁘다 **この** 이
まんが 만화 **好きだ** [すきだ] 좋아하다
言う [いう] 말하다 **覚える** [おぼえる] 기억하다 **もの** 것
何でも [なんでも] 무엇이든 **これ** 이것 **プレゼント** 선물
本当 [ほんとう] 정말 **ついに** 드디어
~巻 [~かん] ~권 **発売する** [はつばいする] 발매하다
本 [ほん] 책 **せいで** 때문에
少女まんが [しょうじょまんが] 순정만화
読む [よむ] 읽다 **急に** [きゅうに] 갑자기
担当する [たんとうする] 담당하다
困る [こまる] 곤란하다 **本当に** [ほんとうに] 정말로
お疲れさまでした [おつかれさまでした] 수고했어요

2 단골 이자카야에 혼자 온 하루토

하루토 マスター、焼きそばとえびフライと焼き鳥の盛り合わせください。それからビールも!

마스터 えっ、ちょっと多くないですか。誰か来ますか。

하루토 いえ、一人です。おいしいものをたくさん食べてストレス解消しようと思って…。

마스터 仕事で何かありましたか。

하루토 はい。今日、作家さんとミーティングがありましたが、作家さんが私を1時間も待たせたんです。それに、トマトが体にいいと言いながら飲み物も勝手に注文して、飲みたくもないトマトジュースを飲ませられました。

마스터 そうですか。色々大変でしたね。じゃあ、このビールはサービスです。

하루토 わぁ! ありがとうございます。

2 하루토 : 마스터, 야키소바랑 새우튀김이랑 닭꼬치 모둠 주세요. 그리고 맥주도!

마스터: 앗, 좀 많지 않아요? 누군가 와요?

하루토 : 아뇨, 혼자예요. 맛있는 것을 많이 먹고 스트레스 해소하려고 생각해서….

마스터 : 일에서 뭔가 있었어요?

하루토 : 네. 오늘, 작가님과 미팅이 있었는데, 작가님이 저를 1시간이나 기다리게 했어요. 게다가, 토마토가 몸에 좋다고 말하면서 음료도 제멋대로 주문해서, 마시고 싶지도 않은 토마토 주스를 억지로 마시게 되었어요.

마스터 : 그렇군요. 여러 가지로 힘들었겠네요. 그럼, 이 맥주는 서비스예요.

하루토: 와! 고마워요.

단어

2. **マスター** 마스터 **焼きそば** [やきそば] 야키소바 **えびフライ** 새우튀김 **焼き鳥** [やきとり] 닭꼬치 **盛り合わせ** [もりあわせ] 모둠 **それから** 그리고 **ビール** 맥주 **ちょっと** 좀 **多い** [おおい] 많다 **来る** [くる] 오다 **一人** [ひとり] 혼자 **おいしい** 맛있다 **もの** 것 **たくさん** 많이 **食べる** [たべる] 먹다 **ストレス** 스트레스 **解消する** [かいしょうする] 해소하다 **仕事** [しごと] 일 **今日** [きょう] 오늘 **作家さん** [さっかさん] 작가님 **ミーティング** 미팅 **私** [わたし] 저, 나 **~時間** [~じかん] ~시간 **待つ** [まつ] 기다리다 **それに** 게다가 **トマト** 토마토 **体** [からだ] 몸 **言う** [いう] 말하다 **飲み物** [のみもの] 음료 **勝手だ** [かってだ] 제멋대로이다 **注文する** [ちゅうもんする] 주문하다 **飲む** [のむ] 마시다 **ジュース** 주스 **色々** [いろいろ] 여러 가지 **大変だ** [たいへんだ] 힘들다 **サービス** 서비스

연습문제로 실력 쑥쑥

Day16_연습문제로 실력 쑥쑥.mp3

1 일본어로 문장 써보기

제시된 문형을 활용하여 일본어 문장을 써 보세요. 그 다음 음성을 듣고 문장을 따라 읽어 보세요.

보기	~れました	~せます	~せられます

1) 스즈키 씨는 어려운 질문을 해서 선생님을 곤란하게 했습니다.
(스즈키 씨 鈴木(すずき)さん / 어렵다 難(むずか)しい / 질문을 하다 質問(しつもん)をする / 선생님 先生(せんせい) / 곤란하다 困(こま)る)

____

2) 친구 때문에 보고 싶지도 않은 영화를 억지로 보게 되었습니다.
(친구 友達(ともだち) / ~때문에 ~せいで / 보다 見(み)る / ~하고 싶습니다 ~たいです / 영화 映画(えいが))

____

3) 영어 발음이 깨끗하다고 선생님에게 칭찬받았습니다.
(영어 英語(えいご) / 발음 発音(はつおん) / 깨끗하다 きれいだ / 선생님 先生(せんせい) / 칭찬하다 ほめる)

____

2 문맥에 맞는 단어 골라 써보기 JLPT N3, N4 문자·어휘 / JPT 독해 대비 유형

문맥에 가장 알맞은 단어를 보기에서 골라 문장을 완성해 보세요. 그 다음 음성을 듣고 문장을 따라 읽어 보세요.

보기	する	ふむ	育(そだ)てる	待(ま)つ

1) サッカーの試合中(しあいちゅう)、相手選手(あいてせんしゅ)に足(あし)を ＿＿＿＿＿＿ れました。

2) 彼(かれ)は私(わたし)たちをよく ＿＿＿＿＿＿ せます。

3) 一番暑(いちばんあつ)い午後(ごご)2時(にじ)なのに外(そと)で運動(うんどう)を ＿＿＿＿＿＿ せられました。

3 질문 듣고 알맞은 답변 고르기 JLPT N3, N4 청해 / JPT 청해 대비 유형

음성으로 들려주는 질문을 잘 듣고 알맞은 대답을 고르세요.

1) ①　　②

2) ①　　②

4 빈칸 채우기 JLPT N3, N4 문법 / JPT 독해 대비 유형

빈칸에 들어갈 가장 알맞은 단어를 골라 문장을 완성하세요. 그 다음 음성을 듣고 문장을 따라 읽어 보세요.

1) 部屋(へや)を散(ち)らかした子供(こども)（　　　）自分(じぶん)で片(かた)づけさせました。

① か　　② に　　③ の

2) やりたくない仕事(しごと)を（　　　）やる気(き)が出(で)ません。

① 担当(たんとう)する　　② 担当(たんとう)した　　③ 担当(たんとう)させられて

5 문장 완성하기 JLPT N3, N4 문법 대비 유형

선택지를 올바르게 배열하여 문장을 완성한 다음 ★ 에 들어갈 선택지를 고르세요.

1) チェックアウトの時間(じかん)を ____ ____ _★_ ____ 。

① 追加(ついか)　　② 払(はら)わせられました　　③ 過(す)ぎて　　④ 料金(りょうきん)を

2) リビングに ____ ____ _★_ ____ あります。

① テーブルが　　② 杉(すぎ)の木(き)で　　③ 作(つく)られた　　④ 置(お)いて

정답

1 1) 鈴木さんは難しい質問をして先生を困らせました。
2) 友達のせいで見たくもない映画を見させられました。
3) 英語の発音がきれいだと先生にほめられました。
2 1) ふま　2) 待た　3) さ
3 1) ①　2) ②
4 1) ② に　2) ③ 担当させられて
5 1) ④ 料金を　2) ①テーブルが

연습문제 해석 p.257

<해커스 일본어 첫걸음> 어플로
DAY 16에서 학습한 내용을
복습해보세요!

Day 17

이 가게의 빵은 모두 맛있을 것 같습니다.

このお店(みせ)のパンは

どれもおいしそうです。

한 번에 학습하기

이런 말을 할 수 있어요.

이 가게의 빵은 모두 **맛있을 것 같습니다**. 문형 1

みせ
このお店のパンはどれも**おいしそうです**。

요즘은 재택근무를 하는 사람도 **많은 것 같습니다**. 문형 2

さいきん ひと おお
最近はテレワークをする人も**多いようです**。

전화를 받지 않는 그는 매우 **바쁜 것 같습니다**. 문형 3

でんわ で かれ いそが
電話に出ない彼はとても**忙しいらしいです**。

오늘은, 추측을 말할 때 사용하는 문형을 배워볼 거예요. 각 문형의 쓰임을 명확하게 구분하는 것이 쉽지 않으므로 기본적인 차이점을 이해한 후, 예문이 입에 붙을 때까지 여러 번 따라 읽으며 학습하는 것이 중요해요.

- **문형1** [여러 품사] **そうです。~일 것 같습니다.** (눈에 보이는 인상에 의한, 추측의 **そうだ**)
- **문형2** [여러 품사] **ようです。~인 것 같습니다.** (주관적인 판단에 의한, 추측의 **ようだ**)
- **문형3** [여러 품사] **らしいです。~인 것 같습니다.** (객관적인 근거에 의한, 추측의 **らしい**)

오늘의 문형을 배우면 '모두 맛있을 것 같습니다', '재택근무를 하는 사람도 많은 것 같습니다', '그는 매우 바쁜 것 같습니다'와 같은 말을 할 수 있어요.

※ 오른쪽 QR코드로 추측/전언표현을 바로, 그리고 쉽게 익혀보세요.

추측/전언표현
강의 바로가기

말이 술술 쏟아지는 문형

음성을 듣고 문장을 큰 소리로 따라 말해 보세요.

문형 1

Day17_말이 술술 문형1.mp3

이 가게의 빵은 모두 맛있을 것 같습니다.

このお店(みせ)のパンはどれもおいしそうです。

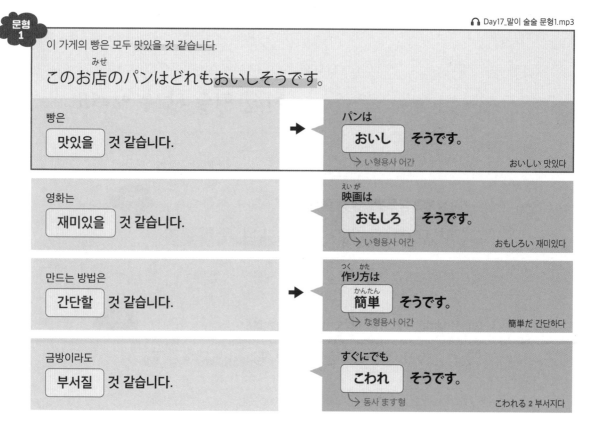

빵은 [맛있을] 것 같습니다.	パンは [おいし] そうです。 ↳ い형용사 어간 / おいしい 맛있다
영화는 [재미있을] 것 같습니다.	映画(えいが)は [おもしろ] そうです。 ↳ い형용사 어간 / おもしろい 재미있다
만드는 방법은 [간단할] 것 같습니다.	作(つく)り方(かた)は [簡単(かんたん)] そうです。 ↳ な형용사 어간 / 簡単だ 간단하다
금방이라도 [부서질] 것 같습니다.	すぐにでも [こわれ] そうです。 ↳ 동사 ます형 / こわれる 2 부서지다

문형 탐구하기

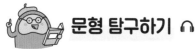

1. 우리말 "맛있을 것 같습니다."는 일본어로 "おいしそうです。"예요. 여기서 そうです는 '~일 것 같습니다'라는 뜻의 추측 표현이에요.

そうです는 직접 눈으로 본 인상이나 느낌에 의한 추측을 말할 때 사용해요. 즉, '~일 것처럼 보인다'라는 뉘앙스예요. い형용사 어간, な형용사 어간, 동사 ます형 뒤에 붙여요.

참고로 いいです(좋습니다)는 よさそうです(좋을 것 같습니다), ないです(없습니다)는 なさそうです(없을 것 같습니다)로 말해요.

+플러스포인트 そうです는 '~라고 합니다'라는 뜻으로 정보를 전달할 때에도 쓰여요. 이 경우에는 い형용사, 동사, な형용사는 기본형 뒤에, '명사+だ' 뒤에 そうです를 붙이면 돼요. 이를 문법적으로 '전언의 そうです'라고 일컬어요.

예 おいしい**そうです**。 맛있**다고 합니다**.　　こわれる**そうです**。 부서진**다고 합니다**.

簡単(かんたん)だ**そうです**。 간단하**다고 합니다**.　　雨(あめ)だ**そうです**。 비**라고 합니다**.

2. ~そうです。(~일 것 같습니다.)를 사용한 아래 문장들도 따라 말해 보아요.

- このラーメンは辛(から)**そうです**。 이 라멘은 매울 **것 같습니다**. 辛い [からい] 맵다
- コップの水(みず)がこぼれ**そうです**。 컵의 물이 넘칠 **것 같습니다**. こぼれる 넘치다

추측/전언표현 강의 바로가기

문형 활용 긴 문장 말하기

앞서 학습한 문형과 여러 단어 및 표현을 함께 사용하여 긴 문장을 말해 보아요.

Day17_긴 문장1.mp3

그녀가 아침부터 정성스럽게 만든 이 빵은 매우 맛있을 것 같습니다.

かのじょ　あさ　ていねい　つく
彼女が朝から丁寧に作ったこのパンはとても**おいしそうです**。

포스터를 보니, 이 영화는 재미있을 것 같습니다.

み　えいが
ポスターを見ると、この映画は**おもしろそうです**。

요거트 만드는 방법은 생각보다 간단할 것 같습니다.

つく　かた　おも　かんたん
ヨーグルトの作り方は思ったより**簡単そうです**。

창고에 있는 책상은 전부 낡아서 금방이라도 부서질 것 같습니다.

そうこ　ぜんぶ　ふる
倉庫にあるつくえは全部古くてすぐにでも**こわれそうです**。

일기 예보에 의하면 오늘 밤 늦게부터 비라고 합니다.

てんきよほう　こんや　おそ　あめ
天気予報によると今夜遅くから**雨だそうです**。

단어 ✔

彼女 [かのじょ] 그녀　朝 [あさ] 아침　丁寧だ [ていねいだ] 정성스럽다　作る [つくる] 만들다　この 이　パン 빵　とても 매우　おいしい 맛있다
ポスター 포스터　見る [みる] 보다　映画 [えいが] 영화　おもしろい 재미있다　ヨーグルト 요거트　作り方 [つくりかた] 만드는 방법
思ったより [おもったより] 생각보다　簡単だ [かんたんだ] 간단하다　倉庫 [そうこ] 창고　ある 있다　つくえ 책상　全部 [ぜんぶ] 전부　古い [ふるい] 낡다
すぐにでも 금방이라도　こわれる 부서지다　天気予報 [てんきよほう] 일기 예보　今夜 [こんや] 오늘 밤　遅く [おそく] 늦게　雨 [あめ] 비

말이 술술 쏟아지는 문형

🎧 음성을 듣고 문장을 큰 소리로 따라 말해 보세요.

문형 2

🎧 Day17_말이 술술 문형2.mp3

요즘은 재택근무를 하는 사람도 많은 것 같습니다.

最近(さいきん)はテレワークをする人(ひと)も多(おお)いようです。

* テレワーク 재택근무

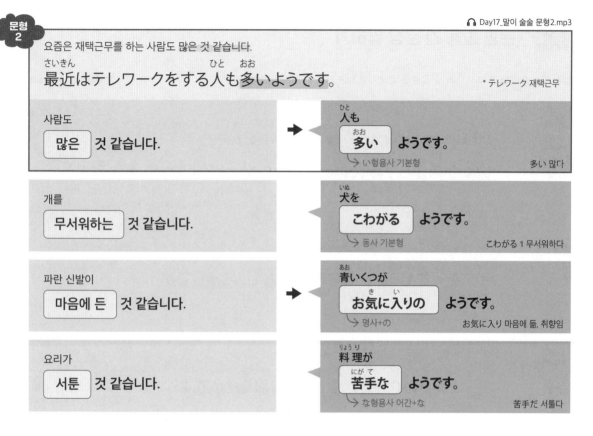

사람도 **많은** 것 같습니다.	人(ひと)も **多(おお)い** ようです。 → い형용사 기본형 多い 많다
개를 **무서워하는** 것 같습니다.	犬(いぬ)を **こわがる** ようです。 → 동사 기본형 こわがる 1 무서워하다
파란 신발이 **마음에 든** 것 같습니다.	青(あお)いくつが **お気(き)に入(い)りの** ようです。 → 명사+の お気に入り 마음에 듦, 취향임
요리가 **서툰** 것 같습니다.	料理(りょうり)が **苦手(にがて)な** ようです。 → な형용사 어간+な 苦手だ 서툴다

문형 탐구하기 🎧

1. 우리말 "많은 것 같습니다."는 일본어로 "多(おお)いようです。"예요. 여기서 ようです도 そうです와 마찬가지로 '~인 것 같습니다'라는 뜻의 추측 표현이에요.

ようです는 주관적인 판단에 의한 추측을 말할 때 또는 단정적으로 말하는 것을 피하고자 할 때 사용해요. 즉, '~인 거라고 느껴진다', '~인 거라고 생각한다'는 뉘앙스예요. い형용사와 동사는 기본형 뒤에 바로 붙이고, 명사는 '명사+の' 뒤에, な형용사는 어미 だ를 な로 바꾸고 ようです를 붙여요.

+플러스포인트 회화에서는 みたいです(~인 것 같습니다)도 같은 의미로 자주 쓰여요. い형용사, 동사, 명사는 기본형 뒤에 바로 붙이고, な형용사는 だ를 떼고 어간에 붙이면 돼요.

예 多(おお)い**みたいです**。많은 **것 같습니다**.　　こわがる**みたいです**。무서워하는 **것 같습니다**.

お気(き)に入(い)り**みたいです**。마음에 든 것 **같습니다**.　　苦手(にがて)**みたいです**。서툰 것 **같습니다**.

2. ～ようです。(~인 것 같습니다.)를 사용한 아래 문장들도 따라 말해 보아요.

- あの人(ひと)は芸能人(げいのうじん)の**ようです**。 저 사람은 연예인인 **것 같습니다**.
- いつもとは違(ちが)う**ようです**。 여느 때와는 다른 **것 같습니다**.

추측/전언표현 강의 바로가기

문형 활용 긴 문장 말하기

앞서 학습한 문형과 여러 단어 및 표현을 함께 사용하여 긴 문장을 말해 보아요. Day17_긴 문장2.mp3

유명한 관광지여서 한국에서 온 사람도 많은 것 같습니다.

ゆうめい　かんこうち　かんこく　き　ひと　おお
有名な観光地だから韓国から来た人も**多いようです**。

아무래도 그녀는 개를 무서워하는 것 같습니다.

かのじょ　いぬ
どうやら彼女は犬を**こわがるようです**。

딸은 파란 신발이 가장 마음에 든 것 같습니다.

むすめ　あお　いちばん　き　い
娘は青いくつが一番**お気に入りのようです**。

매일 도시락 반찬이 같은 그는 요리가 서툰 것 같습니다.

まいにち　べんとう　おな　かれ　りょうり　にがて
毎日お弁当のおかずが同じ彼は料理が**苦手なようです**。

오늘의 그녀는 여느 때와는 분위기가 다른 것 같습니다.

きょう　かのじょ　ちが
今日の彼女はいつもとはふんいきが**違うようです**。

단어 ✔

有名だ [ゆうめいだ] 유명하다　観光地 [かんこうち] 관광지　韓国 [かんこく] 한국　来る [くる] 오다　人 [ひと] 사람　多い [おおい] 많다　どうやら 아무래도
彼女 [かのじょ] 그녀　犬 [いぬ] 개　こわがる 무서워하다　娘 [むすめ] 딸　青い [あおい] 파랗다　くつ 신발　一番 [いちばん] 가장
お気に入り [おきにいり] 마음에 듦, 취향임　毎日 [まいにち] 매일　お弁当 [おべんとう] 도시락　おかず 반찬　同じだ [おなじだ] 같다　彼 [かれ] 그
料理 [りょうり] 요리　苦手だ [にがてだ] 서툴다　今日 [きょう] 오늘　いつも 여느 때　ふんいき 분위기　違う [ちがう] 다르다

말이 술술 쏟아지는 문형

음성을 듣고 문장을 큰 소리로 따라 말해 보세요.

문형 3

Day17_말이 술술 문형3.mp3

전화를 받지 않는 그는 매우 바쁜 것 같습니다.

電話(でんわ)に出(で)ない彼(かれ)はとても忙(いそが)しいらしいです。

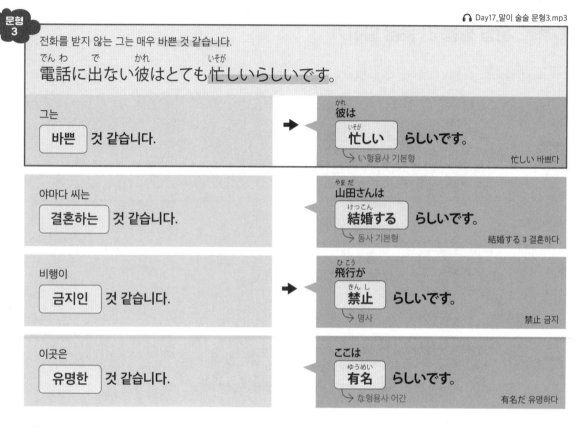

그는 바쁜 것 같습니다.	彼(かれ)は 忙(いそが)しい らしいです。 (い형용사 기본형) 忙しい 바쁘다
야마다 씨는 결혼하는 것 같습니다.	山田(やまだ)さんは 結婚(けっこん)する らしいです。 (동사 기본형) 結婚する 3 결혼하다
비행이 금지인 것 같습니다.	飛行(ひこう)が 禁止(きんし) らしいです。 (명사) 禁止 금지
이곳은 유명한 것 같습니다.	ここは 有名(ゆうめい) らしいです。 (な형용사 어간) 有名だ 유명하다

문형 탐구하기

1. 우리말 "바쁜 것 같습니다."는 일본어로 "忙(いそが)しいらしいです。"예요. 여기서 らしいです는 '~인 것 같습니다'라는 뜻의 추측 표현이에요.

らしいです는 ようです에 비해 상당히 객관적인 근거와 정보를 가지고 추측한 것을 말할 때 사용해요. い형용사와 동사는 기본형 뒤에, 명사는 바로 뒤에, な형용사는 だ를 뗀 어간 뒤에 붙여요.

+플러스포인트 らしいです는 상황에 따라 '~라는 것 같습니다.'라는 뜻으로 다른 무언가를 통해 얻은 정보를 전달할 때도 쓸 수 있어요. '전언의 そうです'가 외부로부터 얻은 정보를 그대로 전달하는 것이라면, らしいです는 외부로부터 얻은 정보들을 토대로 조금 불확실한 사실을 전달할 때 써요.

예 北海道(ほっかいどう)に引(ひ)っ越(こ)す**そうです**。홋카이도로 이사한**다고 합니다**. (누군가로부터 이사한다는 사실을 듣고 그것을 전함)
北海道(ほっかいどう)に引(ひ)っ越(こ)す**らしいです**。홋카이도로 이사한다는 **것 같습니다**. (이런저런 정보를 토대로 불확실한 사실을 전함)

2. ~らしいです。(~인 것 같습니다.)를 사용한 아래 문장들도 따라 말해 보아요.

- あの二人(ふたり)は親(した)しい**らしいです**。 저 두 사람은 친한 **것 같습니다**.
- 交通(こうつう)が不便(ふべん)**らしいです**。 교통이 불편한 **것 같습니다**.
- この番組(ばんぐみ)は終(お)わる**らしいです**。 이 방송 프로그램은 끝나는 **것 같습니다**.

추측/전언표현 강의 바로가기

문형 활용 긴 문장 말하기

앞서 학습한 문형과 여러 단어 및 표현을 함께 사용하여 긴 문장을 말해 보아요.

Day17_긴 문장3.mp3

아침부터 자리에 없는 그는 회의 준비로 바쁜 것 같습니다.

あさ　せき　かれ　かいぎ　じゅんび　いそが

朝から席にいない彼は会議の準備で**忙しいらしいです。**

최근, 식장을 알아보고 있는 야마다 씨는 곧 결혼하는 것 같습니다.

さいきん　しきじょう　しら　やまだ　けっこん

最近、式場を調べている山田さんはもうすぐ**結婚するらしいです。**

공항 근처에서는 드론의 비행이 금지인 것 같습니다.

くうこう　ちか　ひこう　きんし

空港の近くではドローンの飛行が**禁止らしいです。**

이곳은 저녁 노을이 예쁜 곳으로 제법 유명한 것 같습니다.

ゆうや　ゆうめい

ここは夕焼けがきれいなところとしてけっこう**有名らしいです。**

아버지의 전근으로 가족 모두 홋카이도로 이사한다는 것 같습니다.

とう　てんきん　かぞく　ほっかいどう　ひ　こ

お父さんの転勤で家族みんな北海道に**引っ越すらしいです。**

단어 ✔

朝 [あさ] 아침　席 [せき] 자리　いる 있다　彼 [かれ] 그　会議 [かいぎ] 회의　準備 [じゅんび] 준비　忙しい [いそがしい] 바쁘다　最近 [さいきん] 최근　式場 [しきじょう] 식장　調べる [しらべる] 알아보다　もうすぐ 곧　結婚する [けっこんする] 결혼하다　空港 [くうこう] 공항　近く [ちかく] 근처　ドローン 드론　飛行 [ひこう] 비행　禁止 [きんし] 금지　ここ 이곳　夕焼け [ゆうやけ] 저녁 노을　きれいだ 예쁘다　ところ 곳　けっこう 제법　有名だ [ゆうめいだ] 유명하다　お父さん [おとうさん] 아버지　転勤 [てんきん] 전근　家族 [かぞく] 가족　みんな 모두　北海道 [ほっかいどう] 홋카이도(지명)　引っ越す [ひっこす] 이사하다

실생활 회화 자동발사!

Day17_실생활 회화 자동발사.mp3

먼저 듣기용 mp3로 대화를 들어 보며 어떤 내용인지 생각해 보세요. 그 다음 따라 말하기용 mp3로 따라 말해 보세요.

1 가마쿠라 고교 앞 건널목에서 지수와 하루토

지수: ここが「スラムダンク」に出(で)てくる鎌倉(かまくら)の有名(ゆうめい)な駅(えき)ですね。
↳ 도쿄역에서 기차로 1시간 정도 걸리는 관광 도시

하루토: 「スラムダンク」だけじゃなくてドラマとかにもよく出(で)てきますよ。

지수: そうなんですか。前(まえ)からここ来(き)てみたかったんです。本当(ほんとう)にきれいですね。有名(ゆうめい)な観光地(かんこうち)だから韓国(かんこく)から来(き)た人(ひと)も多(おお)いようです。

하루토: そうですね。ここは夕焼(ゆうや)けがきれいなところとしても有名(ゆうめい)らしいです。

지수: へえ、楽(たの)しみです。今日(きょう)は天気(てんき)がいいから夕焼(ゆうや)けがきれいに見(み)えそうです。

하루토: もうすぐ日(ひ)が暮(く)れそうだから、しばらく待(ま)って夕焼(ゆうや)けを背景(はいけい)に写真(しゃしん)撮(と)りましょう!

---

1 지수 : 이곳이 '슬램덩크'에 나오는 가마쿠라의 유명한 역이네요.
하루토 : '슬램덩크'뿐만 아니라 드라마 같은 데에도 자주 나와요.
지수 : 그래요? 전부터 여기 와 보고 싶었어요. 정말로 예쁘네요. 유명한 관광지여서 한국에서 온 사람도 많은 것 같아요.
하루토 : 그러네요. 이곳은 저녁 노을이 예쁜 곳으로도 유명한 것 같아요.
지수 : 와, 기대되네요. 오늘은 날씨가 좋으니까 저녁 노을이 예쁘게 보일 것 같아요.
하루토 : 이제 곧 해가 질 것 같으니까, 잠깐 기다려서 노을을 배경으로 사진 찍어요!

단어

1. **ここ** 이곳 **出てくる** [でてくる] 나오다
鎌倉 [かまくら] 가마쿠라(지명)
有名だ [ゆうめいだ] 유명하다 **駅** [えき] 역
ドラマ 드라마 **よく** 자주 **前** [まえ] 전 **来る** [くる] 오다
本当に [ほんとうに] 정말로 **きれいだ** 예쁘다
観光地 [かんこうち] 관광지 **韓国** [かんこく] 한국
人 [ひと] 사람 **多い** [おおい] 많다
夕焼け [ゆうやけ] 저녁 노을 **ところ** 곳
楽しみだ [たのしみだ] 기대되다 **今日** [きょう] 오늘
天気 [てんき] 날씨 **いい** 좋다 **見える** [みえる] 보이다
もうすぐ 이제 곧 **日が暮れる** [ひがくれる] 해가 지다
しばらく 잠깐 **待つ** [まつ] 기다리다
背景 [はいけい] 배경 **写真** [しゃしん] 사진
撮る [とる] (사진을) 찍다

2 불꽃놀이를 보기 위해 점장의 집에 간 지수

점장 ジスさん、浴衣(ゆかた)を着(き)たんですね!

> 유카타는 일본의 전통 의상으로 여름의 축제나 불꽃놀이를 할 때 주로 입어요.

지수 はい。浴衣(ゆかた)は初(はじ)めてだから、ユーチューブで着方(きかた)を調(しら)べました。どうですか。

점장 아내 とても似合(にあ)いますよ。いつもとはふんいきが違(ちが)うような感(かん)じがします。帯(おび)もきれいに結(むす)びましたね。

> ようです(~인 것 같습니다)의 기본형 ようだ는 な형용사처럼 활용해서 말할 수 있어요.

> 유카타의 허리 부분을 여미는 띠

지수 ありがとうございます。でも、空(そら)がかなり曇(くも)っていますね。花火大会(はなびたいかい)は大丈夫(だいじょうぶ)でしょうか。

점장 天気予報(てんきよほう)によると今夜(こんや)遅(おそ)くから雨(あめ)だそうです。大丈夫(だいじょうぶ)でしょう。じゃあ、屋上(おくじょう)に上(あ)がりましょう。

점장 아내 始(はじ)まるまですいかでも食(た)べますか。

> '시작될 때까지', 동사 기본형(始まる)+まで

지수 いいですね! 私(わたし)もすいかを運(はこ)ぶのを手伝(てつだ)います。

2 점장 : 지수 씨, 유카타를 입었네요!

지수 : 네. 유카타는 처음이라서, 유튜브로 입는 방법을 찾았어요. 어때요?

점장 아내 : 아주 잘 어울려요. 여느 때와는 분위기가 다른 것 같은 느낌이 들어요. 오비도 예쁘게 묶었네요.

지수 : 감사합니다. 그런데, 하늘이 꽤 흐려져 있네요. 불꽃놀이는 괜찮을까요?

점장 : 일기 예보에 의하면 오늘 밤 늦게부터 비라고 해요. 괜찮겠죠. 그럼, 옥상으로 올라갑시다.

점장 아내 : 시작될 때까지 수박이라도 먹을까요?

지수 : 좋네요! 저도 수박을 옮기는 것을 도울게요.

단어

2. **浴衣** [ゆかた] 유카타 **着る** [きる] 입다 **初めて** [はじめて] 처음 **ユーチューブ** 유튜브 **着方** [きかた] 입는 방법 **調べる** [しらべる] 찾다 **とても** 아주 **似合う** [にあう] 어울리다 **いつも** 여느 때 **ふんいき** 분위기 **違う** [ちがう] 다르다 **感じ** [かんじ] 느낌 **帯** [おび] 오비, 띠 **きれいだ** 예쁘다 **結ぶ** [むすぶ] 묶다 **でも** 그런데 **空** [そら] 하늘 **かなり** 꽤 **曇る** [くもる] 흐려지다 **花火大会** [はなびたいかい] 불꽃놀이 **大丈夫だ** [だいじょうぶだ] 괜찮다 **天気予報** [てんきよほう] 일기 예보 **今夜** [こんや] 오늘 밤 **遅く** [おそく] 늦게 **雨** [あめ] 비 **屋上** [おくじょう] 옥상 **上がる** [あがる] 올라가다 **始まる** [はじまる] 시작되다 **すいか** 수박 **食べる** [たべる] 먹다 **いい** 좋다 **運ぶ** [はこぶ] 옮기다 **手伝う** [てつだう] 돕다

연습문제로 실력 쑥쑥

Day17_연습문제로 실력 쑥쑥.mp3

1 일본어로 문장 써보기

제시된 문형을 활용하여 일본어 문장을 써 보세요. 그 다음 음성을 듣고 문장을 따라 읽어 보세요.

1) ~らしいです

이곳은 저녁 노을이 예쁜 곳으로 제법 유명한 것 같습니다.

(이곳 ここ / 저녁 노을 夕焼(ゆうや)け / 예쁘다 きれいだ / 곳 ところ / 제법 けっこう / 유명하다 有名(ゆうめい)だ)

____

2) ~ようです

매일 도시락 반찬이 같은 그는 요리가 서툰 것 같습니다.

(매일 毎日(まいにち) / 도시락 お弁当(べんとう) / 반찬 おかず / 같은 同(おな)じ / 그 彼(かれ) / 요리 料理(りょうり) / 서툴다 苦手(にがて)だ)

____

3) ~そうです

이 가게의 빵은 모두 맛있을 것 같습니다.

(이 この / 가게 お店(みせ) / 빵 パン / 모두 どれも / 맛있다 おいしい)

____

2 문맥에 맞는 단어 골라 써보기 [JLPT N3, N4 문자·어휘 / JPT 독해 대비 유형]

문맥에 가장 알맞은 단어를 보기에서 골라 문장을 완성해 보세요. 그 다음 음성을 듣고 문장을 따라 읽어 보세요.

보기	こわがる	違(ちが)う	禁止(きんし)	こわれる

1) 倉庫(そうこ)にあるつくえは全部古(ぜんぶふる)くてすぐにでも ____________ そうです。

2) 空港(くうこう)の近(ちか)くではドローンの飛行(ひこう)が ____________ らしいです。

3) どうやら彼女(かのじょ)は犬(いぬ)を ____________ ようです。

3 질문 듣고 알맞은 답변 고르기 JLPT N3, N4 청해 / JPT 청해 대비 유형

음성으로 들려주는 질문을 잘 듣고 알맞은 대답을 고르세요.

1) ① ②

2) ① ②

4 빈칸 채우기 JLPT N3, N4 문법 / JPT 독해 대비 유형

빈칸에 들어갈 가장 알맞은 단어를 골라 문장을 완성하세요. 그 다음 음성을 듣고 문장을 따라 읽어 보세요.

1) 娘(むすめ)は青(あお)いくつが一番(いちばん)（　　　）ようです。

① お気(き)に入(い)り　② お気(き)に入(い)りの　③ お気(き)に入(い)りだ

2) 最近(さいきん)、式場(しきじょう)を調(しら)べている山田(やまだ)さんはもうすぐ（　　　）らしいです。

① 結婚(けっこん)する　② 結婚(けっこん)して　③ 結婚(けっこん)の

5 문장 완성하기 JLPT N3, N4 문법 대비 유형

선택지를 올바르게 배열하여 문장을 완성한 다음 ★ 에 들어갈 선택지를 고르세요.

1) 彼女(かのじょ)が朝(あさ)から丁寧(ていねい)に ___ ___ ★ ___ そうです。

① とても　② 作(つく)った　③ このパンは　④ おいし

2) 有名(ゆうめい)な観光地(かんこうち)だから ___ ___ ★ ___ ようです。

① 韓国(かんこく)から　② 人(ひと)も　③ 多(おお)い　④ 来(き)た

<해커스 일본어 첫걸음> 어플로
DAY 17에서 학습한 내용을
복습해보세요!

정답

1 1) ここは夕焼けがきれいなところとしてけっこう有名らしいです。
2) 毎日お弁当のおかずが同じ彼は料理が苦手なようです。
3) このお店のパンはどれもおいしそうです。
2 1) こわれ　2) 禁止　3) こわがる
3 1) ②　2) ①
4 1) ② お気に入りの　2) ① 結婚する
5 1) ① とても　2) ② 人も

연습문제 해석 p.258

Day 18

가격이 조금 더 싸다면 사겠습니다.

ねだん　　すこ　やす
値段がもう少し安かったら
か
買います。

한 번에 학습하기

이 넥타이는 어때요?
このネクタイはどうですか。
가격이 조금 더 싸다면 사겠습니다.
値段がもう少し安かったら買います。
¥100

이런 말을 할 수 있어요.

문형 1

가격이 조금 더 싸다면 사겠습니다.

ね だん　すこ　やす　か

値段がもう少し安かったら買います。

문형 2

이 버튼을 누르면 표가 나옵니다.

お　きっぷ　で

このボタンを押せば切符が出ます。

문형 3

작년의 자료가 필요하다면 준비하겠습니다.

きょねん　しりょう　ひつよう　ようい

去年の資料が必要なら用意します。

오늘은, '~하다면', '~면'과 같이 가정이나 조건을 나타내는 たら, ば, なら를 포함한 세 가지 문형을 배워볼 거예요. 먼저 세 가지의 기본 쓰임을 이해한 후, 제시된 문장을 여러 번 따라 읽고 입에 붙이는 것이 중요해요.

문형1 A たら B ます。 A면 B합니다. (A가 실현되면 B가 실현된다)

문형2 A ば B ます。 A면 B합니다. (A가 성립하면 반드시 B가 성립한다, 인과 관계)

문형3 A なら B ます。 A면 B합니다. (A의 경우라면 B가 실현된다)

오늘의 문형을 배우면 '조금 더 싸다면 사겠습니다', '버튼을 누르면 표가 나옵니다', '자료가 필요하다면 준비하겠습니다' 와 같은 말을 할 수 있어요.

※ 오른쪽 QR코드로 가정표현을 바로, 그리고 쉽게 익혀보세요.

가정표현
강의 바로가기

말이 술술 쏟아지는 문형

음성을 듣고 문장을 큰 소리로 따라 말해 보세요.

문형 1

Day18_말이 술술 문형1.mp3

가격이 조금 더 싸다면 사겠습니다.

値段(ねだん)がもう少(すこ)し安(やす)かったら買(か)います。

가격이 [싸다] 면 [사겠] 습니다.	値段(ねだん)が [安(やす)かっ] たら [買(か)い] ます。 → 동사 ます형 / → い형용사 た형 安い 싸다 / 買う 1 사다
확인이 [끝나] 면 [돌아가겠] 습니다.	確認(かくにん)が [終(お)わっ] たら [帰(かえ)り] ます。 → 동사 た형 終わる 1 끝나다 / 帰る 예외 1 돌아가다
일정이 [정해지] 면 [알려주겠] 습니다.	日程(にってい)が [決(き)まっ] たら [教(おし)え] ます。 → 동사 た형 決まる 1 정해지다 / 教える 2 알려주다
아이가 [걱정이라] 면 [상담하겠] 습니다.	子供(こども)が [心配(しんぱい)だっ] たら [相談(そうだん)し] ます。 → な형용사 た형 心配だ 걱정이다 / 相談する 3 상담하다

문형 탐구하기

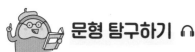

1. 우리말 "싸다면 사겠습니다."는 일본어로 "安(やす)かったら買(か)います。"예요. 이렇게 'AたらBます'라고 하면 A가 실현되면 B가 실현됨을 나타내는 말이 돼요. な형용사, い형용사, 동사 모두 た형 뒤에 ら를 붙이고, 명사는 '명사+だっ' 뒤에 たら를 붙여요. 여기서 たら(~하면, ~라면)는 '앞의 조건이 완료 또는 실현되면'이라는 의미로 조건을 가정하는 말이에요.

たら는 회화에서 가장 자주 사용하는 가정 표현이에요. たら 뒤에는 의지, 명령, 금지, 희망, 요구 등의 다양한 내용이 올 수 있어요.

2. ～たら ～ます。(~면 ~하겠습니다.)를 사용한 아래 문장들도 따라 말해 보아요.

- 検査(けんさ)をして病気(びょうき)だっ**たら**入院(にゅういん)し**ます**。 검사를 해서 병이**면** 입원하겠**습니다**. 入院する [にゅういんする] 입원하다
- シャツが小(ちい)さかっ**たら**交換(こうかん)し**ます**。 셔츠가 작다**면** 교환하겠**습니다**. 交換する [こうかんする] 교환하다
- 家(いえ)に着(つ)い**たら**連絡(れんらく)し**ます**。 집에 도착하**면** 연락하겠**습니다**. 連絡する [れんらくする] 연락하다

가정표현 강의 바로가기

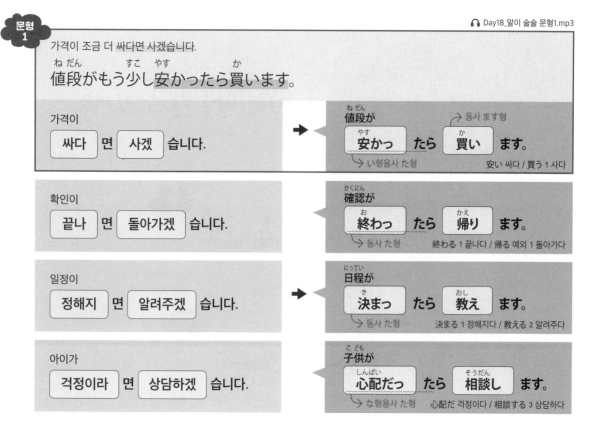

문형 활용 긴 문장 말하기

앞서 학습한 문형과 여러 단어 및 표현을 함께 사용하여 긴 문장을 말해 보아요.

Day18_긴 문장1.mp3

이곳이 다른 가게에 비해 가격이 싸다면 여기서 사겠습니다.

ほか　みせ　くら　ねだん　やす　か
ここが他の店に比べて値段が安かったらここで買います。

자료 확인이 끝나면 먼저 돌아가도 괜찮습니까?

しりょう　かくにん　お　さき　かえ
資料の確認が終わったら先に帰ってもかまいませんか。

이벤트의 자세한 일정이 정해지면 이메일로 알려 주겠습니다.

くわ　にってい　き　おし
イベントの詳しい日程が決まったらメールで教えます。

밥을 안 먹는 아이가 걱정이라면 상담해 보는 것은 어떻습니까?

はん　た　こども　しんぱい　そうだん
ご飯を食べない子供が心配だったら相談してみるのはどうですか。

* 동사 て형+みます ~해 봅니다

밤이 늦었으니까, 집에 도착하면 저에게 연락해 주세요.

よるおそ　いえ　つ　わたし　れんらく
夜遅いから、家に着いたら私に連絡してください。

단어 ✔

ここ 이곳　他 [ほか] 다름　店 [みせ] 가게　値段 [ねだん] 가격　安い [やすい] 싸다　買う [かう] 사다　資料 [しりょう] 자료　確認 [かくにん] 확인
終わる [おわる] 끝나다　先に [さきに] 먼저　帰る [かえる] 돌아가다　イベント 이벤트　詳しい [くわしい] 자세하다　日程 [にってい] 일정
決まる [きまる] 정해지다　メール 이메일　教える [おしえる] 알려 주다　ご飯 [ごはん] 밥　食べる [たべる] 먹다　子供 [こども] 아이
心配だ [しんぱいだ] 걱정이다　相談する [そうだんする] 상담하다　夜遅い [よるおそい] 밤이 늦다　家 [いえ] 집　着く [つく] 도착하다　私 [わたし] 저, 나
連絡する [れんらくする] 연락하다

말이 술술 쏟아지는 문형

음성을 듣고 문장을 큰 소리로 따라 말해 보세요.

문형 2

Day18_말이 술술 문형2.mp3

이 버튼을 누르면 표가 나옵니다.

このボタンを押(お)せば切符(きっぷ)が出(で)ます。

* 切符 표

버튼을 [누르] 면 [나옵] 니다.	ボタンを [押(お)せ] ば [出(で)] ます。 (押せ: 동사 가정형 / 出: 동사 ます형) 押す 1 누르다 / 出る 2 나오다
본교의 [학생이] 면 [압] 니다.	本校(ほんこう)の [学生(がくせい)なら] ば [分(わ)かり] ます。 (学生なら: 명사 가정형) 学生 학생 / 分かる 1 알다
혹시 [가능하] 면 [부탁합] 니다.	もし [可能(かのう)なら] ば [お願(ねが)いし] ます。 (可能なら: な형용사 가정형) 可能だ 가능하다 / お願いする 3 부탁하다
스프가 [미지근하] 면 [데우겠] 습니다.	スープが [ぬるけれ] ば [温(あたた)め] ます。 (ぬるけれ: い형용사 가정형) ぬるい 미지근하다 / 温める 2 데우다

문형 탐구하기

1. 우리말 "누르면 나옵니다."는 일본어로 "押(お)せば出(で)ます。"예요. 이렇게 'AばBます'라고 하면 A가 성립하면 반드시 B가 성립함을 나타내는 말이 돼요. A에는 가정형을 쓰는데, 여기서 押(お)せば가 押(お)す의 가정형이에요. ば는 '~(하)면'의 뜻으로, 논리적인 인과 관계를 나타내거나, 두 가지 조건 중 어느 쪽으로 할지 정해지지 않은 경우 'A하면/이면 B한다(즉, A가 아니면 B를 안 한다)'의 의미를 나타낼 때 사용해요.

가정형은 아래와 같은 방법으로 만들어요.

명사	ならば를 붙이면 돼요.	· 学生(がくせい) 학생 → 学生(がくせい)**ならば** 학생**이면**
な형용사	어미 だ를 떼고 ならば를 붙이면 돼요.	· ひまだ 한가하다 → ひま**ならば** 한가하**면**
い형용사	어미 い를 떼고 ければ를 붙이면 돼요.	· ぬるい 미지근하다 → ぬる**ければ** 미지근하**면**
동사	어미 [u]단을 [e]단으로 바꾸고 ば를 붙이면 돼요.	· 押(お)す 누르다 → 押(お)せ**ば** 누르**면**

2. ~ば ~ます。(~하면 ~합니다/하겠습니다.)를 사용한 아래 문장들도 따라 말해 보아요.

- 全力(ぜんりょく)で走(はし)れ**ば**間(ま)に合(あ)い**ます**。 전력으로 달리**면** 늦지 않습**니다**. 間に合う [まにあう] 늦지 않다, 시간에 맞추다
- 耳(みみ)をすませ**ば**聞(き)こえ**ます**。 귀를 기울이**면** 들립**니다**. 耳をすます [みみをすます] 귀를 기울이다

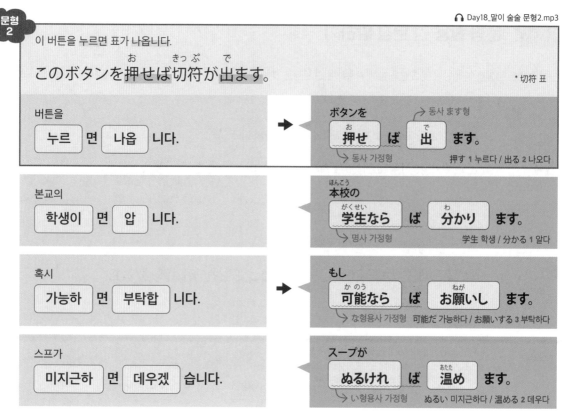

가정표현 강의 바로가기

문형 활용 긴 문장 말하기

앞서 학습한 문형과 여러 단어 및 표현을 함께 사용하여 긴 문장을 말해 보아요.

Day18_긴 문장2.mp3

이 빨간 버튼을 누르면 잔돈이 나옵니다.

あか　お　で
この赤いボタンを押せばおつりが出ます。

본교의 학생이면 누구라도 야마구치 선생님을 압니다.

ほんこう　がくせい　だれ　やまぐちせんせい　わ
本校の学生ならば誰でも山口先生が分かります。

혹시 가능하면 인터뷰에 대한 협력을 부탁합니다.

かのう　きょうりょく　ねが
もし可能ならばインタビューへの協力をお願いします。

스프가 미지근하면 먹기 전에 전자레인지로 데워 주세요.

た　まえ　でんし　あたた
スープがぬるければ食べる前に電子レンジで温めてください。

전력으로 달리면 막차에 늦지 않을 거라고 생각합니다.

ぜんりょく　はし　しゅうでん　ま　あ　おも
全力で走れば終電に間に合うと思います。

* 동사 기본형+と思います ~라고 생각합니다

단어

この 이　赤い [あかい] 빨갛다　ボタン 버튼　押す [おす] 누르다　おつり 잔돈　出る [でる] 나오다　本校 [ほんこう] 본교　学生 [がくせい] 학생
誰でも [だれでも] 누구라도　先生 [せんせい] 선생님　分かる [わかる] 알다　もし 혹시　可能だ [かのうだ] 가능하다　インタビュー 인터뷰
協力 [きょうりょく] 협력　お願いする [おねがいする] 부탁하다　スープ 스프　ぬるい 미지근하다　食べる [たべる] 먹다　前 [まえ] 전
電子レンジ [でんしレンジ] 전자레인지　温める [あたためる] 데우다　全力 [ぜんりょく] 전력　走る [はしる] 달리다　終電 [しゅうでん] 막차
間に合う [まにあう] 늦지 않다, 시간에 맞추다

말이 술술 쏟아지는 문형

🎧 음성을 듣고 문장을 큰 소리로 따라 말해 보세요.

문형 3

🎧 Day18_말이 술술 문형3.mp3

작년의 자료가 필요하다면 준비하겠습니다.

去年(きょねん)の資料(しりょう)が必要(ひつよう)なら用意(ようい)します。

자료가 [필요하다] 면 [준비하겠] 습니다.	資料(しりょう)が [必要(ひつよう)] なら [用意(ようい)し] ます。 → 동사 ます형 → な형용사 어간 必要だ 필요하다 / 用意する 3 준비하다
내일 [비라] 면 [연기하겠] 습니다.	明日(あした) [雨(あめ)] なら [延期(えんき)し] ます。 → 명사 雨 비 / 延期する 3 연기하다
목적지가 [가깝다] 면 [걷겠] 습니다.	目的地(もくてきち)が [近(ちか)い] なら [歩(ある)き] ます。 → い형용사 기본형 近い 가깝다 / 歩く 1 걷다
친구와 [간다] 면 [추천하겠] 습니다.	友達(ともだち)と [行(い)く] なら [おすすめし] ます。 → 동사 기본형 行く 1 가다 / おすすめする 3 추천하다

문형 탐구하기 🎧

1. 우리말 "필요하다면 준비하겠습니다."는 일본어로 "必要(ひつよう)なら用意(ようい)します。"예요. 이렇게 'AならBます'라고 하면 A의 경우라면 B가 실현됨을 나타내는 말이 돼요. 여기서 なら는 '~하다면', '~라면'이라는 뜻으로 가정을 나타내고, 상대방의 말이나 상황을 이어 받아서 자신의 생각, 의견을 말할 때 사용해요. な형용사 어간 뒤, 명사 뒤, い형용사와 동사의 기본형 뒤에 なら를 붙여요.

예 A : 会議(かいぎ)の資料(しりょう)は今年(ことし)のものだけですか。 회의 자료는 올해의 것뿐인가요?
　B : 去年(きょねん)の資料(しりょう)が必要(ひつよう)**なら**用意(ようい)**します**。 작년의 자료가 필요하**다면** 준비하겠**습니다**.

+플러스포인트 なら는 자신의 생각, 의견을 말할 때 사용하기 때문에 자연적인 현상에는 쓸 수 없어요. 자연적인 현상을 말할 때는 ～ば를 사용해요.

예 春(はる)が**来(く)るなら**花(はな)が咲(さ)きます。 봄이 온다면 꽃이 핍니다. (X)
　春(はる)が**来(く)れば**花(はな)が咲(さ)きます。 봄이 오면 꽃이 핍니다. (O)

가정표현 강의 바로가기

2. ～なら ～ます。(~하다면 ~하겠습니다.)를 사용한 아래 문장들도 따라 말해 보아요.

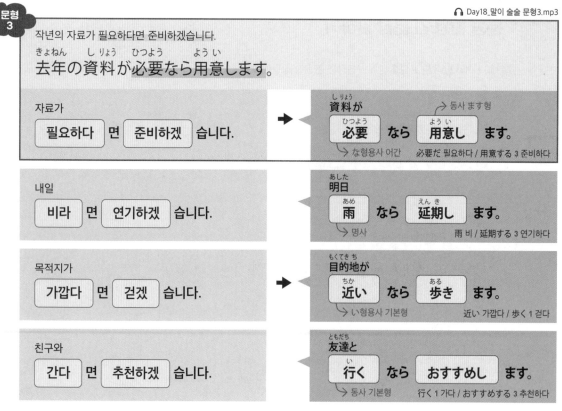

- ボランティアに参加(さんか)する**なら**知(し)らせ**ます**。 봉사 활동에 참가한다**면** 알리겠**습니다**. 知らせる [しらせる] 알리다

문형 활용 긴 문장 말하기

앞서 학습한 문형과 여러 단어 및 표현을 함께 사용하여 긴 문장을 말해 보아요. Day18_긴 문장3.mp3

거래 내용을 증명할 자료가 필요하다면 준비하겠습니다.

と　ひ　ないよう　しょうめい　しりょう　ひつよう　ようい
取り引きの内容を証明する資料が必要なら用意します。

만약 내일 비라면 소풍은 다음 주로 연기하겠습니다.

あしたあめ　えんそく　らいしゅう　えんき
もし明日雨なら遠足は来週に延期します。

시간도 있고 목적지가 가깝다면 운동 겸 걷겠습니다.

じかん　もくてきち　ちか　うんどう　ある
時間もあるし目的地が近いなら運動がてら歩きます。

친구와 간다면 베트남이라든가 태국을 추천하겠습니다.

ともだち　い
友達と行くならベトナムとかタイをおすすめします。

봉사 활동에 참가한다면 이번 달 말까지 알려 주세요.

さんか　こんげつまつ　し
ボランティアに参加するなら今月末までに知らせてください。

단어 ✔

取り引き [とりひき] 거래　内容 [ないよう] 내용　証明する [しょうめいする] 증명하다　資料 [しりょう] 자료　必要だ [ひつようだ] 필요하다　用意する [よういする] 준비하다　もし 만약　明日 [あした] 내일　雨 [あめ] 비　遠足 [えんそく] 소풍　来週 [らいしゅう] 다음 주　延期する [えんきする] 연기하다　時間 [じかん] 시간　ある 있다　目的地 [もくてきち] 목적지　近い [ちかい] 가깝다　運動 [うんどう] 운동　歩く [あるく] 걷다　友達 [ともだち] 친구　行く [いく] 가다　ベトナム 베트남　タイ 태국　おすすめする 추천하다　ボランティア 봉사 활동　参加する [さんかする] 참가하다　今月末 [こんげつまつ] 이번 달 말　知らせる [しらせる] 알리다

실생활 회화 자동발사!

🎧 Day18_실생활 회화 자동발사.mp3

먼저 듣기용 mp3로 대화를 들어 보며 어떤 내용인지 생각해 보세요. 그 다음 따라 말하기용 mp3로 따라 말해 보세요.

1 늦은 밤 편의점 앞에서 마주친 지수와 하루토

하루토 ジスさん、今(いま)仕事(しごと)終(お)わったんですか。

지수 あ、陽翔(はると)さん。今日(きょう)は仕事(しごと)が多(おお)かったんです。そうだ！ この間(あいだ)のまんが、とてもおもしろかったです。続(つづ)きが気(き)になります。

하루토 それはよかったです。新刊(しんかん)が出(で)たらまたプレゼントします。

지수 わぁ、うれしいです。ありがとうございます。

하루토 ところで、ジスさん時間(じかん)は大丈夫(だいじょうぶ)ですか。そろそろ終電(しゅうでん)の時間(じかん)です。

지수 あっ！ ぎりぎりですね。全力(ぜんりょく)で走(はし)れば終電(しゅうでん)に間(ま)に合(あ)うと思(おも)います。じゃあまた！

하루토 夜道(よみち)は危(あぶ)ないから心配(しんぱい)です。家(いえ)に着(つ)いたら連絡(れんらく)してください。

지수 はい、分(わ)かりました。

---

1 하루토 : 지수 씨, 지금 일 끝났어요?

지수 : 아, 하루토 씨. 오늘은 일이 많았어요. 맞다! 지난번의 만화, 아주 재미있었어요. 다음이 궁금해요.

하루토 : 그건 다행이에요. 신간이 나오면 또 선물할게요.

지수 : 와~, 기뻐요. 감사합니다.

하루토 : 그런데, 지수 씨 시간은 괜찮아요? 슬슬 막차 시간이에요.

지수 : 앗! 아슬아슬하네요. 전력으로 달리면 막차에 늦지 않을 거라고 생각해요. 그럼 다음에 봐요!

하루토 : 밤길은 위험하니까 걱정이에요. 집에 도착하면 연락해 주세요.

지수 : 네, 알겠어요.

단어

1. **今** [いま] 지금 **仕事** [しごと] 일 **終わる** [おわる] 끝나다 **今日** [きょう] 오늘 **多い** [おおい] 많다 **この間** [このあいだ] 지난번 **まんが** 만화 **とても** 아주 **おもしろい** 재미있다 **続き** [つづき] 다음 **気になる** [きになる] 궁금하다 **それ** 그것 **よかった** 다행이다 **新刊** [しんかん] 신간 **出る** [でる] 나오다 **また** 또 **プレゼントする** 선물하다 **うれしい** 기쁘다 **ところで** 그런데 **時間** [じかん] 시간 **大丈夫だ** [だいじょうぶだ] 괜찮다 **そろそろ** 슬슬 **終電** [しゅうでん] 막차 **ぎりぎりだ** 아슬아슬하다 **全力** [ぜんりょく] 전력 **走る** [はしる] 달리다 **間に合う** [まにあう] 늦지 않다, 시간에 맞추다 **夜道** [よみち] 밤길 **危ない** [あぶない] 위험하다 **心配だ** [しんぱいだ] 걱정이다 **家** [いえ] 집 **着く** [つく] 도착하다 **連絡する** [れんらくする] 연락하다 **分かる** [わかる] 알다

2 연말 계획에 대해 대화하는 하루토와 아카네

아카네
ねんまつ　かいがいりょこう　い　おも
年末に海外旅行に行こうと思っています。

하루토
い　き
いいですね。どこに行くかはもう決めましたか。

아카네
ともだち　い　ともだち　やす　き
まだです。友達と行くつもりなんですが、友達の休みが決まらなくて…。

하루토
ともだち　い　なんねん　まえ　い
友達と行くならベトナムとかタイをおすすめします。何年か前に行ったん
た　もの　やす
ですが、食べ物もおいしいし、ゆっくり休めてよかったです。
→ 休める(쉴 수 있다, 休む의 가능형)의 て형

아카네
さんこう
へえ、いいですね。参考にします。

하루토
りょこうがいしゃ　つと　し　あ　たの　やす
あ、旅行会社に勤めている知り合いがいて、頼めばちょっと安くしてくれ
おも
ると思います。

아카네
ほんとう　わたし　たの
本当ですか。じゃあ、私も頼んでもいいですか。

하루토
にってい　き　おし
ええ。日程が決まったら教えてください。

---

2 아카네 : 연말에 해외 여행을 가려고 생각하고 있어요.

하루토 : 좋네요. 어디로 갈지는 이미 정했나요?

아카네 : 아직이에요. 친구와 가려고 하는데, 친구의 휴무가 정해지지 않아서….

하루토 : 친구와 간다면 베트남이라든가 태국을 추천할게요. 몇 년인가 전에 갔는데, 음식도 맛있고, 느긋하게 쉴 수 있어서 좋았어요.

아카네 : 와, 좋네요. 참고할게요.

하루토 : 아, 여행 회사에 근무하고 있는 지인이 있어서, 부탁하면 조금 싸게 해 줄 거라고 생각해요.

아카네 : 정말요? 그럼, 저도 부탁해도 되나요?

하루토 : 네. 일정이 정해지면 알려 주세요.

단어

2. **年末** [ねんまつ] 연말　**海外旅行** [かいがいりょこう] 해외 여행
行く [いく] 가다　**いい** 좋다　**どこ** 어디　**もう** 이미
決める [きめる] 정하다　**まだ** 아직　**友達** [ともだち] 친구
休み [やすみ] 휴무　**決まる** [きまる] 정해지다
ベトナム 베트남　**タイ** 태국　**おすすめする** 추천하다
何年か [なんねんか] 몇 년인가　**前** [まえ] 전
食べ物 [たべもの] 음식　**おいしい** 맛있다　**ゆっくり** 느긋하게
休む [やすむ] 쉬다　**参考** [さんこう] 참고
旅行会社 [りょこうがいしゃ] 여행 회사
勤める [つとめる] 근무하다　**知り合い** [しりあい] 지인
頼む [たのむ] 부탁하다　**ちょっと** 조금　**安い** [やすい] 싸다
本当だ [ほんとうだ] 정말이다　**私** [わたし] 저, 나
日程 [にってい] 일정　**教える** [おしえる] 알려 주다

연습문제로 실력 쑥쑥

Day18_연습문제로 실력 쑥쑥.mp3

1 일본어로 문장 써보기

제시된 문형을 활용하여 일본어 문장을 써 보세요. 그 다음 음성을 듣고 문장을 따라 읽어 보세요.

1) ～たら ～ます

가격이 조금 더 싸다면 사겠습니다.

(가격 値段(ねだん) / 조금 더 もう少(すこ)し / 싸다 安(やす)い / 사다 買(か)う)

____

2) ～なら ～ます

작년의 자료가 필요하다면 준비하겠습니다.

(작년 去年(きょねん) / 자료 資料(しりょう) / 필요하다 必要(ひつよう)だ / 준비하다 用意(ようい)する)

____

3) ～ば ～ます

이 버튼을 누르면 표가 나옵니다.

(이 この / 버튼 ボタン / 누르다 押(お)す / 표 切符(きっぷ) / 나오다 出(で)る)

____

2 문맥에 맞는 단어 골라 써보기 JLPT N3, N4 문자·어휘 / JPT 독해 대비 유형

문맥에 가장 알맞은 단어를 보기에서 골라 문장을 완성해 보세요. 그 다음 음성을 듣고 문장을 따라 읽어 보세요.

보기	走(はし)る	心配(しんぱい)だ	参加(さんか)する	着(つ)く

1) 全力(ぜんりょく)で ______________ ば終電(しゅうでん)に間(ま)に合(あ)うと思(おも)います。

2) 夜遅(よるおそ)いから、家(いえ)に ______________ たら私(わたし)に連絡(れんらく)してください。

3) ボランティアに ______________ なら今月末(こんげつまつ)までに知(し)らせてください。

3 질문 듣고 알맞은 답변 고르기 JLPT N3, N4 청해 / JPT 청해 대비 유형

음성으로 들려주는 질문을 잘 듣고 알맞은 대답을 고르세요.

1) ①　　②

2) ①　　②

4 빈칸 채우기 JLPT N3, N4 문법 / JPT 독해 대비 유형

빈칸에 들어갈 가장 알맞은 단어를 골라 문장을 완성하세요. 그 다음 음성을 듣고 문장을 따라 읽어 보세요.

1) イベントの詳しい日程が（　　　）たらメールで教えます。

① 決まり　　② 決まっ　　③ 決まる

2) もし（　　　）インタビューへの協力をお願いします。

① 可能ならば　　② 可能だば　　③ 可能ば

5 문장 완성하기 JLPT N3, N4 문법 대비 유형

선택지를 올바르게 배열하여 문장을 완성한 다음 ★ 에 들어갈 선택지를 고르세요.

1) A「資料 ＿＿ ＿＿ ★ ＿＿ 先に帰ってもかまいませんか。」

B「ええ。帰ってもいいですよ。」

① 確認　　② 終わったら　　③ が　　④ の

2) スープが ★ ＿＿ ＿＿ ＿＿ で温めてください。

① 電子レンジ　　② 食べる　　③ ぬるければ　　④ 前に

정답

1 1) 値段がもう少し安かったら買います。
2) 去年の資料が必要なら用意します。
3) このボタンを押せば切符が出ます。
2 1) 走れ　2) 着い　3) 参加する
3 1) ②　2) ②
4 1) ② 決まっ　2) ① 可能ならば
5 1) ③ が　2) ③ ぬるければ

연습문제 해석 p.258

<해커스 일본어 첫걸음> 어플로
DAY 18에서 학습한 내용을
복습해보세요!

Day
19

요즘 일이 많아서 너무 바쁩니다.

さいきん し ごと　おお
最近仕事が多くて
いそが
忙しすぎます。

한 번에 학습하기

낫짱, 내일 만날래요?
なっちゃん、
あしたあ
明日会いませんか。
요즘 일이 많아서 너무 바쁩니다.
さいきん し ごと　おお
最近仕事が多くて
いそが
忙しすぎます。

이런 말을 할 수 있어요.

문형 1

요즘 일이 많아서 **너무 바쁩니다.**

さいきん し ごと おお いそが

最近仕事が多くて**忙しすぎます**。

문형 2

꼭 **갖고 싶기 때문에** 월급이 들어오면 **사겠습니다.**

ほ きゅうりょう はい か

どうしても**欲しいので**給料が入ったら**買います**。

문형 3

호텔 예약은 **빠르면 빠를수록 좋습니다.**

よ やく はや はや

ホテルの予約は**早ければ早いほどいいです**。

오늘은, 과함을 말할 때, 이유를 말할 때, 어떤 일의 정도가 점점 더해짐을 말할 때 사용하는 문형을 배워볼 거예요.

- **문형1** [여러 품사] すぎます。너무 ~합니다. (과함)
- **문형2** [여러 품사] ので [동사 ます형] ます。~(하)기 때문에 ~하겠습니다. (이유)
- **문형3** [여러 품사] ば [여러 품사] ほど [형용사] です。~하면 ~할수록 ~합니다. (정도가 더해짐)

오늘의 문형을 배우면 '일이 많아서 너무 바쁩니다', '갖고 싶기 때문에 월급이 들어오면 사겠습니다', '예약은 빠르면 빠를수록 좋습니다'와 같은 말을 할 수 있어요.

말이 술술 쏟아지는 문형

음성을 듣고 문장을 큰 소리로 따라 말해 보세요.

문형 1

Day19_말이 술술 문형1.mp3

요즘 일이 많아서 너무 바쁩니다.

最近(さいきん)仕事(しごと)が多(おお)くて忙(いそが)しすぎます。

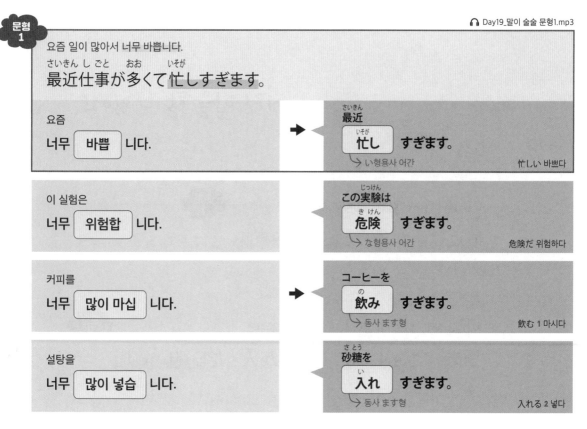

요즘 너무 [바쁩]니다.	最近(さいきん) [忙(いそが)し] すぎます。 (い형용사 어간) 忙しい 바쁘다
이 실험은 너무 [위험합]니다.	この実験(じっけん)は [危険(きけん)] すぎます。 (な형용사 어간) 危険だ 위험하다
커피를 너무 [많이 마십]니다.	コーヒーを [飲(の)み] すぎます。 (동사 ます형) 飲む 1 마시다
설탕을 너무 [많이 넣습]니다.	砂糖(さとう)を [入(い)れ] すぎます。 (동사 ます형) 入れる 2 넣다

문형 탐구하기

1. 우리말 "너무 바쁩니다."는 일본어로 "忙(いそが)しすぎます。"예요. 이처럼 い형용사 어간 뒤에 すぎます를 붙이면 '너무 ~합니다'라는 뜻으로 정도가 과하다는 것을 나타내는 말이 돼요. な형용사와 동사 뒤에도 붙일 수 있는데, な형용사는 어간 뒤에 すぎます를 붙이면 되고, 동사는 ます형 뒤에 すぎます를 붙이면 돼요.

+플러스포인트 すぎます의 기본형 すぎる(지나치다, 과분하다)도 동사이기 때문에 동사처럼 활용하면 더욱 다양한 말을 할 수 있어요.

예 忙(いそが)し**すぎる** → 忙(いそが)し**すぎます** / 忙(いそが)し**すぎました** / 忙(いそが)し**すぎて** / 忙(いそが)し**すぎた**
너무 바**쁘다** 너무 바**쁩니다** 너무 바**빴습니다** 너무 바**빠서** 너무 바**빴다**

2. ～すぎます。(너무 ~합니다.)를 사용한 아래 문장들도 따라 말해 보아요.

- メニューが多(おお)**すぎます**。 메뉴가 **너무** 많습**니다**. 多い [おおい] 많다
- 食材(しょくざい)を買(か)い**すぎます**。 식재료를 **너무** 많이 삽**니다**. 買う [かう] 사다
- 和牛(わぎゅう)なんて贅沢(ぜいたく)**すぎます**。 와규라니 **너무** 사치스럽습**니다**. 贅沢だ [ぜいたくだ] 사치스럽다

문형 활용 긴 문장 말하기

앞서 학습한 문형과 여러 단어 및 표현을 함께 사용하여 긴 문장을 말해 보아요.

Day19_긴 문장1.mp3

프로젝트의 마감이 다가오고 있어서 요즘 너무 바쁩니다.

し　き　せま　さいきんいそが
プロジェクトの締め切りが迫っていて最近忙しすぎます。

이 실험은 아이들만으로는 너무 위험합니다.

じっけん　こ ども　き けん
この実験は子供だけでは危険すぎます。

어제는 커피를 너무 많이 마셔서, 밤에 잠들지 못했습니다.

きのう　の　よるねむ
昨日はコーヒーを飲みすぎて、夜眠れませんでした。

푸딩의 레시피를 착각해서 설탕을 너무 많이 넣어 버렸습니다.

ま ちが　さ とう　い
プリンのレシピを間違えて砂糖を入れすぎてしまいました。

* 동사 て형+しまいました ~해 버렸습니다

도시락 반찬으로 와규라니 너무 사치스럽습니다.

べんとう　わ ぎゅう　ぜいたく
お弁当のおかずに和牛なんて贅沢すぎます。

단어 ✔

プロジェクト 프로젝트　締め切り [しめきり] 마감　迫る [せまる] 다가오다　最近 [さいきん] 요즘, 최근　忙しい [いそがしい] 바쁘다　この 이
実験 [じっけん] 실험　子供 [こども] 아이(들)　危険だ [きけんだ] 위험하다　昨日 [きのう] 어제　コーヒー 커피　飲む [のむ] 마시다　夜 [よる] 밤
眠る [ねむる] 잠들다, 자다　プリン 푸딩　レシピ 레시피　間違える [まちがえる] 착각하다　砂糖 [さとう] 설탕　入れる [いれる] 넣다
お弁当 [おべんとう] 도시락　おかず 반찬　和牛 [わぎゅう] 와규　贅沢だ [ぜいたくだ] 사치스럽다

말이 술술 쏟아지는 문형

음성을 듣고 문장을 큰 소리로 따라 말해 보세요.

문형 2

Day19_말이 술술 문형2.mp3

꼭 갖고 싶기 때문에 월급이 들어오면 사겠습니다.

どうしても欲(ほ)しいので給料(きゅうりょう)が入(はい)ったら買(か)います。

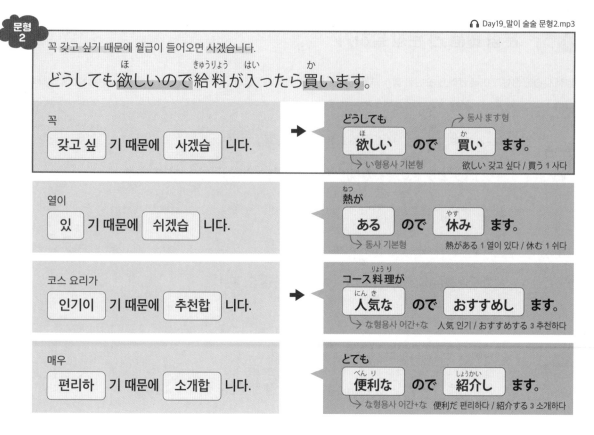

꼭 갖고 싶 기 때문에 사겠습 니다.	どうしても 欲(ほ)しい ので 買(か)い ます。 (い형용사 기본형 / 동사 ます형) 欲しい 갖고 싶다 / 買う 1 사다
열이 있 기 때문에 쉬겠습 니다.	熱(ねつ)が ある ので 休(やす)み ます。 (동사 기본형) 熱がある 1 열이 있다 / 休む 1 쉬다
코스 요리가 인기이 기 때문에 추천합 니다.	コース料理(りょうり)が 人気(にんき)な ので おすすめし ます。 (な형용사 어간+な) 人気 인기 / おすすめする 3 추천하다
매우 편리하 기 때문에 소개합 니다.	とても 便利(べんり)な ので 紹介(しょうかい)し ます。 (な형용사 어간+な) 便利だ 편리하다 / 紹介する 3 소개하다

문형 탐구하기

1. 우리말 "갖고 싶기 때문에 사겠습니다."는 "欲(ほ)しいので買(か)います。"예요. 이렇게 'AのでBます'라고 하면 'A(하)기 때문에 B하겠습니다/합니다'라는 뜻의 말이 돼요. 여기서 ので(~때문에, ~므로)는 이유나 원인을 나타내는 말이에요. い형용사와 동사 기본형 뒤에 ので를 붙이고, 명사는 '명사+な' 뒤에, な형용사는 어미 だ를 な로 바꾸고 ので를 붙여 써요.

'AのでBます'라고 하면 A가 이유·원인이고, B가 그 결과예요. 따라서 B의 자리에 명령이나 금지 등의 내용은 잘 쓰지 않아요.

예 (O) 危(あぶ)ない**ので**注意(ちゅうい)します。위험하**기 때문에** 주의하겠습니다.

(X) 危(あぶ)ない**ので**止(と)まりなさい。위험하**기 때문에** 멈추세요.

→ (O) 危(あぶ)ない**から**止(と)まりなさい。 위험하**니까** 멈추세요.

2. ～ので ～ます。(~하기 때문에 ~하겠습니다/합니다.)를 사용한 아래 문장들도 따라 말해 보아요.

- 髪色(かみいろ)が派手(はで)な**ので**目立(めだ)ち**ます**。 머리 색이 화려하**기 때문에** 눈에 띕**니다**. 目立つ [めだつ] 눈에 띄다
- ドラマが始(はじ)まる**ので**テレビをつけ**ます**。 드라마가 시작되**기 때문에** 텔레비전을 켜겠**습니다**. つける 켜다

문형 활용 긴 문장 말하기

앞서 학습한 문형과 여러 단어 및 표현을 함께 사용하여 긴 문장을 말해 보아요.

Day19_긴 문장2.mp3

비싸서 한 달이나 고민했지만, 꼭 갖고 싶기 때문에 사겠습니다.

たか　いっ　げつ　なや　ほ　か

高くて 1 か月も悩みましたが、どうしても欲しいので買います。

열이 38도나 있기 때문에 오늘은 회사를 쉬겠습니다.

ねつ　さんじゅうはち　ど　きょう　かいしゃ　やす

熱が 3 8 度もあるので今日は会社を休みます。

이쪽의 코스 요리가 인기이기 때문에 추천하고 있습니다.

りょうり　にんき

こちらのコース料理が人気なのでおすすめしています。

이 앱은 매우 편리하기 때문에 친구에게도 소개했습니다.

べんり　ともだち　しょうかい

このアプリはとても便利なので友達にも紹介しました。

곧 드라마가 시작되기 때문에 텔레비전을 켜 주세요.

はじ

もうすぐドラマが始まるのでテレビをつけてください。

* 동사 て형+ください ~해 주세요

단어 ✔

高い [たかい] 비싸다　～か月 [～かげつ] ~달, ~개월　悩む [なやむ] 고민하다　どうしても 꼭　欲しい [ほしい] 갖고 싶다　買う [かう] 사다
熱がある [ねつがある] 열이 있다　～度 [～ど] ~도　今日 [きょう] 오늘　会社 [かいしゃ] 회사　休む [やすむ] 쉬다　こちら 이쪽
コース料理 [コースりょうり] 코스 요리　人気 [にんき] 인기　おすすめする 추천하다　この 이　アプリ 앱, 애플리케이션　とても 매우
便利だ [べんりだ] 편리하다　友達 [ともだち] 친구　紹介する [しょうかいする] 소개하다　もうすぐ 곧　ドラマ 드라마　始まる [はじまる] 시작되다
テレビ 텔레비전　つける 켜다

말이 술술 쏟아지는 문형

음성을 듣고 문장을 큰 소리로 따라 말해 보세요.

문형 3

Day19_말이 술술 문형3.mp3

호텔 예약은 빠르면 빠를수록 좋습니다.

ホテルの予約(よやく)は早(はや)ければ早(はや)いほどいいです。

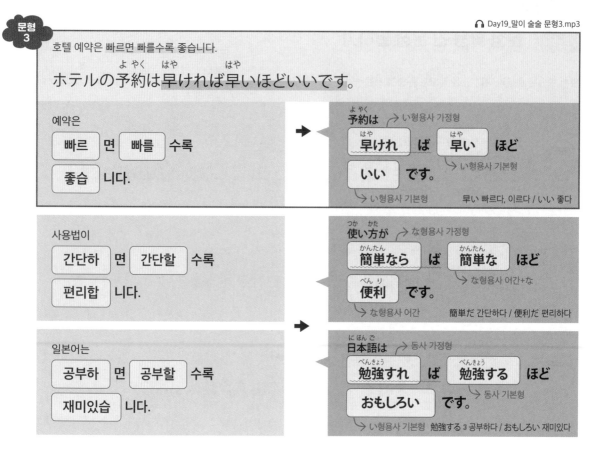

예약은 **빠르** 면 **빠를** 수록 **좋습** 니다.	予約(よやく)は **早(はや)けれ** ば **早(はや)い** ほど **いい** です。 早けれ → い형용사 가정형 / 早い → い형용사 기본형 / いい → い형용사 기본형 早い 빠르다, 이르다 / いい 좋다
사용법이 **간단하** 면 **간단할** 수록 **편리합** 니다.	使(つか)い方(かた)が **簡単(かんたん)なら** ば **簡単(かんたん)な** ほど **便利(べんり)** です。 簡単なら → な형용사 가정형 / 簡単な → な형용사 어간+な / 便利 → な형용사 어간 簡単だ 간단하다 / 便利だ 편리하다
일본어는 **공부하** 면 **공부할** 수록 **재미있습** 니다.	日本語(にほんご)は **勉強(べんきょう)すれ** ば **勉強(べんきょう)する** ほど **おもしろい** です。 勉強すれ → 동사 가정형 / 勉強する → 동사 기본형 / おもしろい → い형용사 기본형 勉強する 3 공부하다 / おもしろい 재미있다

문형 탐구하기

1. 우리말 "빠르면 빠를수록 좋습니다."는 "早(はや)ければ早(はや)いほどいいです。"예요. 이처럼 A1ばA2ほどBです라고 하면 'A1하면 A2할수록 B합니다'라는 뜻의 말이 돼요. A1에는 い형용사, な형용사, 동사의 가정형을, A2에는 い형용사 기본형, な형용사 어간+な, 동사 기본형을 써요.

2. ~ば~ほど ~です。(~하면 ~할수록 ~합니다.)를 사용한 아래 문장들도 따라 말해 보아요.

- すいかは冷(つめ)たければ冷(つめ)たいほどおいしいです。 수박은 차가우면 차가울수록 맛있습니다. 冷たい [つめたい] 차갑다
- 人(ひと)が多(おお)ければ多(おお)いほど楽(たの)しいです。 사람이 많으면 많을수록 즐겁습니다. 多い [おおい] 많다
- この問題(もんだい)は考(かんが)えれば考(かんが)えるほど複雑(ふくざつ)です。 이 문제는 생각하면 생각할수록 복잡합니다. 考える [かんがえる] 생각하다

문형 활용 긴 문장 말하기

앞서 학습한 문형과 여러 단어 및 표현을 함께 사용하여 긴 문장을 말해 보아요.

Day19_긴 문장3.mp3

항공권의 예약은 빠르면 빠를수록 가격이 저렴해서 좋습니다.

こうくうけん　よやく　はや　はや　ねだん　やす

航空券の予約は早ければ早いほど値段が安くていいです。

스마트폰은 사용법이 간단하면 간단할수록 편리합니다.

つか　かた　かんたん　かんたん　べんり

スマホは使い方が簡単ならば簡単なほど便利です。

일본어는 어렵지만, 공부하면 공부할수록 재미있습니다.

にほんご　むずか　べんきょう　べんきょう

日本語は難しいですが、勉強すれば勉強するほどおもしろいです。

수박은 차가우면 차가울수록 맛있다고 합니다.

つめ　つめ

すいかは冷たければ冷たいほどおいしいそうです。

파티는 사람이 많으면 많을수록 즐겁습니다.

ひと　おお　おお　たの

パーティーは人が多ければ多いほど楽しいです。

단어 ✔

航空券 [こうくうけん] 항공권　予約 [よやく] 예약　早い [はやい] 빠르다, 이르다　値段 [ねだん] 가격　安い [やすい] 저렴하다　いい 좋다　スマホ 스마트폰
使い方 [つかいかた] 사용법　簡単だ [かんたんだ] 간단하다　便利だ [べんりだ] 편리하다　日本語 [にほんご] 일본어　難しい [むずかしい] 어렵다
勉強する [べんきょうする] 공부하다　おもしろい 재미있다　すいか 수박　冷たい [つめたい] 차갑다　おいしい 맛있다
パーティー 파티　人 [ひと] 사람　多い [おおい] 많다　楽しい [たのしい] 즐겁다

실생활 회화 자동발사!

Day19_실생활 회화 자동발사.mp3

먼저 듣기용 mp3로 대화를 들어 보며 어떤 내용인지 생각해 보세요. 그 다음 따라 말하기용 mp3로 따라 말해 보세요.

1 고급 철판 스테이크 식당에 혼자 온 지수

셰프: こちらは初(はじ)めてですか。

지수: はい、初(はじ)めてです。SNSでおいしいというレビューを見(み)て来(き)ました。

셰프: ありがとうございます。注文(ちゅうもん)は何(なに)にしますか。

지수: ここはおまかせコースが有名(ゆうめい)だと聞(き)きました。

셰프: ええ、こちらのおまかせコースが人気(にんき)なので、おすすめしています。

→ '맡긴다'라는 의미로 요리사에게 메뉴 선택을 맡기는 것을 말해요.

お肉(にく)の焼(や)き方(かた)はレア、ミディアム、ウェルダンから選(えら)べます。

→ '~중에서'라는 의미로 범위를 나타내는 조사예요.

지수: じゃあ、それで。焼(や)き方(かた)はミディアムでお願(ねが)いします。高級(こうきゅう)和牛(わぎゅう)なんて贅沢(ぜいたく)すぎますね。

셰프: たまには贅沢(ぜいたく)してもいいじゃないですか。ごゆっくり楽(たの)しんでください。

지수: はい。せっかく来(き)たから、和牛(わぎゅう)を思(おも)い切(き)り食(た)べます!

1 셰프 : 여기는 처음이세요?

지수 : 네, 처음이에요. SNS에서 맛있다는 리뷰를 보고 왔어요.

셰프 : 감사합니다. 주문은 무엇으로 하시겠어요?

지수 : 여기는 오마카세 코스가 유명하다고 들었어요.

셰프 : 네, 이쪽의 오마카세 코스가 인기이기 때문에, 추천하고 있어요. 고기의 굽기는 레어, 미디엄, 웰던에서 고를 수 있어요.

지수 : 그럼, 그걸로. 굽기는 미디엄으로 부탁합니다. 고급 와규라니 너무 사치스럽네요.

셰프 : 가끔은 사치해도 괜찮잖아요. 천천히 즐겨 주세요.

지수 : 네. 모처럼 왔으니까, 와규를 마음껏 먹을래요!

단어

1. **こちら** 여기 **初めて** [はじめて] 처음 **おいしい** 맛있다 **レビュー** 리뷰 **見る** [みる] 보다 **来る** [くる] 오다 **注文** [ちゅうもん] 주문 **何** [なに] 무엇 **ここ** 여기, 이곳 **おまかせコース** 오마카세 코스 **有名だ** [ゆうめいだ] 유명하다 **聞く** [きく] 듣다 **人気** [にんき] 인기 **おすすめする** 추천하다 **お肉** [おにく] 고기 **焼き方** [やきかた] 굽기, 굽는 방법 **レア** 레어 **ミディアム** 미디엄 **ウェルダン** 웰던 **選ぶ** [えらぶ] 고르다 **それ** 그것 **高級** [こうきゅう] 고급 **和牛** [わぎゅう] 와규 **贅沢だ** [ぜいたくだ] 사치스럽다 **たまには** 가끔은 **いい** 괜찮다 **ごゆっくり** 천천히 **楽しむ** [たのしむ] 즐기다 **せっかく** 모처럼 **思い切り** [おもいきり] 마음껏 **食べる** [たべる] 먹다

2 점장의 가족과 함께 12월 31일을 보내게 된 지수

지수: 家族(かぞく)で一緒(いっしょ)に過(す)ごす大切(たいせつ)な時間(じかん)をじゃましてすみません。

점장: そんなことないですよ。こういう時(とき)は人(ひと)が多(おお)ければ多(おお)いほど楽(たの)しいですから。

점장 아내: そうですよ。ゆっくりしていってください。ジスさん、これは「年越(としこ)しそば」というものです。どうぞ。

지수: わぁ！ おいしそうですね。いただきます。

점장: 日本(にほん)では大晦日(おおみそか)にこれを食(た)べて長生(ながい)きを願(ねが)います。

지수: そうなんですね。知(し)りませんでした。

점장 아내: (店長(てんちょう)に) あなた！ もうすぐ紅白歌合戦(こうはくうたがっせん)が始(はじ)まるので、テレビをつけてください。

→ 일본에서 매년 12월 31일에 방송되는 남녀 대항 형식의 음악 프로그램이에요.

2 지수 : 가족이서 함께 보내는 소중한 시간을 방해해서 죄송해요.

점장 : 그렇지 않아요. 이런 때는 사람이 많으면 많을수록 즐거우니까요.

점장 아내 : 맞아요. 편히 있다가 가 주세요. 지수 씨, 이건 '토시코시 소바'라는 것이에요. 어서 드세요.

지수 : 와! 맛있을 것 같아요. 잘 먹겠습니다.

점장 : 일본에서는 한 해의 마지막 날에 이것을 먹고 장수를 빌어요.

지수 : 그렇군요. 몰랐어요.

점장 아내 : (점장에게) 여보! 이제 곧 홍백가합전이 시작되기 때문에, 텔레비전을 켜 주세요.

단어

2. **家族** [かぞく] 가족 **一緒に** [いっしょに] 함께
過ごす [すごす] 보내다 **大切だ** [たいせつだ] 소중하다
時間 [じかん] 시간 **じゃまする** 방해하다 **こういう** 이런
時 [とき] 때 **人** [ひと] 사람 **多い** [おおい] 많다
楽しい [たのしい] 즐겁다 **ゆっくりする** 편히 있다
これ 이것 **年越しそば** [としこしそば] 토시코시 소바
どうぞ 어서 드세요 **おいしい** 맛있다
いただきます 잘 먹겠습니다 **日本** [にほん] 일본
大晦日 [おおみそか] 한 해의 마지막 날
食べる [たべる] 먹다 **長生き** [ながいき] 장수
願う [ねがう] 빌다 **知る** [しる] 알다
店長 [てんちょう] 점장(님) **あなた** 여보 **もうすぐ** 이제 곧
紅白歌合戦 [こうはくうたがっせん] 홍백가합전
始まる [はじまる] 시작되다 **テレビ** 텔레비전 **つける** 켜다

연습문제로 실력 쑥쑥

Day19_연습문제로 실력 쑥쑥.mp3

1 일본어로 문장 써보기

제시된 문형을 활용하여 일본어 문장을 써 보세요. 그 다음 음성을 듣고 문장을 따라 읽어 보세요.

보기	～すぎます	～ので～ます	～ば～ほど～です

1) 어제는 커피를 너무 많이 마셔서, 밤에 잠들지 못했습니다.
(어제 昨日(きのう) / 커피 コーヒー / 미시다 飲(の)む / 밤 夜(よる) / 잠들다 眠(ねむ)る)

____

2) 스마트폰은 사용법이 간단하면 간단할수록 편리합니다.
(스마트폰 スマホ / 사용법 使(つか)い方(かた) / 간단하다 簡単(かんたん)だ / 편리하다 便利(べんり)だ)

____

3) 열이 38도나 있기 때문에 오늘은 회사를 쉬겠습니다.
(열 熱(ねつ) / ~도 ～度(ど) / 있다 ある / 오늘 今日(きょう) / 회사 会社(かいしゃ) / 쉬다 休(やす)む)

____

2 문맥에 맞는 단어 골라 써보기 JLPT N3, N4 문자·어휘 / JPT 독해 대비 유형

문맥에 가장 알맞은 단어를 보기에서 골라 문장을 완성해 보세요. 그 다음 음성을 듣고 문장을 따라 읽어 보세요.

보기	始(はじ)まる	冷(つめ)たい	早(はや)い	入(い)れる

1) 航空券(こうくうけん)の予約(よやく)は ________ ば ________ ほど値段(ねだん)が安(やす)くていいです。

2) プリンのレシピを間違(まちが)えて砂糖(さとう)を ________ すぎてしまいました。

3) もうすぐドラマが ________ のでテレビをつけてください。

3 질문 듣고 알맞은 답변 고르기 JLPT N3, N4 청해 / JPT 청해 대비 유형

음성으로 들려주는 질문을 잘 듣고 알맞은 대답을 고르세요.

1) ① ②

2) ① ②

4 빈칸 채우기 JLPT N3, N4 문법 / JPT 독해 대비 유형

빈칸에 들어갈 가장 알맞은 단어를 골라 문장을 완성하세요. 그 다음 음성을 듣고 문장을 따라 읽어 보세요.

1) 日本語(にほんご)は難(むず)しいですが、(　　　)勉強(べんきょう)するほどおもしろいです。

① 勉強(べんきょう)した　② 勉強(べんきょう)すれば　③ 勉強(べんきょう)したり

2) お弁当(べんとう)のおかずに和牛(わぎゅう)なんて(　　　)。

① 贅沢(ぜいたく)すぎます　② 贅沢(ぜいたく)なすぎます　③ 贅沢(ぜいたく)だすぎます

5 문장 완성하기 JLPT N3, N4 문법 대비 유형

선택지를 올바르게 배열하여 문장을 완성한 다음 ★ 에 들어갈 선택지를 고르세요.

1) パーティーは ＿＿ ＿＿ ★ ＿＿ 楽(たの)しいです。

① 多(おお)ければ　② 多(おお)い　③ 人(ひと)が　④ ほど

2) このアプリはとても ＿＿ ＿＿ ★ ＿＿ 紹介(しょうかい)しました。

① にも　② 便利(べんり)な　③ 友達(ともだち)　④ ので

<해커스 일본어 첫걸음> 어플로
DAY 19에서 학습한 내용을
복습해보세요!

정답

1 1) 昨日はコーヒーを飲みすぎて、夜眠れませんでした。
2) スマホは使い方が簡単ならば簡単なほど便利です。
3) 熱が38度もあるので今日は会社を休みます。
2 1) 早けれ / 早い　2) 入れ　3) 始まる
3 1) ①　2) ②
4 1) ② 勉強すれば　2) ① 贅沢すぎます
5 1) ② 多い　2) ③ 友達

연습문제 해석 p.259

Day 20

앞으로 1시간 정도면 목적지에 도착할 것입니다.

あと1時間(いちじかん)ぐらいで
目的地(もくてきち)に着(つ)くはずです。

한 번에 학습하기

이런 말을 할 수 있어요.

앞으로 1시간 정도면 목적지에 **도착할 것입니다**.

あと1時間(いちじかん)ぐらいで目的地(もくてきち)に**着(つ)くはずです**。

문형 1

떨어져 있어도 내가 그를 **잊을 리가 없습니다**.

離(はな)れていても私(わたし)が彼(かれ)を**忘(わす)れるわけがないです**。

문형 2

선생님의 이야기가 항상 **옳다고는 단정할 수 없습니다**.

先生(せんせい)の話(はなし)がいつも**正(ただ)しいとは限(かぎ)りません**。

문형 3

오늘은, 당연히 그러할 것이라는 화자의 판단을 말할 때, 그럴 가능성이 없는 것을 말할 때, 단정할 수 없음을 말할 때 사용하는 문형을 배워볼 거예요.

- **문형1** [여러 품사] **はずです。(당연히) ~할 것입니다.** (당연함)
- **문형2** [여러 품사] **わけがないです。~할 리가 없습니다.** (가능성 없음)
- **문형3** [여러 품사] **とは限(かぎ)りません。~라고는 단정할 수 없습니다.** (단정할 수 없음)

오늘의 문형을 배우면 '1시간 정도면 목적지에 도착할 것입니다', '그를 잊을 리가 없습니다', '항상 옳다고는 단정할 수 없습니다'와 같은 말을 할 수 있어요.

말이 술술 쏟아지는 문형

🎧 음성을 듣고 문장을 큰 소리로 따라 말해 보세요.

문형 1

🎧 Day20_말이 술술 문형1.mp3

앞으로 1시간 정도면 목적지에 도착할 것입니다.

あと1時間(いちじかん)ぐらいで目的地(もくてきち)に着(つ)くはずです。

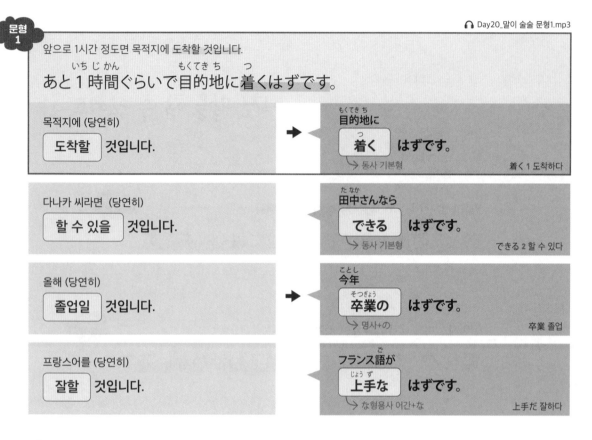

목적지에 (당연히) **도착할** 것입니다.	→	目的地(もくてきち)に **着(つ)く** はずです。 ↳ 동사 기본형 着く 1 도착하다
다나카 씨라면 (당연히) **할 수 있을** 것입니다.		田中(たなか)さんなら **できる** はずです。 ↳ 동사 기본형 できる 2 할 수 있다
올해 (당연히) **졸업일** 것입니다.	→	今年(ことし) **卒業(そつぎょう)の** はずです。 ↳ 명사+の 卒業 졸업
프랑스어를 (당연히) **잘할** 것입니다.		フランス語(ご)が **上手(じょうず)な** はずです。 ↳ な형용사 어간+な 上手だ 잘하다

문형 탐구하기 🎧

1. 우리말 "(당연히) 도착할 것입니다."는 일본어로 "着(つ)くはずです。"예요. 이처럼 동사나 い형용사 기본형 뒤에 はずです를 붙이면 '(당연히) ~할 것입니다'라는 뜻으로 당연히 그렇게 될 것임을 나타내는 말이 돼요. 명사는 '명사+の' 뒤에, な형용사는 어미 だ를 な로 바꾸고 はずです를 붙이면 돼요.

여기서 はず는 '당연히 그럴 것이다', '응당 그럴 것이다'라는 화자의 판단을 나타내요.

+플러스포인트 はずです 대신 はずがないです를 붙이면 '~할 리가 없습니다'라는 뜻의 말이 돼요.

예 遅刻(ちこく)する。 지각하다. → 遅刻(ちこく)する**はずがないです**。 지각할 **리가 없습니다**.

2. ~はずです。(~할 것입니다.)를 사용한 아래 문장들도 따라 말해 보아요.

- 願(ねが)いは叶(かな)う**はずです**。 소원은 이루어질 **것입니다**. 叶う [かなう] 이루어지다
- 将来(しょうらい)に役立(やくだ)つ**はずです**。 장래에 도움이 될 **것입니다**. 役立つ [やくだつ] 도움이 되다
- シェフの料理(りょうり)はおいしい**はずです**。 셰프의 요리는 맛있을 **것입니다**. おいしい 맛있다

문형 활용 긴 문장 말하기

앞서 학습한 문형과 여러 단어 및 표현을 함께 사용하여 긴 문장을 말해 보아요.

Day20_긴 문장1.mp3

저 길모퉁이를 돌면 바로 목적지에 도착할 것입니다.

かど　ま　もくてきち　つ
あの角を曲がればすぐ目的地に着くはずです。

계속 열심히 해 왔으니까, 다나카 씨라면 분명 할 수 있을 것입니다.

たなか
ずっとがんばってきたから、田中さんならきっとできるはずです。

조카딸은 4년 전에 대학에 입학했으므로 올해 졸업일 것입니다.

よ ねんまえ　だいがく　にゅうがく　ことし そつぎょう
めいは 4 年前に大学に入学したので今年卒業のはずです。

그녀는 파리에 있는 대학을 졸업했으니 프랑스어를 잘할 것입니다.

かのじょ　だいがく　そつぎょう　ご　じょうず
彼女はパリにある大学を卒業したからフランス語が上手なはずです。

일본에서의 유학 경험은 장래에 도움이 될 것입니다.

に ほん　りゅうがくけいけん　しょうらいやく だ
日本での留学経験は将来役立つはずです。

단어 ✔

あの 저　角 [かど] 길모퉁이　曲がる [まがる] 돌다　すぐ 바로　目的地 [もくてきち] 목적지　着く [つく] 도착하다　ずっと 계속　がんばる 열심히 하다
きっと 분명　できる 할 수 있다　めい 조카딸　~年前 [~ねんまえ] ~년 전　大学 [だいがく] 대학　入学する [にゅうがくする] 입학하다　今年 [ことし] 올해
卒業 [そつぎょう] 졸업　彼女 [かのじょ] 그녀　パリ 파리(지명)　ある 있다　卒業する [そつぎょうする] 졸업하다　フランス語 [フランスご] 프랑스어
上手だ [じょうずだ] 잘하다　日本 [にほん] 일본　留学 [りゅうがく] 유학　経験 [けいけん] 경험　将来 [しょうらい] 장래　役立つ [やくだつ] 도움이 되다

말이 술술 쏟아지는 문형

음성을 듣고 문장을 큰 소리로 따라 말해 보세요.

문형 2

Day20_말이 술술 문형2.mp3

떨어져 있어도 내가 그를 잊을 리가 없습니다.

離(はな)れていても私(わたし)が彼(かれ)を忘(わす)れるわけがないです。

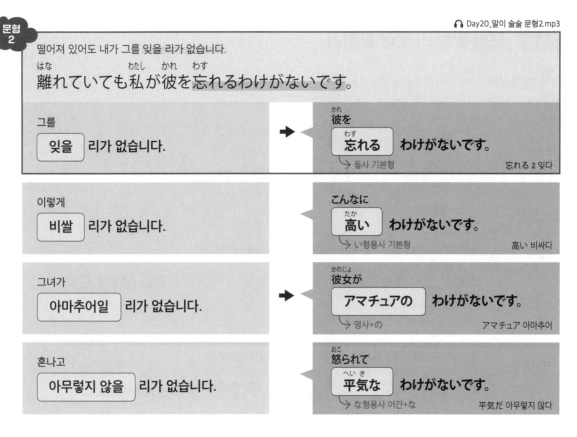

그를 **잊을** 리가 없습니다. → 彼(かれ)を **忘(わす)れる** わけがないです。
(동사 기본형) 忘れる 2 잊다

이렇게 **비쌀** 리가 없습니다. → こんなに **高(たか)い** わけがないです。
(い형용사 기본형) 高い 비싸다

그녀가 **아마추어일** 리가 없습니다. → 彼女(かのじょ)が **アマチュアの** わけがないです。
(명사+の) アマチュア 아마추어

혼나고 **아무렇지 않을** 리가 없습니다. → 怒(おこ)られて **平気(へいき)な** わけがないです。
(な형용사 어간+な) 平気だ 아무렇지 않다

문형 탐구하기

1. 우리말 "잊을 리가 없습니다."는 일본어로 "忘(わす)れるわけがないです。"예요. 이처럼 동사나 い형용사 기본형 뒤에 わけがないです를 붙이면 '~할 리가 없습니다'라는 뜻의 말이 돼요. 명사는 '명사+の' 뒤에, な형용사는 어미 だ를 な로 바꾸고 わけがないです를 붙이면 돼요.

わけがないです는 객관적인 근거를 바탕으로 그럴 리 없다는 것을 말하고 싶을 때 사용해요.

+플러스포인트 わけがないです 대신 はずがないです를 붙여도 똑같은 의미예요.

예 平気(へいき)な**わけがないです。** = 平気(へいき)な**はずがないです。**
아무렇지 않을 **리가 없습니다.** 아무렇지 않을 **리가 없습니다.**

2. ~わけがないです。(~할 리가 없습니다.)를 사용한 아래 문장들도 따라 말해 보아요.

- 土曜日(どようび)が定休日(ていきゅうび)の**わけがないです。** 토요일이 정기 휴일일 **리가 없습니다.**
- 定価(ていか)より安(やす)い**わけがないです。** 정가보다 쌀 **리가 없습니다.**
- 道(みち)に迷(まよ)う**わけがないです。** 길을 잃을 **리가 없습니다.** 道に迷う [みちにまよう] 길을 잃다

문형 활용 긴 문장 말하기

앞서 학습한 문형과 여러 단어 및 표현을 함께 사용하여 긴 문장을 말해 보아요.

Day20_긴 문장2.mp3

괴로울 때 곁에 있어 주었던 그를 잊을 리가 없습니다.

とき　かれ　わす

つらい時そばにいてくれた彼を忘れるわけがないです。

중고 자전거가 이렇게 비쌀 리가 없습니다.

ちゅうこ　じてんしゃ　たか

中古の自転車がこんなに高いわけがないです。

저렇게 노래를 잘하는 그녀가 아마추어일 리가 없습니다.

うた　じょうず　かのじょ

あんなに歌が上手な彼女がアマチュアのわけがないです。

선생님에게 심하게 혼나고 아무렇지 않을 리가 없습니다.

せんせい　おこ　へいき

先生にさんざん怒られて平気なわけがないです。

이 가게는 온 적이 있기 때문에 길을 잃을 리가 없습니다.

みせ　き　みち　まよ

この店は来たことがあるから道に迷うわけがないです。

* 동사た형+ことがあります ~한 적이 있습니다

단어 ✔

つらい 괴롭다　時 [とき] 때　そば 곁, 옆　いる 있다　彼 [かれ] 그　忘れる [わすれる] 잊다　中古 [ちゅうこ] 중고　自転車 [じてんしゃ] 자전거
こんなに 이렇게　高い [たかい] 비싸다　あんなに 저렇게　歌 [うた] 노래　上手だ [じょうずだ] 잘하다　彼女 [かのじょ] 그녀　アマチュア 아마추어
先生 [せんせい] 선생님　さんざん 심하게　怒る [おこる] 혼내다　平気だ [へいきだ] 아무렇지 않다　この 이　店 [みせ] 가게　来る [くる] 오다
道に迷う [みちにまよう] 길을 잃다

말이 술술 쏟아지는 문형

음성을 듣고 문장을 큰 소리로 따라 말해 보세요.

문형 3

Day20_말이 술술 문형3.mp3

선생님의 이야기가 항상 옳다고는 단정할 수 없습니다.

先生(せんせい)の話(はなし)がいつも正(ただ)しいとは限(かぎ)りません。

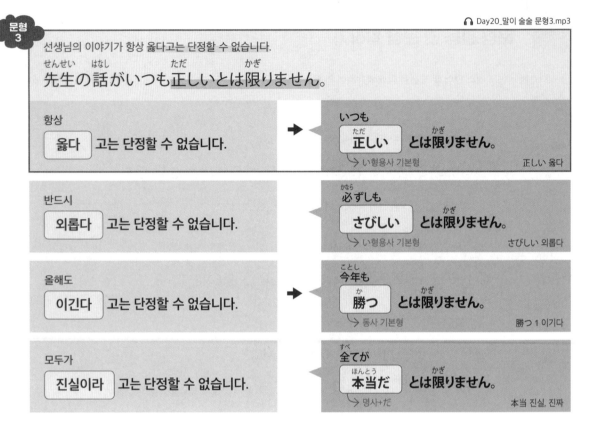

항상 [옳다] 고는 단정할 수 없습니다.	いつも [正(ただ)しい] とは限(かぎ)りません。 ↳ い형용사 기본형 正しい 옳다
반드시 [외롭다] 고는 단정할 수 없습니다.	必(かなら)ずしも [さびしい] とは限(かぎ)りません。 ↳ い형용사 기본형 さびしい 외롭다
올해도 [이긴다] 고는 단정할 수 없습니다.	今年(ことし)も [勝(か)つ] とは限(かぎ)りません。 ↳ 동사 기본형 勝つ 1 이기다
모두가 [진실이라] 고는 단정할 수 없습니다.	全(すべ)てが [本当(ほんとう)だ] とは限(かぎ)りません。 ↳ 명사+だ 本当 진실, 진짜

문형 탐구하기

1. 우리말 "옳다고는 단정할 수 없습니다."는 일본어로 "正(ただ)しいとは限(かぎ)りません。"이에요. い형용사, な형용사, 동사의 기본형 뒤에 とは限(かぎ)りません을 붙이면 '~라고는 단정할 수 없습니다'라는 뜻의 말이 돼요. 명사는 '명사+だ' 뒤에 とは限(かぎ)りません을 붙여요.

여기서 조사 とは '~라고'라는 뜻이고, 限(かぎ)りません은 동사 限(かぎ)る(한정하다)의 정중 부정형이에요. いつも(항상), 必(かなら)ずしも(반드시), 全部(ぜんぶ)(전부)와 같은 표현이 자주 같이 쓰여요.

2. ~とは限(かぎ)りません。(~라고는 단정할 수 없습니다.)을 사용한 아래 문장들도 따라 말해 보아요.

- 彼(かれ)が犯人(はんにん)だ**とは限(かぎ)りません。** 그가 범인이라**고는 단정할 수 없습니다.**
- お金持(かねも)ちが幸(しあわ)せだ**とは限(かぎ)りません。** 부자가 행복하다**고는 단정할 수 없습니다.**
- 成績(せいせき)が上(あ)がる**とは限(かぎ)りません。** 성적이 오른다**고는 단정할 수 없습니다.** 上がる [あがる] 오르다

문형 활용 긴 문장 말하기

앞서 학습한 문형과 여러 단어 및 표현을 함께 사용하여 긴 문장을 말해 보아요. 🎧 Day20_긴 문장3.mp3

대다수의 의견이 항상 옳다고는 단정할 수 없습니다.

だい た すう　い けん　ただ　かぎ
大多数の意見がいつも正しいとは限りません。

혼자 사는 것이 반드시 외롭다고는 단정할 수 없습니다.

ひとり ぐ　かなら　かぎ
一人暮らしが必ずしもさびしいとは限りません。

작년의 우승 팀이 올해도 이긴다고는 단정할 수 없습니다.

きょねん　ゆうしょう　ことし　か　かぎ
去年の優勝チームが今年も勝つとは限りません。

신문 기사에 쓰여 있는 것 모두가 진실이라고는 단정할 수 없습니다.

しんぶん　き じ　か　すべ　ほんとう　かぎ
新聞の記事に書いてあること全てが本当だとは限りません。

부자가 반드시 행복하다고는 단정할 수 없습니다.

かね も　かなら　しあわ　かぎ
お金持ちが必ずしも幸せだとは限りません。

단어 ✔

大多数 [だいたすう] 대다수　**意見** [いけん] 의견　**いつも** 항상　**正しい** [ただしい] 옳다　**一人暮らし** [ひとりぐらし] 혼자 사는 것
必ずしも [かならずしも] 반드시　**さびしい** 외롭다　**去年** [きょねん] 작년　**優勝チーム** [ゆうしょうチーム] 우승 팀　**今年** [ことし] 올해　**勝つ** [かつ] 이기다
新聞 [しんぶん] 신문　**記事** [きじ] 기사　**書く** [かく] 쓰다　**こと** 것　**全て** [すべて] 모두　**本当** [ほんとう] 진실, 진짜　**お金持ち** [おかねもち] 부자
幸せだ [しあわせだ] 행복하다

실생활 회화 자동발사!

Day20_실생활 회화 자동발사.mp3

먼저 듣기용 mp3로 대화를 들어 보며 어떤 내용인지 생각해 보세요. 그 다음 따라 말하기용 mp3로 따라 말해 보세요.

1 편의점에서 점장과 마지막 인사를 나누는 지수

지수: 店長、1年間お世話になりました。

점장: ジスさんは日本語も上手で、仕事も真面目にしてくれてとても助かりました。

지수: いつも親切にしてくれて、本当にありがとうございました。いい経験になりました。ここでバイトできて本当によかったと思います。

점장: ここでの経験は将来役立つはずです。1年間家族と離れて生活していてさびしかったでしょうね。

지수: 日本でいい人にたくさん出会えたので、あまりさびしくなかったです。

(出会えた: 出会える(만날 수 있다, 出会う의 가능형)의 た형)

점장: そうですか。外国での一人暮らしが必ずしもさびしいとは限りませんね。ジスさん、韓国に帰っても、たまには連絡してください。

지수: ええ。もちろんです!

---

1 지수 : 점장님, 1년간 신세 많이 졌어요.

점장 : 지수 씨는 일본어도 잘하고, 일도 성실하게 해 줘서 매우 도움이 되었어요.

지수 : 항상 친절하게 대해 주셔서, 정말로 감사했어요. 좋은 경험이 되었어요. 여기서 아르바이트할 수 있어서 정말로 다행이었다고 생각해요.

점장 : 여기에서의 경험은 장래에 도움이 될 거예요. 1년간 가족과 떨어져서 생활해서 외로웠겠네요.

지수 : 일본에서 좋은 사람을 많이 만날 수 있었기 때문에, 별로 외롭지 않았어요.

점장 : 그런가요? 외국에서 혼자 사는 것이 반드시 외롭다고는 단정할 수 없군요. 지수 씨, 한국에 돌아가도, 가끔은 연락해 주세요.

지수 : 네. 물론이에요!

단어

1. **店長** [てんちょう] 점장(님) **~年間** [~ねんかん] ~년간
お世話になる [おせわになる] 신세를 지다
日本語 [にほんご] 일본어 **上手だ** [じょうずだ] 잘하다
仕事 [しごと] 일 **真面目だ** [まじめだ] 성실하다
とても 매우 **助かる** [たすかる] 도움이 되다 **いつも** 항상
親切だ [しんせつだ] 친절하다 **本当に** [ほんとうに] 정말로
いい 좋다 **経験** [けいけん] 경험 **ここ** 여기, 이곳
バイトする 아르바이트하다 **将来** [しょうらい] 장래
役立つ [やくだつ] 도움이 되다 **家族** [かぞく] 가족
離れる [はなれる] 떨어지다 **生活する** [せいかつする] 생활하다
さびしい 외롭다 **日本** [にほん] 일본 **人** [ひと] 사람
たくさん 많이 **出会う** [であう] 만나다 **あまり** 별로
外国 [がいこく] 외국 **一人暮らし** [ひとりぐらし] 혼자 사는 것
必ずしも [かならずしも] 반드시 **韓国** [かんこく] 한국
帰る [かえる] 돌아가다 **たまには** 가끔은
連絡する [れんらくする] 연락하다 **もちろん** 물론

2 새해를 맞아 신사에 간 하루토와 지수

지수: 陽翔(はると)さん、どんな願(ねが)い事(ごと)をしましたか。

하루토: 私(わたし)は「ジスさんが私(わたし)のことを忘(わす)れないように」と祈(いの)りました。

지수: 私(わたし)が陽翔(はると)さんを忘(わす)れるわけがないです。韓国(かんこく)に帰(かえ)ってもおもしろいまんがを見(み)たら陽翔(はると)さんを思(おも)い出(だ)すかもしれません。

하루토: そういう時(とき)はいつでも連絡(れんらく)してください。ジスさんは何(なに)を祈(いの)りましたか。

지수: 私(わたし)は「日本(にほん)で就職(しゅうしょく)できるように」と祈(いの)りました。

하루토: ジスさんならできるはずです。ジスさんがまた日本(にほん)で生活(せいかつ)するようになったらいいですね。

지수: そうですね。陽翔(はると)さん、そろそろおみくじをひきに行(い)きましょう。
(おみくじ → 일본의 신사나 절에서 운세를 점치기 위해 뽑는 제비)

하루토: いいですね。今年(ことし)は大吉(だいきち)が出(で)たらいいなぁ。
(大吉 → 오미쿠지에서 가장 좋은 운세)

2 지수 : 하루토 씨, 어떤 소원을 빌었어요?

하루토 : 저는 '지수 씨가 저를 잊지 않도록'이라고 빌었어요.

지수 : 제가 하루토 씨를 잊을 리가 없어요. 한국에 돌아가도 재미있는 만화를 보면 하루토 씨를 떠올릴지도 몰라요.

하루토 : 그런 때는 언제든지 연락해 주세요. 지수 씨는 무엇을 빌었어요?

지수 : 저는 '일본에서 취직할 수 있도록'이라고 빌었어요.

하루토 : 지수 씨라면 할 수 있을 거예요. 지수 씨가 다시 일본에서 생활하게 되면 좋겠네요.

지수 : 그렇네요. 하루토 씨, 슬슬 오미쿠지를 뽑으러 가요.

하루토 : 좋아요. 올해는 대길이 나오면 좋겠네.

단어

2. **どんな** 어떤 **願い事をする** [ねがいごとをする] 소원을 빌다
私 [わたし] 저, 나 **忘れる** [わすれる] 잊다
祈る [いのる] 빌다 **韓国** [かんこく] 한국
帰る [かえる] 돌아가다 **おもしろい** 재미있다 **まんが** 만화
見る [みる] 보다 **思い出す** [おもいだす] 떠올리다
そういう 그런 **時** [とき] 때 **いつでも** 언제든지
連絡する [れんらくする] 연락하다 **何** [なに] 무엇
日本 [にほん] 일본 **就職する** [しゅうしょくする] 취직하다
できる 할 수 있다 **また** 다시
生活する [せいかつする] 생활하다 **~ように** ~하도록
いい 좋다 **そろそろ** 슬슬 **おみくじ** 오미쿠지 **ひく** 뽑다
行く [いく] 가다 **今年** [ことし] 올해 **大吉** [だいきち] 대길
出る [でる] 나오다

연습문제로 실력 쑥쑥

Day20_연습문제로 실력 쑥쑥.mp3

1 일본어로 문장 써보기

제시된 문형을 활용하여 일본어 문장을 써 보세요. 그 다음 음성을 듣고 문장을 따라 읽어 보세요.

보기	～はずです	～わけがないです	～とは限(かぎ)りません

1) 일본에서의 유학 경험은 장래에 도움이 될 것입니다.
(일본 日本(にほん) / 유학 留学(りゅうがく) / 경험 経験(けいけん) / 장래 将来(しょうらい) / 도움이 되다 役立(やくだ)つ)

____

2) 중고 자전거가 이렇게 비쌀 리가 없습니다.
(중고 中古(ちゅうこ) / 자전거 自転車(じてんしゃ) / 이렇게 こんなに / 비싸다 高(たか)い)

____

3) 혼자 사는 것이 반드시 외롭다고는 단정할 수 없습니다.
(혼자 사는 것 一人暮(ひとりぐ)らし / 반드시 必(かなら)ずしも / 외롭다 さびしい)

____

2 문맥에 맞는 단어 골라 써보기 JLPT N3, N4 문자·어휘 / JPT 독해 대비 유형

문맥에 가장 알맞은 단어를 보기에서 골라 문장을 완성해 보세요. 그 다음 음성을 듣고 문장을 따라 읽어 보세요.

보기	忘(わす)れる	正(ただ)しい	できる	幸(しあわ)せだ

1) お金持(かねも)ちが必(かなら)ずしも ____________ とは限(かぎ)りません。

2) 離(はな)れていても私(わたし)が彼(かれ)を ____________ わけがないです。

3) ずっとがんばってきたから、田中(たなか)さんならきっと ____________ はずです。

3 질문 듣고 알맞은 답변 고르기 JLPT N3, N4 청해 / JPT 청해 대비 유형

음성으로 들려주는 질문을 잘 듣고 알맞은 대답을 고르세요.

1) ① ②

2) ① ②

4 빈칸 채우기 JLPT N3, N4 문법 / JPT 독해 대비 유형

빈칸에 들어갈 가장 알맞은 단어를 골라 문장을 완성하세요. 그 다음 음성을 듣고 문장을 따라 읽어 보세요.

1) 新聞(しんぶん)の記事(きじ)に書(か)いてあること全(すべ)てが本当(ほんとう)だとは (　　　)。

① ありません　② いきません　③ 限(かぎ)りません

2) めいは４年前(ねんまえ)に大学(だいがく)に入学(にゅうがく)したので今年(ことし) (　　　)はずです。

① 卒業(そつぎょう)の　② 卒業(そつぎょう)　③ 卒業(そつぎょう)だ

5 문장 완성하기 JLPT N3, N4 문법 대비 유형

선택지를 올바르게 배열하여 문장을 완성한 다음 ＿★＿에 들어갈 선택지를 고르세요.

1) A「今年(ことし)もあのチームが優勝(ゆうしょう)でしょうね。」

B「去年(きょねん)の ＿＿ ＿＿ ＿★＿ ＿＿ 限(かぎ)りません。」

① とは　② 勝(か)つ　③ 優勝(ゆうしょう)チームが　④ 今年(ことし)も

2) あんなに歌(うた)が上手(じょうず)な ＿＿ ＿＿ ＿★＿ ＿＿ ないです。

① の　② わけが　③ 彼女(かのじょ)が　④ アマチュア

<해커스 일본어 첫걸음> 어플로 DAY 20에서 학습한 내용을 복습해보세요!

정답

1 1) 日本での留学経験は将来役立つはずです。
2) 中古の自転車がこんなに高いわけがないです。
3) 一人暮らしが必ずしもさびしいとは限りません。
2 1) 幸せだ　2) 忘れる　3) できる
3 1) ②　2) ①
4 1) ③ 限りません　2) ① 卒業の
5 1) ② 勝つ　2) ① の

연습문제 해석 p.259

연습문제 정답 및 해석

Day1

p.20

1

1) 私は店長のおすすめのこれにします。
2) 今年もあのチームが優勝に決まっています。
3) 雨が強いから午後の試合は中止にちがいありません。

2

1) 今日中に報告書の作成は無理に決まっています。
   오늘 안에 보고서 작성은 분명 무리일 것입니다.
2) 次の食事会の時間は7時にしませんか。
   다음 식사 모임의 시간은 7시로 하지 않겠습니까?
3) 問題が易しかったから今回は合格にちがいありません。
   문제가 쉬웠으니까 이번에는 합격임에 틀림없습니다.

3

1) ②
   A: デザートは何にしますか。
   디저트는 무엇으로 할래요?
   B: ① 白にしませんか。
   흰색으로 하지 않을래요?
   ② いちごケーキにします。
   딸기 케이크로 할게요.

2) ①
   A: あそこにいる人は誰ですか。
   저기 있는 사람은 누구인가요?
   B: ① 彼は佐藤さんにちがいありません。
   그는 사토 씨임에 틀림없어요.
   ② その話はうそに決まっています。
   그 이야기는 분명 거짓말일 것입니다.

4

1) 友達はみんな私の意見に賛成 (② に) 決まっています。
   친구들은 모두 나의 의견에 분명 찬성 (② 일) 것입니다.
2) 今年のアカデミー賞の主演女優賞は彼女にちがい (③ ありません)。
   올해 아카데미상의 여우주연상은 그녀임에 틀림 (③ 없습니다).

5

1) あの動作はルール違反 ②だから ④失格 ③★に ①決まって います。
   저 동작은 규칙 위반 ②이니까 분명 ④실격 ③★일 ①것입니다.
2) A「せんぱいは何にしますか。」
   선배는 무엇으로 할래요?
   B「私 ④は ③かにクリームコロッケ ①★に ②します。」
   저 ④는 ③게살 크림 고로케 ①★로 ②할게요.

Day2

p.32

1

1) 友達と好きな映画について話します。
2) 結婚についての考え方は人によって異なります。
3) 今日は月曜日だから昨日に比べてひまです。

2

1) 今年は全国的に雨の日が去年に比べて多かったです。
   올해는 전국적으로 비 오는 날이 작년에 비해 많았습니다.
2) 来週の会議の時間が状況によって変わるかもしれません。
   다음 주의 회의 시간이 상황에 따라 바뀔지도 모릅니다.
3) ももを使った今シーズンの新商品について紹介します。
   복숭아를 사용한 이번 시즌 신상품에 대해 소개하겠습니다.

3

1) ②
   A: テレビはいくらですか。
   텔레비전은 얼마입니까?
   B: ① 部長の提案について考えます。
   부장님의 제안에 대해 생각합니다.
   ② テレビの値段は大きさによって違います。
   텔레비전의 가격은 사이즈에 따라 다릅니다.

2) ①
   A: ここの物価はソウルに比べて高いです。
   이곳의 물가는 서울에 비해 비쌉니다.
   B: ① そうですね。高いですね。
   그렇네요. 비싸네요.
   ② そうですね。高くありません。
   그렇네요. 비싸지 않아요.

4

1) この銀行アプリの使い方 (③ について) 教えてください。
   이 은행 앱의 사용 방법(③ 에 대해) 알려 주세요.
2) A「日本の大学は春休みが冬休み (③ に) 比べて長いですか。」
   '일본의 대학은 봄 방학이 겨울 방학 (③ 에) 비해 깁니까?'
   B「はい。だいたいそうです。」
   '네. 대체로 그렇습니다.'

5

1) この部屋は窓が大きくて ④となりの ②部屋に ③★比べて ①寒いです。
   이 방은 창문이 커서 ④옆 ②방에 ③★비해 ①춥습니다.
2) 飛行機のチケットの ②値段に ③よって ①★行き先を ④決める つもりです。
   비행기 티켓의 ②가격에 ③따라 ①★행선지를 ④정하려고 합니다.

Day3

p.44

1

1) 私の地元は鎌倉という海が近くにある町です。

2) こうはいにせんぱいとしてレポートの書き方を教えます。

3) お正月は毎年家族とともに神社を訪れます。

2

1) 来月会社のどうりょうとともに出張で大阪へ行きます。
다음 달에 회사의 동료와 함께 출장으로 오사카에 갑니다.

2) 私が好きな花はフリージアという黄色くてかおりのいい花です。
제가 좋아하는 꽃은 프리지어라고 하는 노랗고 향기가 좋은 꽃입니다.

3) 私は高校生の時からまんがを趣味として描いています。
저는 고등학생 때부터 만화를 취미로 그리고 있습니다.

3

1) ②
A: これは何ですか。
이것은 무엇인가요?
B: ① 彼は日本を代表する小説家です。
그는 일본을 대표하는 소설가입니다.
② それはビビンバという韓国料理です。
그것은 비빔밥이라고 하는 한국 요리입니다.

2) ①
A: お土産は買いましたか。
기념품은 샀습니까?
B: ① はい、お菓子をお土産として買いました。
네, 과자를 기념품으로 샀습니다.
② はい、課長としてアドバイスします。
네, 과장으로서 조언합니다.

4

1) おいしい料理をビール (① と) ともに楽しむことができます。
맛있는 요리를 맥주 (① 와) 함께 즐길 수 있습니다.

2) 私の姉はこのカフェでマネージャー (② として) 勤めています。
저의 언니는 이 카페에서 매니저 (② 로서) 근무하고 있습니다.

5

1) 現地では常に ④ガイド ③と ①★ともに ② 行動してください。
현지에서는 항상 ④가이드 ③와 ①★함께 ②행동해 주세요.

2) これは ①ラムネ ④と ③いう ②★飲み物です。
이것은 ①라무네 ④라고 ③하는 ②★음료입니다.

Day4

p.56

1

1) 家から学校までバスと電車とどちらが速いですか。

2) この世界で私の彼氏ほどやさしい人はいないです。

3) 私が好きな食べ物は寿司やからあげなどです。

2

1) 今日のお昼はカレーとラーメンとどちらがいいですか。
오늘 점심 식사는 카레와 라멘 중 어느 쪽이 좋습니까?

2) 最近、流行りのスポーツはテニスやゴルフなどです。
최근, 유행인 스포츠는 테니스나 골프 등입니다.

3) 今年の誕生日ほど特別で幸せな日はなかったです。
올해 생일만큼 특별하고 행복한 날은 없었습니다.

3

1) ①
A: 卒業祝いに財布と腕時計とどちらがほしいですか。
졸업 선물로 지갑과 손목시계 중 어느 쪽이 갖고 싶어요?
B: ① 財布がいいです。 지갑이 좋아요.
② 財布がほしいですか。 지갑이 갖고 싶어요?

2) ①
A: 旅行先としてどの国が人気ですか。
여행지로 어느 나라가 인기입니까?
B: ① 人気の旅行先はイタリアやフランスなどです。
인기인 여행지는 이탈리아나 프랑스 등입니다.
② この町でここほどとんかつがおいしい店はないです。
이 동네에서 여기만큼 돈가스가 맛있는 가게는 없습니다.

4

1) 花見スポットとして東京でここほどいいところは (③ ないです)。
벚꽃놀이 장소로 도쿄에서 여기만큼 좋은 곳은 (③ 없습니다).

2) 何かを検索する時、パソコンとスマホと (① どちら) が便利だと思いますか。
무언가를 검색할 때, 컴퓨터와 스마트폰 중 (① 어느 쪽)이 편리하다고 생각합니까?

5

1) 私が読んだまんがの中で ①「ワンピース」 ③ほど ④★おもしろい ②まんが はないです。
내가 읽은 만화 중에서 ①'원피스' ③만큼 ④★재미있는 ②만화는 없습니다.

2) A「新刊の表紙の色は赤 ②と ④青と ③★どちらが ①いい ですか。」
신간의 표지 색은 빨강②과 ④파랑 중 ③★어느 쪽이 ①좋습니까?
B「うーん、青の方がいいと思います。」
음, 파랑 쪽이 좋다고 생각합니다.

연습문제 정답 및 해석

Day5

p.68

1

1) 一週間近く雨が降りつづけています。

2) ぶつぶつ文句を言うことはやめなさい。

3) 来週からファミリーレストランで働きはじめます。

2

1) 新しく買った本を今日から読みはじめます。
새로 산 책을 오늘부터 읽기 시작합니다.

2) 自分の間違いを素直に謝りなさい。
자신의 잘못을 솔직하게 사과하세요.

3) 一人暮らしをする人が増えつづけています。
혼자 사는 생활을 하는 사람이 계속 늘고 있습니다.

3

1) ①
A: 食事の前には手をきれいに洗いなさい。
식사 전에는 손을 깨끗이 씻으세요.
B: ① はい、分かりました。
네, 알겠습니다.
② はい、いってらっしゃい。
네, 다녀오세요.

2) ②
A: いつからおこづかいを貯めはじめましたか。
언제부터 용돈을 모으기 시작했어요?
B: ① 家庭教師として働きはじめました。
가정 교사로서 일하기 시작했어요.
② 小学生の時からです。
초등학생 때부터입니다.

4

1) さっきからケータイがなりつづけて (③ います) 。
아까부터 휴대 전화가 계속 울리고 (③ 있습니다) .

2) バスから降りる時は後ろから来る自転車に (② 注意し) なさい。
버스에서 내릴 때는 뒤에서 오는 자전거에 (② 주의하) 세요.

5

1) 講師は ②セミナーの ①内容に ④★ついて ③説明しはじめました。
강사는 ②세미나의 ①내용에 ④★대해 ③설명하기 시작했습니다.

2) 公共の場では ③ケータイの ②電源を切る ④★か ①マナーモードに しなさい。
공공장소에서는 ③휴대 전화의 ②전원을 끄 ④★거나 ①매너 모드로 하세요.

Day6

p.80

1

1) 両親への感謝の気持ちは言葉では伝えきれません。

2) そんなうすい服を着ていてはかぜをひきかねません。

3) あまり使わないサイトはパスワードを忘れがちです。

2

1) 冬はあまり動かなくて太りがちです。
겨울은 그다지 움직이지 않아서 살찌기 십상입니다.

2) 乱暴な運転をする人はいつか事故を起こしかねません。
난폭한 운전을 하는 사람은 언젠가 사고를 일으킬지도 모릅니다.

3) イベント会場に集まった人が多くて数えきれませんでした。
이벤트 회장에 모인 사람이 많아서 다 셀 수 없었습니다.

3

1) ①
A: 無理なダイエットは体をこわしかねません。
무리한 다이어트는 건강을 해칠지도 모릅니다.
B: ① 気をつけます。
주의할게요.
② 心配しがちです。
걱정하기 십상이에요.

2) ①
A: このすいかは大きくて一人では食べきれません。
이 수박은 커서 혼자서는 다 먹을 수 없습니다.
B: ① 半分に分けて食べましょう。
반으로 나눠서 먹읍시다.
② これは食べません。
이것은 먹지 않습니다.

4

1) 新入社員のころはこういう間違いがあり (③がちです) 。
신입 사원일 적에는 이러한 실수가 있 (③기 십상입니다).

2) 電車が遅れていて会社に (①遅刻し) かねません。
전철이 늦어지고 있어서 회사에 (①지각할) 지도 모릅니다.

5

1) 毎日コンビニ弁当を ④食べる ②人は ①★栄養が ③かたよりがちです。
매일 편의점 도시락을 ④먹는 ②사람은 ①★영양이 ③치우치기 십상입니다.

2) 憧れの野球選手に ①会う ③ことができて ②★喜びを ④かくしきれません。
동경하는 야구 선수와 ①만날 ③수 있어서 ②★기쁨을 ④다 숨길 수 없습니다.

Day7

p.92

1

1) 彼はいつも私の意見に反対してばかりいます。

2) 漢字が分からない時はひらがなで書いてもかまいません。

3) ＩＤカードがない人はここに入ってはいけません。

2

1) 私が応援しているチームは最近試合で負けてばかりいます。
내가 응원하고 있는 팀은 최근 시합에서 지기만 합니다.

2) 展示している作品に近づいてはいけません。
전시하고 있는 작품에 가까이 다가가면 안 됩니다.

3) 不明な点がある場合はメールで質問してもかまいません。
불분명한 점이 있는 경우는 이메일로 질문해도 괜찮습니다.

3

1) ①
A: 公演中に写真を撮ってもいいですか。
공연 중에 사진을 찍어도 되나요?
B: ① 自由に写真を撮ってもかまいません。
자유롭게 사진을 찍어도 괜찮습니다.
② 写真はあまり好きではありません。
사진은 그다지 좋아하지 않습니다.

2) ②
A: 関係者以外はここに入ってはいけません。
관계자 이외는 이곳에 들어가면 안 됩니다.
B: ① すみません。早く入ってください。
죄송합니다. 얼른 들어가 주세요.
② すみません。知りませんでした。
죄송합니다. 몰랐습니다.

4

1) どんなに疲れていても授業中に（ ③居眠りしては ）いけません。
아무리 피곤해도 수업 중에 （ ③졸면 ） 안 됩니다.

2) A「あとは私がやりますから今日は先に帰っても（ ①かまいません ）。
나머지는 제가 할 테니까 오늘은 먼저 돌아가도 (①괜찮습니다) .
B「はい。お先に失礼します。」네, 먼저 실례하겠습니다.

5

1) 何があっても ①お酒を ④飲んで ③★運転しては ②いけません。
무슨 일이 있어도 ①술을 ④마시고 ③★운전하면 ②안 됩니다.

2) 坂本さんは何でも ②他の ④人に ①★頼って ③ばかりいます。
사카모토 씨는 무엇이든 ②다른 ④사람에게 ①★의지하기 ③만 합니다.

Day8

p.104

1

1) 子供を産んではじめて親の心を理解することができました。

2) 友達を待っている間映画を見ます。

3) 仕事を全部終えてから帰ります。

2

1) 車を運転している間制限速度に注意しています。
자동차를 운전하는 동안 제한 속도에 주의하고 있습니다.

2) 今やっている仕事を終えてから帰ります。
지금 하고 있는 일을 끝내고 나서 돌아가겠습니다.

3) 実家を離れてはじめて一人暮らしの大変さを感じました。
본가를 떠나고 나서야 비로소 혼자 사는 것의 힘듦을 느꼈습니다.

3

1) ②
A: 案内文の内容を確認してから申し込んでください。
안내문의 내용을 확인하고 나서 신청해 주세요.
B: ① はい。申し込みません。 네. 신청하지 않습니다.
② はい。分かりました。 네. 알겠습니다.

2) ①
A: 仕事を休んでいる間何をしましたか。
일을 쉬는 동안 무엇을 했나요?
B: ① 一人でヨーロッパを旅行しました。
혼자서 유럽을 여행했습니다.
② 予約してから行きます。 예약하고 나서 갑니다.

4

1) 食堂の前で順番を（ ③ 待っている ）間メニューを選んでいました。
식당 앞에서 순서를 (③ 기다리는) 동안 메뉴를 고르고 있었습니다.

2) アルバイトを（ ② して ）はじめてお金の大切さが分かりました。
아르바이트를 (② 하고) 나서야 비로소 돈의 소중함을 알았습니다

5

1) シフトとお休みはスタッフ ③全員で ①話し合って ④★から ②決めます。
근무 시간표와 휴무는 스태프 ③전원이서 ①논의하고 ④★나서 ②정합니다.

2) カレンダーを ①見て ③★はじめて ②母の誕生日が ④過ぎた ことに気づきました。
달력을 ①보고 ③★나서야 비로소 ②엄마의 생일이 ④지난 것을 깨달았습니다.

연습문제 정답 및 해석

Day9

p.116

1

1) 倉庫にあった古いおもちゃが触ったとたんこわれてしまいました。

2) 友達と道に立ったまま1時間も話しました。

3) 体調が悪い時は家で休んだほうがいいです。

2

1) コピー機のボタンを押したとたん急に画面が消えました。
복사기의 버튼을 누르자마자 갑자기 화면이 꺼졌습니다.

2) こういう時は部長に電話したほうがいいです。
이런 때는 부장님에게 전화하는 편이 좋습니다.

3) くつをはいたまま部屋に入りました。
신발을 신은 채 방에 들어갔습니다.

3

1) ②
A: 前田さん、どこか体調が悪いですか。
마에다 씨, 어딘가 몸 상태가 안 좋은가요?
B: ① できるだけ急いだほうがいいです。
가능한 한 서두르는 편이 좋아요.
② 昨夜エアコンをつけたまま寝てかぜをひきました。
어젯밤 에어컨을 켠 채로 자서 감기에 걸렸어요.

2) ①
A: 少し寒くありませんか。
조금 춥지 않나요?
B: ① ええ。窓を閉めたほうがいいと思います。
네. 창문을 닫는 편이 좋을 거라고 생각해요.
② ええ。窓を開けてください。
네. 창문을 열어 주세요.

4

1) 時間がなくて髪がぬれ (③ たまま) 外出しました。
시간이 없어서 머리카락이 젖은 (③ 채로) 외출했습니다.

2) 昨夜は疲れていてベッドに (②入った) とたん眠ってしまいました。
어젯밤은 피곤해서 침대에 (②들어가자) 마자 잠들어 버렸습니다.

5

1) 熱がある時は ②お風呂に ③★入らない ④ほうが ①いい です。
열이 있을 때는 ②목욕 ③★하지 않는 ④편이 ①좋습니다.

2) 彼は私の ④話 ③を ①★聞いた ②とたん 笑い出しました。
그는 나의 ④이야기 ③를 ①★듣자 ②마자 웃기 시작했습니다.

Day10

p.128

1

1) 友達に会うために京都へ行きます。

2) スケジュールの変更は事前に連絡するようにします。

3) 庭に母が好きな花を植えることにしました。

2

1) 大学の友達に会うために同窓会に行きます。
대학 친구들을 만나기 위해 동창회에 갑니다.

2) 社会人になってからは毎日新聞を読むようにしています。
사회인이 되고 나서는 매일 신문을 읽도록 하고 있습니다.

3) やせるために毎日1時間ずつ運動することにしました。
살을 빼기 위해 매일 1시간씩 운동하기로 했습니다.

3

1) ②
A: 今何をしていますか。
지금 무엇을 하고 있어요?
B: ① 早く寝て早く起きるようにします。
일찍 자고 일찍 일어나도록 할게요.
② 試験に合格するために勉強しています。
시험에 합격하기 위해 공부하고 있어요.

2) ②
A: どうして今やっているアルバイトを辞めることにしましたか。
어째서 지금 하고 있는 아르바이트를 그만두기로 했나요?
B: ① 海外旅行に行くためにアルバイトします。
해외 여행을 가기 위해 아르바이트해요.
② 来月に結婚することになりました。
다음 달에 결혼하게 되었어요.

4

1) つくえの上をきれいに片づける (① ように) してください。
책상 위를 깨끗하게 정돈하 (① 도록) 해 주세요.

2) 人工知能について深く (③ 研究する) ために大学院に進学します。
인공 지능에 대해 깊이 (③ 연구하) 기 위해 대학원에 진학합니다.

5

1) 健康の ①ために ④夜遅く ②★食べない ③ように しています。
건강을 ①위해 ④밤늦게 ②★먹지 않 ③도록 하고 있습니다.

2) 東京都内に ④家 ③を ①★買う ②ために 毎月貯金しています。
도쿄도 내에 ④집 ③을 ①★사기 ②위해 매월 저금하고 있습니다.

Day11 p.140

1

1) 一人で暮らしているから友達に頼むしかありません。
2) 仕事が終わって今から友達に会いに行くところです。
3) 息子との大切な約束をキャンセルするわけにはいきません。

2

1) 契約期間の途中で無責任に辞めるわけにはいきません。
계약 기간 도중에 무책임하게 그만둘 수는 없습니다.
2) 最終のバスを逃して家まで歩いて帰るしかありませんでした。
마지막 버스를 놓쳐서 집까지 걸어서 돌아가는 수밖에 없었습니다.
3) 学校に行くためにちょうどバスに乗るところです。
학교에 가기 위해 마침 버스에 타려던 참입니다.

3

1) ②
A: 林さん、どこか行きますか。
하야시 씨, 어딘가 가요?
B: ① ええ、友達に頼むしかありませんでした。
네, 친구에게 부탁하는 수밖에 없었어요.
② ええ、彼氏に会いに行くところです。
네, 남자친구를 만나러 가려던 참입니다.

2) ②
A: 早く寝たほうがいいですよ。
빨리 자는 편이 좋아요.
B: ① 学校に遅れてしまいました。
학교에 늦어 버렸습니다.
② 宿題が残っているからまだ寝るわけにはいきません。
숙제가 남아있기 때문에 아직 잘 수는 없습니다.

4

1) これは限定商品だから買わないわけには (②いきません)。
이것은 한정 상품이라서 사지 않을 수는 (②없습니다).
2) 水に落としたスマホのデータ復旧はあきらめる (①しか) ありません。
물에 빠뜨린 스마트폰의 데이터 복구는 포기하는 (①수밖에) 없습니다.

5

1) 取引先 ④との ②打ち合わせ ①★が ③終わるところです。
거래처④와의 ②협의 ①★가 ③끝나려던 참입니다.
2) これは秘密だから ①他の ③人に ④★話す ②わけには いきません。
이건 비밀이기 때문에 ①다른 ③사람에게 ④★이야기할 ②수는 없습니다.

Day12 p.152

1

1) 無理して高い車を買ってもあとで後悔するだけです。
2) 毎日、犬の散歩のついでに朝食べるパンを買いに行きます。
3) 市役所が駅から遠いかどうか駅員に聞いてみます。

2

1) この情報が正しいかどうか調べます。
이 정보가 옳은지 어떤지 알아봅니다.
2) 発表するのが恥ずかしいだけです。
발표하는 것이 부끄러울 뿐입니다.
3) 10年以上使った古い家具は引っ越しのついでに買い替えることにしました。
10년 이상 사용한 오래된 가구는 이사 김에 새로 사기로 했습니다.

3

1) ①
A: まずビザが必要かどうか問い合わせてみましょう。
우선 비자가 필요한지 어떤지 문의해 봅시다.
B: ① そうですね。私が電話で聞いてみます。
그렇네요. 제가 전화로 물어 볼게요.
② はい。本当かどうか確かめます。
네. 진짜인지 어떤지 확인하겠습니다.

2) ①
A: 美容室で髪を染めるついでに前髪もちょっと切りました。
미용실에서 머리를 염색하는 김에 앞머리도 조금 잘랐습니다.
B: ① とても似合いますよ。 정말 잘 어울려요.
② どんな色に染めますか。 어떤 색으로 염색해요?

4

1) 京都へ (②出張する) ついでに清水寺や二条城などを観光するつもりです。
교토에 (②출장 가는) 김에 청수사나 니조성 등을 관광하려고 합니다.
2) 最新のバージョンにアップデートが可能 (③か) どうか試してみます。
최신 버전으로 업데이트가 가능한 (③지) 어떤지 시험해 보겠습니다.

5

1) できないことはできる ②ようになる ④★まで ①練習する ③だけです。
할 수 없는 것은 할 수 있 ②도록 될 ④★때까지 ①연습할 ③뿐입니다.
2) 彼女が結婚する ③という ④話が ②★本当 ①かどうか確かめます。
그녀가 결혼한다 ③는 ④이야기가 ②★진짜 ①인지 어떤지 확인하겠습니다.

연습문제 정답 및 해석

Day13

p.164

1

1) 担任の先生に年賀状を送ろうと思います。

2) あの山は険しいですが登れないこともないです。

3) 去年から貯金しているから来年には車が買えるでしょう。

2

1) 4月からスペイン語の勉強を始めようと思います。
4월부터 스페인어 공부를 시작하려고 생각합니다.

2) 今から3時間はベッドでぐっすり寝られるでしょう。
지금부터 3시간은 침대에서 푹 잘 수 있겠죠.

3) ピーマンは嫌いですが食べられないこともないです。
피망은 싫어하지만 먹지 못할 것도 없습니다.

3

1) ①
A: 鈴木さん、ビールどうですか。
스즈키 씨, 맥주 어때요?
B: ① 一杯ぐらいは飲めないこともないです。
한 잔 정도는 마시지 못할 것도 없어요.
② 今日はぐっすり寝られるでしょう。
오늘은 푹 잘 수 있겠죠.

2) ②
A: 山田さんを迎えに行かなくてもいいですか。
야마다 씨를 마중하러 가지 않아도 되나요?
B: ① 東京に行こうと思います。
도쿄에 가려고 생각해요.
② 前にも来たことがあるから一人で来られるでしょう。
전에도 온 적이 있으니까 혼자서 올 수 있겠죠.

4

1) このまま着られないこと (① も) ないですが、ちょっと大きいですね。
이대로 입지 못할 것 (① 도) 없지만, 조금 크네요.

2) お金を貯めるためにランチ代を (③ 節約しよう) と思います。
돈을 모으기 위해 점심값을 (③ 절약하려) 고 생각합니다.

5

1) 新しい技術で建てた ②家だから ④地震 ③★にも ①耐えられる でしょう。
새로운 기술로 지은 ②집이니까 ④지진 ③★에도 ①견딜 수 있겠죠.

2) A「今週末は何をするつもりですか。」
이번 주말은 무엇을 할 예정인가요?
B「今週末は家で ③ごろごろ ①しながら ②★過ごそう ④と 思います。」
이번 주말은 집에서 ③빈둥거리 ①면서 ②★지내려 ④고 생각합니다.

Day14

p.176

1

1) 行きつけのカフェにはいつも花がかざってあります。

2) お客さんが来る前に部屋を片づけておきます。

3) 地元の大切な伝統を守っていきたいです。

2

1) かべに有名な映画のポスターが貼ってあります。
벽에 유명한 영화의 포스터가 붙어 있습니다.

2) 今後もボランティア活動を続けていきます。
앞으로도 자원봉사 활동을 계속해 가겠습니다.

3) 旅行の荷物は前もって準備しておかなければなりません。
여행의 짐은 미리 준비해 두지 않으면 안 됩니다.

3

1) ①
A: 掃除する時は換気のために窓を全部開けておきましょう。
청소할 때는 환기를 위해 창문을 전부 열어 둡시다.
B: ① はい。今すぐ開けます。
네. 지금 바로 열게요.
② はい。部屋を片づけておきます。
네. 방을 정리해 둘게요.

2) ②
A: この服は洗濯機で洗ってもいいですか。
이 옷은 세탁기로 빨아도 괜찮나요?
B: ① 服に名前を書いておきます。
옷에 이름을 써 둘게요.
② 洗濯する時の注意点は服のラベルに書いてあります。
세탁할 때의 주의점은 옷의 라벨에 쓰여 있어요.

4

1) 高層ビルは安全のために窓が (③ 閉めて) あります。
고층 빌딩은 안전을 위해 창문이 (③ 닫혀) 있습니다.

2) オリンピックでの金メダルを目指して毎日努力して (① いきます)。
올림픽에서의 금메달을 목표로 해서 매일 노력해 (① 갑니다).

5

1) 大学を卒業してから今までずっと ④この ③会社 ①★で ②働いて きました。
대학을 졸업하고 나서 지금까지 쭉 ④이 ③회사 ①★에서 ②일해 왔습니다.

2) 飲み物は ③冷蔵庫に ①入れて ②★冷やして ④おいて ください。
음료는 ③냉장고에 ①넣어서 ②★차게 해 ④둬 주세요.

Day15

p.188

1

1) 引っ越し祝いに友達が私に洗剤をくれました。

2) ビンゴゲームの景品で旅館の宿泊券をもらいました。

3) 成人式を迎えた妹にプレゼントと花束をあげました。

2

1) 私が悩んでいる時はいつも父が役立つアドバイスをくれます。
내가 고민하고 있을 때는 항상 아버지가 도움이 되는 조언을 줍니다.

2) 締め切り直前に作家に原稿をもらうことができました。
마감 직전에 작가에게 원고를 받을 수 있었습니다.

3) 社会人になったから、お正月にはめいにお年玉をあげます。
사회인이 되었으니까, 설날에는 조카딸에게 세뱃돈을 줍니다.

3

1) ①

A: ここのとんかつはとてもおいしいですね。
여기 돈가스는 정말 맛있네요.

B: ① ここ友達に紹介してもらいました。
여기 친구에게 소개받았어요.

② サービスでデザートをくれます。
서비스로 (나에게) 디저트를 줍니다.

2) ①

A: 憧れの歌手にサインをもらいました。
동경하는 가수에게 사인을 받았습니다.

B: ① わぁ! うらやましいですね。 와! 부럽네요.

② ここにサインしてください。 이곳에 사인해 주세요.

4

1) バレンタインデーは好きな人 (①に) チョコレートをあげる日です。
밸런타인데이는 좋아하는 사람 (①에게) 초콜릿을 주는 날입니다.

2) 就活で疲れている時、家族のやさしい一言が勇気を (③くれました)。
취업 활동으로 지쳐 있을 때, 가족의 상냥한 한마디가 용기를 (③주었습니다).

5

1) A「いい写真ですね。」좋은 사진이네요.
B「友達が ③キャンプで ①撮った ④★写真を ②送ってくれました。」
친구가 ③캠핑에서 ①찍은 ④★사진을 ②보내 주었습니다.

2) イベントに参加した ②子供 ④に ③★記念品を ①あげます。
이벤트에 참가한 ②아이 ④에게 ③★기념품을 ①줍니다.

Day16

p.200

1

1) 鈴木さんは難しい質問をして先生を困らせました。

2) 友達のせいで見たくもない映画を見させられました。

3) 英語の発音がきれいだと先生にほめられました。

2

1) サッカーの試合中、相手選手に足をふまれました。
축구 시합 중, 상대 선수에게 발을 밟혔습니다.

2) 彼は私たちをよく待たせます。
그는 우리를 자주 기다리게 합니다.

3) 一番暑い午後2時なのに外で運動をさせられました。
가장 더운 오후 2시인데 밖에서 운동을 억지로 하게 되었습니다.

3

1) ①

A: 高橋さん、何かいいことでもありましたか。
다카하시 씨, 뭔가 좋은 일이라도 있었어요?

B: ① ええ、好きな作家の新作がついに発売されました。
네, 좋아하는 작가의 신작이 드디어 발매되었어요.

② ええ、日曜日に会社へ来させられました。
네, 일요일에 회사에 억지로 오게 되었어요.

2) ②

A: 娘さん、ピアノがとても上手ですね。
따님, 피아노를 정말 잘 치네요.

B: ① 息子を思い切り遊ばせています。
아들을 마음껏 놀게 하고 있습니다.

② 子供が小さいうちからピアノを習わせました。
아이가 어릴 때부터 피아노를 배우게 했어요.

4

1) 部屋を散らかした子供 (②に) 自分で片づけさせました。
방을 어지럽힌 아이 (②에게) 스스로 정리하게 했습니다.

2) やりたくない仕事を (③担当させられて) やる気が出ません。
하고 싶지 않은 업무를 (③억지로 담당하게 되어서) 의욕이 생기지 않습니다.

5

1) チェックアウトの時間を ③過ぎて ①追加 ④★料金を ②払わせられました。
체크아웃 시간을 ③넘겨서 ①추가 ④★요금을 ②억지로 지불하게 되었습니다.

2) リビングに ②杉の木で ③作られた ①★テーブルが ④置いて あります。
거실에 ②삼나무로 ③만들어진 ①★테이블이 ④놓여 있습니다.

연습문제 정답 및 해석

Day17

p.212

1

1) ここは夕焼けがきれいなところとしてけっこう有名らしいです。
2) 毎日お弁当のおかずが同じ彼は料理が苦手なようです。
3) このお店のパンはどれもおいしそうです。

2

1) 倉庫にあるつくえは全部古くてすぐにでもこわれそうです。
창고에 있는 책상은 전부 낡아서 금방이라도 부서질 것 같습니다.
2) 空港の近くではドローンの飛行が禁止らしいです。
공항 근처에서는 드론의 비행이 금지인 것 같습니다.
3) どうやら彼女は犬をこわがるようです。
아무래도 그녀는 개를 무서워하는 것 같습니다.

3

1) ②
A: あれ？鈴木さんいませんか。
어? 스즈키 씨 없나요?
B: ① このラーメンは辛そうです。
이 라멘은 매울 것 같습니다.
② 彼は会議の準備で忙しいらしいです。
그는 회의 준비로 바쁜 것 같습니다.

2) ①
A: 天気予報によると今夜遅くから雨だそうです。
일기 예보에 의하면 오늘 밤 늦게부터 비라고 합니다.
B: ① そうですか。傘を持って出かけます。
그런가요? 우산을 가지고 외출할게요.
② そうですか。今日雨降らないですか。
그런가요? 오늘 비 안 오나요?

4

1) 娘は青いくつが一番 (② お気に入りの) ようです。
딸은 파란 신발이 가장 (② 마음에 든) 것 같습니다.
2) 最近、式場を調べている山田さんはもうすぐ (① 結婚する) らしいです。
최근, 식장을 알아보고 있는 야마다 씨는 곧 (① 결혼하는) 것 같습니다.

5

1) 彼女が朝から丁寧に ②作った ③このパンは ①★とても ④おいし そうです。
그녀가 아침부터 정성스럽게 ②만든 ③이 빵은 ①★매우 ④맛있을 것 같습니다.
2) 有名な観光地だから ①韓国から ④来た ②★人も ③多い ようです。
유명한 관광지여서 ①한국에서 ④온 ②★사람도 ③많은 것 같습니다.

Day18

p.224

1

1) 値段がもう少し安かったら買います。
2) 去年の資料が必要なら用意します。
3) このボタンを押せば切符が出ます。

2

1) 全力で走れば終電に間に合うと思います。
전력으로 달리면 막차에 늦지 않을 거라고 생각합니다.
2) 夜遅いから、家に着いたら私に連絡してください。
밤이 늦었으니까, 집에 도착하면 저에게 연락해 주세요.
3) ボランティアに参加するなら今月末までに知らせてください。
봉사 활동에 참가한다면 이번 달 말까지 알려 주세요.

3

1) ②
A: 夏休みに海外旅行をしようと思っています。
여름 방학에 해외 여행을 하려고 생각하고 있습니다.
B: ① 明日雨なら遠足は来週に延期します。
내일 비라면 소풍은 다음 주로 연기하겠습니다.
② 友達と行くならベトナムとかタイをおすすめします。
친구와 간다면 베트남이라든가 태국을 추천하겠습니다.

2) ②
A: あのう、おつりが出ないんですが…。
저, 잔돈이 나오지 않는데요….
B: ① 参加するなら今月末までに知らせてください。
참가한다면 이번 달 말까지 알려 주세요.
② この赤いボタンを押せばおつりが出ます。
이 빨간 버튼을 누르면 잔돈이 나옵니다.

4

1) イベントの詳しい日程が (②決まっ) たらメールで教えます。
이벤트의 자세한 일정이 (②정해지) 면 이메일로 알려 주겠습니다.
2) もし (①可能ならば) インタビューへの協力をお願いします。
혹시 (①가능하면) 인터뷰에 대한 협력을 부탁합니다.

5

1) A「資料 ④の ①確認 ③★が ②終わったら 先に帰ってもかまいませんか。」
자료 ④의 ①확인 ③★이 ②끝나면 먼저 돌아가도 괜찮나요?
B「ええ。帰ってもいいですよ。」네, 돌아가도 됩니다.
2) スープが ③★ぬるければ ②食べる ④前に ①電子レンジ で温めてください。
스프가 ③★미지근하면 ②먹기 ④전에 ①전자레인지 로 데워 주세요.

Day19 p.236

1

1) 昨日はコーヒーを飲みすぎて、夜眠れませんでした。
2) スマホは使い方が簡単ならば簡単なほど便利です。
3) 熱が 3 8度もあるので今日は会社を休みます。

2

1) 航空券の予約は早ければ早いほど値段が安くていいです。
항공권 예약은 빠르면 빠를수록 가격이 저렴해서 좋습니다.
2) プリンのレシピを間違えて砂糖を入れすぎてしまいました。
푸딩의 레시피를 착각해서 설탕을 너무 많이 넣어 버렸습니다.
3) もうすぐドラマが始まるのでテレビをつけてください。
곧 드라마가 시작되기 때문에 텔레비전을 켜 주세요.

3

1) ①
A: ここのおすすめは何ですか。
이곳의 추천 요리는 뭔가요?
B: ① これが人気なのでおすすめします。
이것이 인기이기 때문에 추천합니다.
② このメニューは贅沢すぎます。
이 메뉴는 너무 사치스러워요.

2) ②
A: 締め切りが迫っていて最近忙しすぎます。
마감이 다가오고 있어서 요즘 너무 바쁩니다.
B: ① それはうらやましいですね。 그건 부럽네요.
② それは大変ですね。 그건 큰일이네요.

4

1) 日本語は難しいですが、(② 勉強すれば) 勉強するほどおもしろいです。
일본어는 어렵지만, (②공부하면) 공부할수록 재미있습니다.
2) お弁当のおかずに和牛なんて (① 贅沢すぎます)。
도시락 반찬으로 와규라니 (①너무 사치스럽습니다).

5

1) パーティーは ③人が ①多ければ ②★多い ④ほど 楽しいです。
파티는 ③사람이 ①많으면 ②★많을 ④수록 즐겁습니다.
2) このアプリはとても ②便利な ④ので ③★友達 ①にも 紹介しました。
이 앱은 매우 ②편리하 ④기 때문에 ③★친구 ①에게도 소개했습니다.

Day20 p.248

1

1) 日本での留学経験は将来役立つはずです。
2) 中古の自転車がこんなに高いわけがないです。
3) 一人暮らしが必ずしもさびしいとは限りません。

2

1) お金持ちが必ずしも幸せだとは限りません。
부자가 반드시 행복하다고는 단정할 수 없습니다.
2) 離れていても私が彼を忘れるわけがないです。
떨어져 있어도 내가 그를 잊을 리가 없습니다.
3) ずっとがんばってきたから、田中さんならきっとできるはずです。
계속 열심히 해 왔으니까, 다나카 씨라면 분명 할 수 있을 것입니다.

3

1) ②
A: 目的地まであとどれぐらいかかりますか。
목적지까지 앞으로 얼마나 걸리나요?
B: ① 定価より安いわけがないです。
정가보다 쌀 리가 없습니다.
② あと1時間ぐらいで着くはずです。
앞으로 1시간 정도면 도착할 거예요.

2) ①
A: 林さん、遅いですね。道に迷っているんじゃないでしょうか。 하야시 씨, 늦네요. 길을 잃은 건 아닐까요?
B: ① ここに来たことがあるから道に迷うわけがないです。
여기에 온 적이 있기 때문에 길을 잃을 리가 없어요.
② 道に迷ってしまいました。 길을 잃어 버렸습니다.

4

1) 新聞の記事に書いてあること全てが本当だとは (③限りません)。
신문 기사에 쓰여 있는 것 모두가 진실이라고는 (③단정할 수 없습니다).
2) めいは4年前に大学に入学したので今年 (①卒業の) はずです。
조카딸은 4년 전에 대학에 입학했으니까 올해 (①졸업일) 것입니다.

5

1) A「今年もあのチームが優勝でしょうね。」
올해도 저 팀이 우승이겠지요?
B「去年の ③優勝チームが ④今年も ②★勝つ ①とは 限りません。」
작년의 ③우승 팀이 ④올해도 ②★이긴다 ①고는 단정할 수 없습니다.
2) あんなに歌が上手な ③彼女が ④アマチュア ①★の ②わけが ないです。
저렇게 노래를 잘하는 ③그녀가 ④아마추어 ①★일 ②리가 없습니다.

여러 동사 활용 한눈에 익히기

1 1그룹 동사

기본형	ます형	て형	た형	ない형
き 聞く 듣다	き 聞きます 듣습니다	き 聞いて 들어서	き 聞いた 들었다	き 聞かない 듣지 않다
か 書く 쓰다	か 書きます 씁니다	か 書いて 써서	か 書いた 썼다	か 書かない 쓰지 않다
い 行く 가다	い 行きます 갑니다	い 行って 가서	い 行った 갔다	い 行かない 가지 않다
いそ 急ぐ 서두르다	いそ 急ぎます 서두릅니다	いそ 急いで 서둘러서	いそ 急いだ 서둘렀다	いそ 急がない 서두르지 않다
はな 話す 이야기하다	はな 話します 이야기합니다	はな 話して 이야기해서	はな 話した 이야기했다	はな 話さない 이야기하지 않다
お 起こす 일으키다	お 起こします 일으킵니다	お 起こして 일으켜서	お 起こした 일으켰다	お 起こさない 일으키지 않다
ため 試す 시험하다	ため 試します 시험합니다	ため 試して 시험해서	ため 試した 시험했다	ため 試さない 시험하지 않다
か 買う 사다	か 買います 삽니다	か 買って 사서	か 買った 샀다	か 買わない 사지 않다
なら 習う 배우다	なら 習います 배웁니다	なら 習って 배워서	なら 習った 배웠다	なら 習わない 배우지 않다
ま 待つ 기다리다	ま 待ちます 기다립니다	ま 待って 기다려서	ま 待った 기다렸다	ま 待たない 기다리지 않다
た 立つ 서다	た 立ちます 섭니다	た 立って 서서	た 立った 섰다	た 立たない 서지 않다
の 乗る 타다	の 乗ります 탑니다	の 乗って 타서	の 乗った 탔다	の 乗らない 타지 않다
よ 読む 읽다	よ 読みます 읽습니다	よ 読んで 읽어서	よ 読んだ 읽었다	よ 読まない 읽지 않다
の 飲む 마시다	の 飲みます 마십니다	の 飲んで 마셔서	の 飲んだ 마셨다	の 飲まない 마시지 않다
あそ 遊ぶ 놀다	あそ 遊びます 놉니다	あそ 遊んで 놀아서	あそ 遊んだ 놀았다	あそ 遊ばない 놀지 않다
し 死ぬ 죽다	し 死にます 죽습니다	し 死んで 죽어서	し 死んだ 죽었다	し 死なない 죽지않다

의지형	가능형	수동형	사역형	사역수동형
き 聞こう 들어야지	き 聞ける 들을 수 있다	き 聞かれる 들어지다	き 聞かせる 듣게 하다	き 聞かせられる 억지로 듣게 되다
か 書こう 써야지	か 書ける 쓸 수 있다	か 書かれる 쓰여지다	か 書かせる 쓰게 하다	か 書かせられる 억지로 쓰게 하다
い 行こう 가야지	い 行ける 갈 수 있다	い 行かれる 가게 되다	い 行かせる 가게 하다	い 行かせられる 억지로 가게 되다
いそ 急ごう 서둘러야지	いそ 急げる 서두를 수 있다	いそ 急がれる 서둘러지다	いそ 急がせる 서두르게 하다	いそ 急がせられる 억지로 서두르게 되다
はな 話そう 이야기해야지	はな 話せる 이야기할 수 있다	はな 話される 이야기해지다	はな 話させる 이야기하게 하다	はな 話させられる 억지로 이야기하게 되다
お 起こそう 일으켜야지	お 起こせる 일으킬 수 있다	お 起こされる 일으켜지다	お 起こさせる 일으키게 하다	お 起こさせられる 억지로 일으키게 되다
ため 試そう 시험해야지	ため 試せる 시험할 수 있다	ため 試される 시험받다	ため 試させる 시험하게 하다	ため 試させられる 억지로 시험하게 되다
か 買おう 사야지	か 買える 살 수 있다	か 買われる 구매되다	か 買わせる 사게 하다	か 買わせられる 억지로 사게 되다
なら 習おう 배워야지	なら 習える 배울 수 있다	なら 習われる 배우게 되다	なら 習わせる 배우게 하다	なら 習わせられる 억지로 배우게 되다
ま 待とう 기다려야지	ま 待てる 기다릴 수 있다	ま 待たれる 기다려지다	ま 待たせる 기다리게 하다	ま 待たせられる 억지로 기다리게 되다
た 立とう 서야지	た 立てる 설 수 있다	た 立たれる 서지다	た 立たせる 서게 하다	た 立たせられる 억지로 서게 되다
の 乗ろう 타야지	の 乗れる 탈 수 있다	の 乗られる 타지다	の 乗らせる 타게 하다	の 乗らせられる 억지로 타게 되다
よ 読もう 읽어야지	よ 読める 읽을 수 있다	よ 読まれる 읽히다	よ 読ませる 읽게 하다	よ 読ませられる 억지로 읽게 되다
の 飲もう 마셔야지	の 飲める 마실 수 있다	の 飲まれる 마셔지다	の 飲ませる 마시게 하다	の 飲ませられる 억지로 마시게 되다
あそ 遊ぼう 놀아야지	あそ 遊べる 놀 수 있다	あそ 遊ばれる 놀아지다	あそ 遊ばせる 놀게 하다	あそ 遊ばせられる 억지로 놀게 되다
し 死のう 죽어야지	し 死ねる 죽을 수 있다	し 死なれる 죽게 되다	し 死なせる 죽게 하다	し 死なせられる 억지로 죽게 되다

2 2그룹 동사

기본형	ます형	て형	た형	ない형
た 食べる 먹다	た 食べます 먹습니다	た 食べて 먹어서	た 食べた 먹었다	た 食べない 먹지 않다
や 辞める 그만두다	や 辞めます 그만둡니다	や 辞めて 그만둬서	や 辞めた 그만뒀다	や 辞めない 그만두지 않다
あきらめる 포기하다	あきらめます 포기합니다	あきらめて 포기해서	あきらめた 포기했다	あきらめない 포기하지 않다
き 決める 정하다	き 決めます 정합니다	き 決めて 정해서	き 決めた 정했다	き 決めない 정하지 않다
はじ 始める 시작하다	はじ 始めます 시작합니다	はじ 始めて 시작해서	はじ 始めた 시작했다	はじ 始めない 시작하지 않다
かた 片づける 정리하다	かた 片づけます 정리합니다	かた 片づけて 정리해서	かた 片づけた 정리했다	かた 片づけない 정리하지 않다
あ 開ける 열다	あ 開けます 엽니다	あ 開けて 열어서	あ 開けた 열었다	あ 開けない 열지 않다
ね 寝る 자다	ね 寝ます 잡니다	ね 寝て 자서	ね 寝た 잤다	ね 寝ない 자지 않다
かぞ 数える 세다	かぞ 数えます 셉니다	かぞ 数えて 세서	かぞ 数えた 셌다	かぞ 数えない 세지 않다
か　か 買い替える 새로 사다	か　か 買い替えます 새로 삽니다	か　か 買い替えて 새로 사서	か　か 買い替えた 새로 샀다	か　か 買い替えない 새로 사지 않다
か 変える 바꾸다	か 変えます 바꿉니다	か 変えて 바꿔서	か 変えた 바꿨다	か 変えない 바꾸지 않다
み 見る 보다	み 見ます 봅니다	み 見て 봐서	み 見た 봤다	み 見ない 보지 않다
き 着る 입다	き 着ます 입습니다	き 着て 입어서	き 着た 입었다	き 着ない 입지 않다

3 3그룹 동사

기본형	ます형	て형	た형	ない형
する 하다	します 합니다	して 해서	した 했다	しない 하지 않다
く 来る 오다	き 来ます 옵니다	き 来て 와서	き 来た 왔다	こ 来ない 오지 않다

의지형	가능형	수동형	사역형	사역수동형
た **食べ**よう 먹어야지	た **食べ**られる 먹을 수 있다	た **食べ**られる 먹히다	た **食べ**させる 먹게 하다	た **食べ**させられる 억지로 먹게 되다
や **辞め**よう 그만둬야지	や **辞め**られる 그만둘 수 있다	や **辞め**られる 그만두게 되다	や **辞め**させる 그만두게 하다	や **辞め**させられる 억지로 그만두게 되다
あきらめよう 포기해야지	**あきらめ**られる 포기할 수 있다	**あきらめ**られる 포기하게 되다	**あきらめ**させる 포기하게 하다	**あきらめ**させられる 억지로 포기하게 되다
き **決め**よう 정해야지	き **決め**られる 정할 수 있다	き **決め**られる 정해지다	き **決め**させる 정하게 하다	き **決め**させられる 억지로 정하게 되다
はじ **始め**よう 시작해야지	はじ **始め**られる 시작할 수 있다	はじ **始め**られる 시작되다	はじ **始め**させる 시작하게 하다	はじ **始め**させられる 억지로 시작하게 되다
かた **片づけ**よう 정리해야지	かた **片づけ**られる 정리할 수 있다	かた **片づけ**られる 정리되다	かた **片づけ**させる 정리하게 하다	かた **片づけ**させられる 억지로 정리하게 되다
あ **開け**よう 열어야지	あ **開け**られる 열 수 있다	あ **開け**られる 열려지다	あ **開け**させる 열게 하다	あ **開け**させられる 억지로 열게 되다
ね **寝**よう 자야지	ね **寝**られる 잘 수 있다	ね **寝**られる 자게 되다	ね **寝**させる 자게 하다	ね **寝**させられる 억지로 자게 되다
かぞ **数え**よう 세야지	かぞ **数え**られる 셀 수 있다	かぞ **数え**られる 세어지다	かぞ **数え**させる 세게 하다	かぞ **数え**させられる 억지로 세게 되다
か か **買い替え**よう 새로 사야지	か か **買い替え**られる 새로 살 수 있다	か か **買い替え**られる 새로 사게 되다	か か **買い替え**させる 새로 사게 하다	か か **買い替え**させられる 억지로 새로 사게 되다
か **変え**よう 바꿔야지	か **変え**られる 바꿀 수 있다	か **変え**られる 바꿔지다	か **変え**させる 바꾸게 하다	か **変え**させられる 억지로 바꾸게 되다
み **見**よう 봐야지	み **見**られる 볼 수 있다	み **見**られる 보여지다	み **見**させる 보게 하다	み **見**させられる 억지로 보게 되다
き **着**よう 입어야지	き **着**られる 입을 수 있다	き **着**られる 입혀지다	き **着**させる 입게 하다	き **着**させられる 억지로 입게 되다

의지형	가능형	수동형	사역형	사역수동형
しよう 해야지	できる 할 수 있다	される 하게 되다	させる 하게 하다	させられる 억지로 하게 되다
こ 来よう 와야지	こ 来られる 올 수 있다	こ 来られる 오다(상대방이 와서 곤란함)	こ 来させる 오게 하다	こ 来させられる 억지로 오게 되다